Copyright © 2021 Sonntagsblatt Edition

Evangelischer Presseverband für Bayern e.V., München

www.sonntagsblatt.de, shop.sonntagsblatt.de

Redaktion und Layout: Helmut Frank

Bildbearbeitung: Anne Halke, Sandra Martin

Umschlagfotos: Jesus-Gemälde: Bakhur Nick / shutterstock.com; Klimt: PD; Johannes: PD; Graffiti: imago images / Alternate; Cranach: PD; Fragezeichen: olly / Adobe Stock; Jesus am Kreuz: Jozef Klopacka / 123rf.com; Mann schaut in Himmel: Nomad Soul / Adobe Stock; Wüste: b1408 / CC BY-SA 4.0, Rembrandt: PD, Frau an der Wand: weseetheworld / Adobe Stock; Hieronymus Bosch: PD; Jesus auf dem Meer: mauritius images / PRISMA ARCHIVO / Alamy

Fotos rechte Seite: PD, Mitte: mauritius images / Art Collection 4 / Alamy

Druck: Finidr, s. r. o., Český Těšin

ISBN 978-3-583-20920-6

Glauben entdecken

Sonntagsblatt **EDITION**

Inhalt

Gott und die Welt

Wer war Jesus?

Die Bibel

Glaube, Kirche, Religionen

Der Sinn und das Böse

Engel, Wunder, Gericht

Foto: PD

Foto: jorisvo/123rf.com

Foto: PD

Foto: PD

Foto: CC0/Wikimedia Commons

Vorwort des Herausgebers

Foto: ELKB/ von Wegener

Wo ist Gott? War Jesus glücklich? Wieso hat Gott Jesus nicht geholfen? Warum gibt es verschiedene Religionen? Hilft mir Gott, auch wenn ich nicht an ihn glaube? Die Welt geht unter, warum greift Gott nicht ein?

Das sind nur einige von vielen Fragen, die beim Sonntagsblatt im Rahmen des Projekts »Glauben entdecken« eingegangen sind. Ich habe die Schirmherrschaft für dieses publizistische Projekt gerne übernommen, denn hier geht es genau um die Fragen zum Glauben evangelischer Christen, für deren Beantwortung wir im derzeitigen kirchlichen Erneuerungsprozess mehr Raum schaffen wollen.

Nur wenn wir selbst unsere eigenen Quellen neu entdecken, können wir auch andere neu für den Glauben begeistern und wirklich »missionarische Kirche« sein.

Heinrich Bedford-Strohm

Landesbischof der Evangelisch-Lutherischen Kirche in Bayern
Ratsvorsitzender der Evangelischen Kirche in Deutschland

Einführung

DIE ZAHL DER MENSCHEN, die vom Evangelium nicht mehr erreicht werden, wächst. Selbst bei Kirchenmitgliedern gibt es einen Verlust an christlicher Sozialisation. Dieser Mangel wird häufig an die nächste Generation weitergegeben. Insgesamt ist der »theologische Grundwasserspiegel« am Sinken.

DENNOCH HABEN VIELE MENSCHEN Fragen an den christlichen Glauben. Die Redaktion des Sonntagsblatts ist diesen Fragen in einer lange angelegten Recherche auf den Grund gegangen. Daraus wurde die Reihe »Glauben entdecken«. Ein Jahr lang ging es jede Woche um Fragen des Glaubens und des Lebens. Die Fragen kamen aus der Mitte der Gesellschaft, es sind existenzielle Fragen, die Christen und Nichtchristen heute beschäftigen. Die Antworten erfolgen aus der Perspektive des christlichen Glaubens.

DIESES BUCH versteht sich als Orientierungshilfe, als Angebot für Gesprächs- und Hauskreise in den Kirchengemeinden, die die Reihe als wöchentliche Gesprächsanregung nehmen und die angebotenen Themen diskutieren wollen.

»GLAUBEN ENTDECKEN« will die Grundlagen des christlichen Glaubens in Erinnerung bringen, sich der Kernpunkte vergewissern, Christen in Glaubensdingen sprachfähig machen und Fernstehende neu für den christlichen Glauben begeistern – auch außerhalb des kirchlichen Mainstreams, mit widerborstigen Antworten und unbequemen Gegenreden – orientiert an Jesus und seiner Botschaft.

Die kostbare Perle

Gibt es Gott? Kann man Gott beweisen? Warum antwortet er nicht? Und was wäre, wenn Gott nicht da wäre?

Es war ein Campingurlaub am östlichen Ufer des Gardasees, als mir meine Tochter sagte, dass sie sich erst einmal nicht konfirmieren lassen will. Der Konfirmandenunterricht hatte eigentlich ganz gut begonnen – mit einer Konfi-Freizeit in einem evangelischen Gästehaus in den Bergen. Das Gemeinschaftserlebnis empfand sie als »unheimlich toll«, vor allem weil zwei von den ansonsten härteren Jungs in einer stillen Andacht in der Kapelle weinten. Gut waren die Gespräche über Gott und Jesus, ob es Gott gibt, warum er in Jesus Christus auf die Welt kam, wozu der Glaube hilft.

Doch auf dem langen Badesteg offenbarte mir nun meine Tochter, dass sie sich eher als Buddhistin sieht. Sie ernährte sich schon einige Zeit vegetarisch und praktizierte Yoga. Im Gespräch kam heraus, dass sie den Buddhismus für den besseren Ansatz hielt, um achtsam zu leben und in der Welt Frieden zu schaffen. Ich brachte Jesus ins Spiel, der genau dies lebte und tat, aber noch einiges darüber hinaus. Meine Tochter stimmte mir zu, kam aber am Ende zu der Aussage: Jesus ja, aber Gott – gibt es den überhaupt? Warum ist er nicht da? Warum antwortet er nicht auf Gebete?

Ich erzählte ihr eine Geschichte, die sich zehn Jahre zuvor zugetragen hatte, als sie noch ein Kind war.

Es war im Sommerurlaub 2007, im toskanischen Archipel bei Punta Ala. Lange, naturbelassene Sandstrände, Pinienwälder, bei klarem Wetter kann man die Insel Elba sehen.

Es war etwas windiger als sonst, die Brandung stärker, das Meer aufgewühlt. Man sollte die Brille beim Schwimmen nicht aufbehalten. Das wusste ich erst, als eine große Welle von rechts kam. Die Brille war weg. Was einem in diesem Moment alles durch den Kopf geht:

ohne Brille kein Autofahren, ohne Auto kein Nachhausekommen… Gibt es in Italien überhaupt Brillengeschäfte? Italiener tragen keine Brillen, ich kannte keinen Italiener mit Brille: Adriano Celentano, Berlusconi, Luca Toni – ein Volk ohne Brillen. Im Urlaub dürfen bestimmte Dinge nicht passieren. Das Auto sollte nicht kaputtgehen, der Geldbeutel mit den Plastik-Karten sollte nicht abhandenkommen – und die Brille sollte nicht verloren gehen.

»Gott, bitte hilf mir jetzt!«: Darf man so beten?

Wo das passierte, war das Meer nur etwa einen Meter tief. Was macht man in so einem Moment? Ich griff mit den Händen ins Wasser und tastete den Meeresboden ab. Nichts. Im näheren Umkreis war die Brille nicht zu sehen, es war eigentlich im Wasser überhaupt nichts zu sehen.

Eine Taucherbrille musste her. Mit einem Blick ans Ufer versuchte ich mir den Ort des Unglücks gut einzuprägen, um die Stelle später wiederfinden zu können. Von den Strandnachbarn besorgte ich mir eine Taucherbrille, zusammen mit meiner Familie beteiligte sich eine Gruppe von sechs Beachvolleyball-Spielern an der Suche. Doch wo war das gleich noch mal? 50 oder 100 Meter weg vom Strand? Vielleicht doch etwas weiter südlich? Mit der Taucherbrille war auch nichts zu sehen. Der starke Wind und die Wellen hatten den feinen, schlammigen Sand ins Wasser vermischt, eine braune Brühe mit 0,0 Millimetern Sicht.

Nach einer Viertelstunde schickte ich die Volleyball-Spieler zurück auf ihr Feld. »Das hat keinen Sinn, finito, danke.« Doch ich selbst hatte in meiner Verzweiflung die Sache damit noch nicht aufgegeben. Ich setzte mich an

den Strand und kam von dem Gedanken nicht los, dass die Brille ja irgendwo da draußen auf dem Meeresboden liegt. Könnte man am nächsten Tag suchen, wenn sich das Meer beruhigt hätte? Wahrscheinlich wäre dann das gute Stück im Sand versunken. Es muss jetzt passieren. »Gott, bitte hilf mir jetzt!« Ein Stoßgebet. »Gott, das ist deine Chance, dich zu zeigen… Wenn es dich gibt, dann kannst du jetzt eingreifen… Natürlich soll es nicht umsonst sein. Wenn du jetzt eingreifst, dann will ich dich bekennen, bezeugen…« Es war fast schon ein Gelübde. Ich wollte vernünftig bleiben: »Ich will dich nicht bedrängen, Gott, natürlich gibt es dich, völlig unabhängig, ob du jetzt eingreifst oder nicht. Gott, du bist größer als diese Brille, als meine vermasselte Lage.«

Mit dem Blick auf das unruhige Meer wurde mir klar, wie klein die Chance ist, dass die Brille noch einmal aus dem Wasser auftaucht. Aber sie ist doch da draußen, nicht weit. »Gott, wenn das gut ausginge, es wäre ein Gottesbeweis, ein Erweis deiner Existenz!«

Mir kamen die klassischen Gottesbeweise der Theologie und der Philosophie in den Sinn. Anselm von Canterbury (1033-1109) mit seinem ontologischen Gottesbeweis, wonach Gott existiert, weil über ihn hinaus nichts Größeres gedacht werden kann. Oder Thomas von Aquin (1225-1274), der den kosmologischen Gottesbeweis führte: Alles, was in Bewegung ist, wird von einem anderen bewegt; deshalb muss es einen ersten Beweger geben, der von keinem bewegt wird. Das Bewegende ist Gott. Oder Immanuel Kant (1724-1804), der den moralischen Gottesbeweis postulierte: Wenn es keinen Gott gäbe, gäbe es für uns Menschen letztlich keinen zwingenden Grund, uns sittlich und moralisch zu verhalten.

Die klassischen Gottesbeweise sind allesamt Denkmodelle mit eklatanten Schwächen. Sie sind keine Beweise. Sie zeigen eher, dass Gott sich auf intellektuelle Weise gerade nicht beweisen lässt. Gott ist weder die oberste Vernunft noch der erste Beweger eines vom Menschen überrissenen Systems. Gott ist ein Gott der Begegnung, der Erfahrung. Aber wo bitte zeigt er sich? Zeigt er sich in der Not? Wo ist er jetzt? »Gott, zeig dich jetzt, es ist deine Chance …«

Eine Weile noch blieb ich am Strand sitzen und starrte aufs offene Meer hinaus, hörte dem Wind und den Wellen zu. Durch das verzweifelte Verhandeln mit Gott fühlte ich mich ihm nah, und es stellte sich ein beglückend-fatalistisches Gefühl der Geborgenheit ein. »Du wirst es schon richten, mit oder ohne Brille.« Noch einmal wollte ich hinausgehen aufs Meer. Ich versuchte mich zu erinnern, wo mir die Brille vom Gesicht gerissen wurde. Ich beobachtete die Richtung der Meeresströmung und schätzte ihre Stärke ein. Ich überschlug die Zeit, die seither vergangen war. Alle Wind- und Meeres-Daten zusammen ergaben den Bereich, in dem die Brille jetzt liegen musste. Ich watete gute hundert Schritte durch die Wellen zu der gedachten Stelle. Ich griff ins hüfthohe trübe Wasser – bis zum Boden. Ich hatte die Brille in der Hand.

Ich konnte die Geschichte gut erzählen, weil ich sie einmal als »toskanischen Gottesbeweis« in einem Magazin zum Thema »Glück« veröffentlicht hatte. Meine Tochter hörte sehr aufmerksam zu, sie konnte sich noch an die Suchaktion im Meer erinnern. Es entspann sich eines der schönen Glaubensgespräche. Sie hatte noch Nachfragen: warum Gott sich nicht in anderen, weit schwierigeren Situationen zeigt, ob man überhaupt mit Gott handeln darf, ob er sich wirklich nötigen lässt. Die Antwort: Ja, Gott lässt sich nötigen, aber für einen Lottogewinn sollte man besser nicht versuchen, ihn in die Pflicht zu nehmen.

Doch dann geschah etwas Unglaubliches.

Wir beschlossen, noch in der Abendsonne eine Runde im See zu schwimmen. Der schöne Ausklang eines erfüllten Tages. Ob sich meine Tochter konfirmieren lassen wollte oder nicht, war in dem Augenblick nicht mehr wichtig. Ich hatte für mich entschieden, mehr über meine Erfahrungen mit Gott und Jesus zu erzählen. Schweigend schwammen wir nebeneinanderher und ließen das Gesagte auf uns wirken.

Als wir aus dem Wasser stiegen, ein Schrei: »Oh nein, die Perle ist weg!« Den Perlenring hatte sie von ih-

Foto: Frank

rer Großmutter bekommen, ein Erbstück, das sie immer an sie erinnerte. Ich spürte, wie meine Brillengeschichte wertlos wurde, wie sie im Wortsinn im Meer versank. Wir suchten eine Wei-

GESPRÄCHSIMPULSE

■ Wo hat sich Gott bisher in Ihrem Leben gezeigt?

■ Wie bewerten Sie die klassischen Gottesbeweise von Anselm von Canterbury, Thomas von Aquin und Immanuel Kant?

■ Haben Sie einen persönlichen Gottesbeweis?

le im Wasser, am Ufer und an der Stelle, wo wir vom Steg aus reingesprungen waren. Meine Tochter weinte. Die Perle war weg – und damit auch der Glaube an den Gott, der eingreift, die Hoffnung, dass er da ist, wenn man ihn braucht. Es war aussichtslos. Eine Perle ist eben doch sehr viel kleiner als eine Brille. »Wahrscheinlich hat sie ein Fisch verschluckt, das wäre am besten«, sagte meine Tochter, als sie sich die Tränen abwischte.

Wir beschlossen, noch einmal auf den Steg zu gehen, um von der Perle Abschied zu nehmen. Traurig liefen wir über die Holzplanken bis nach vorne. Da lag die Perle, genau zu ihren Füßen.

Helmut Frank

Gerecht muss es zugehen

Warum kann Gott es nicht machen, dass es allen Menschen gleich gut geht? Warum ist die Welt so ungerecht in letzter Zeit?

In den Kinderbüchern von Astrid Lindgren über den sehr besonderen kleinen Jungen Michel aus Lönneberga in Schweden ist die tiefe Sehnsucht Michels nach Gerechtigkeit eines der Leitmotive für seine zahllosen »Streiche«. Für Michel (und für Astrid Lindgren) muss es gerecht zugehen in der Welt. Geht es aber nicht. Und so streitet Michel mit seinem – aus seiner Sicht – starrköpfigen Vater für seine Rechte und für die Rechte vieler anderer in Lönneberga. Später wird der kleine Junge – so erzählt es Astrid Lindgren mit Schalk im Nacken – selber Gemeinderatspräsident in seiner Heimatgemeinde. Denn Politiker müssen und können für den gerechten Ausgleich der Interessen sorgen.

Gerecht muss es zugehen in der Welt. Das wünschen sich viele. Menschen erleben aber in unzähligen Bereichen, dass es aus ihrer Sicht eben nicht gerecht zugeht. Menschen werden für ihre Arbeitsleistung sehr unterschiedlich bezahlt. »Systemrelevante« Berufe haben viele gerade überhaupt erst als Begriff gelernt. Nicht wenige »systemrelevante« Angestellte wie Kassiererinnen und Krankenpfleger verdienen im Vergleich mit anderen eher wenig. Wenn auf die weltweite Verteilung von Einkommen und Reichtum gesehen wird, wird es noch deutlicher: Die Einkommensverteilung ist in den Ländern der Welt sehr ungleich. In Deutschland ist sie in den letzten beiden Jahrzehnten ganz besonders stark auch im weltweiten Vergleich auseinandergegangen: Die Reichen wurden noch reicher, und die Armen wurden noch ärmer. Die Organisation Oxfam veröffentlicht jedes Jahr den Weltungleichheitsbericht. Seit Jahren vergrößert sich die Lücke zwischen Arm und Reich weltweit. Konzerne und Superreiche erhöhen ihre Gewinne, indem sie Löhne drücken und Steuern vermeiden. Das reichste eine Prozent der Weltbevölkerung besitzt mehr Vermögen als der gesamte Rest der Weltbevölkerung zusammen.

Doch Schluss mit der Statistik: Für Kirche und Theologie ist die Frage nach dem gerechten Ausgleich in besonderer Weise sinnstiftend. Wenn Gott der Schöpfer ist, warum gibt es dann so viel Ungerechtigkeit in der Welt? Wie kann Gott mit dieser Ungerechtigkeit auf seiner Welt leben? Wenn Gott der gerechte, ausgleichende Stifter ist, warum gibt es dann so ungleiche Lebensverhältnisse in der Welt? Diese Fragen stellen Menschen zu allen Zeiten. Sie stellen sie aber besonders in diesen Krisenzeiten, in denen die Ordnung der Welt besonders strapaziert wird.

Gott führt aus Abhängigkeiten heraus

Die Fragen der Vermögens- und Chancenungleichheit und der mangelnden, ungleichen Verteilung der Lebenschancen und Lebensgüter sind uralte menschliche Fragen. Schon die Psalmen, die Lieder des Alten Testaments, singen von dieser Ungleichheit an vielen Stellen. »Lass enden der Gottlosen Bosheit, den Gerechten aber lass bestehen; denn du, gerechter Gott, prüfest Herzen und Nieren.« (Psalm 7, 10) »Denn ich ereiferte mich über die Ruhmredigen, da ich sah, dass es den Frevlern so gut ging. Denn für sie gibt es keine Qualen, gesund und feist ist ihr Leib. Sie sind nicht in Mühsal wie sonst die Leute und werden nicht wie andere Menschen geplagt.« (Psalm 73, 3-5)

Christinnen und Christen glauben an Gott als den Schöpfer, der die Welt gut und lebenswert geschaffen hat. Es lässt sich hier leben, und oft auch gut. Perfekt ist die Welt nicht. Und wohl und weise geordnet ist sie auch nur im Grundsatz.

Für mich ist eines der schönen Bilder für diese Schöpfungsvorstellung der Bau eines neuen Hauses: Das Haus wird so errichtet, dass Menschen darin leben können. Wie sie das Haus einrichten und wie sie dort leben, entscheiden die Bewohnerinnen und Bewohner selber. Was in diesem Haus so passiert im Lauf der Jahre und Jahrhunderte, hat mit dem Ursprungsgedanken oft gar nicht mehr so viel zu tun. Häuser werden durch ihre Bewohner immer wieder umgebaut und umgestaltet. Menschen spielen also bei der Unordnung und Ungerechtigkeit des Weltgeschehens die entscheidende Rolle. Von nichts kommt auch nichts. Es sind schon wir Menschen, die für Gerechtigkeit und Ungerechtigkeit sorgen.

Die christliche Theologie lebt davon, dass das Reich Gottes mit Jesus aus Nazareth begonnen hat – aber bis zur Vollendung des vollkommenen Reichs Gottes dauert es noch. Es wird kommen. Gott aber begrenzt sich in seiner Schöpfung selbst. Gott stellt die Füße der Menschen »auf weiten Raum« (Psalm 31, 9), der ihnen sehr viel Platz zur Gestaltung lässt – so oder so. Menschen träumen sich manchmal in die »schöne neue Welt«: »Wir warten auf einen neuen Himmel und eine neue Erde nach seiner Verheißung, in denen Gerechtigkeit wohnt.« (2. Petrusbrief 3, 13) Während dieses Wartens arbeiten Christinnen und Christen mit vielen anderen zusammen am Abbau der Dunkelheiten und an der Einhegung der Abgründe des Lebens. Da gibt es überall auf der Welt Aufgaben und reichlich Möglichkeiten für das Engagement für die Gerechtigkeit aller und den Ausgleich der Interessen.

In der Bibel ist die Gerechtigkeit Gottes ein Leitmotiv. Biblisch unterscheidet sich das Gerechtigkeitsdenken aber von unserem sehr auf Ausgleich denkenden Gerechtigkeitsdenken fundamental: Gottes Gerechtigkeit zielt in der Bibel auf Beziehung. In Gemeinschaft wird der Mensch zum Menschen. In Beziehung ist es unsere Aufgabe, einander in unseren jeweiligen Bedürfnissen zu respektieren.

Eine der Grunderfahrungen des biblischen Denkens ist die Rettung des Volkes Gottes aus Ägypten. Dieser »Exodus«, der Auszug aus der Sklaverei in Ägypten, ist das theologische Leitbild für den jüdischen Glauben. Juden und Christen glauben an einen Gott, der die Menschen aus gottlosen Abhängigkeiten und Beziehungen herausführt. Christinnen und Christen glauben an einen Gott, der in einzigartiger Weise die Freude und Fröhlichkeit in den Mittelpunkt des Glaubens gestellt hat. »Das Christentum ist eine einzigartige Religion der Freude«, sagt der Theologe Jürgen Moltmann. Auf das Kreuz von Golgatha folgt die Sonne der Auferstehung.

Die Gerechtigkeit, die bei Gott gilt, wird in Gottes Reich vollkommen sein. Wir leben aber – noch – in der Welt und auf dem Weg zu diesem Reich. Menschen leben als Freunde Gottes. Diese Freundschaft hat gute Zeiten, aber auch angespannte, lauere Zeiten. Wie es jede gute Freundschaft eben auch hat. Kennzeichen von guter Freundschaft ist das Eintreten für die anderen. Freundschaft gibt es nicht ohne tief empfundene Solidarität und ohne den Einsatz für meine Freundinnen und Freunde. Den christlichen Glauben gibt es darum auch nicht ohne die tätige Nächstenliebe und ohne den Einsatz für die Gerechtigkeit aller Freundinnen und Freunde Gottes. Dieser Einsatz gilt weltweit in der einen Welt Gottes.

In der Geschichte der Kirche hat es darum zahlreiche Bewegungen gegeben, die die Ungleichheit der Verteilung der Güter und Lebenschancen zum Leitmotiv hatte. Am 1. März 2020 ist Ernesto Cardenal, katholischer Priester, nicaraguanischer Politiker und Dichter, in Managua gestorben. Cardenal wollte die Welt aus tiefer christlicher Überzeugung zu einer besseren machen – mit seiner Dichtung, aber auch mit seinem politischen Engagement. In seinen Büchern wie den »Psalmen« oder »Das Evangelium der Bauern von Solentiname« veröffentlichte er seine an der Befreiung aus ungerechten Verhältnissen orientierte Theologie ganz ausgerichtet auf die an Armut und sozialem Elend leidenden Menschen in Nicaragua. Die Botschaft Jesu ist für Cardenal wie für viele Theologinnen und Theologen Lateinamerikas eine Theologie der Befreiung. Beim Gedenkgottesdienst für Ernesto Cardenal in der Kathedrale von Managua haben Anhänger der sandinistischen Regierung von Daniel Ortega Fotografen und

GESPRÄCHSIMPULSE

■ Welche Ungerechtigkeit der Welt finden Sie persönlich am bedrückendsten?

■ Was bedeutet es in diesem Zusammenhang, dass mit Jesus das Reich Gottes begonnen hat?

Besucher attackiert. Die Theologie von Ernesto Cardenal ist für viele heute noch anstößig und nicht willkommen.

Zahllos sind Christinnen und Christen, die sich für die Bewahrung der Schöpfung und für Gerechtigkeit einsetzen.

In Europa ist das erstaunliche aktive Engagement sehr vieler Jugendlicher und Erwachsener von Fridays for Future gegen den Klimawandel und die Zerstörung der Lebensgrundlagen auf der Erde Ausdruck des Willens, die Zerstörung der Welt nicht hinzunehmen. Dort engagieren sich auch viele Christinnen und Christen. »Wir sind hier, wir sind laut, weil ihr uns die Zukunft klaut!« Die Jugendlichen sind überzeugt, dass eine andere und bessere Welt möglich ist. Aus der Perspektive der einen ganzen Welt werden zu dieser Klimabewegung kritische Stimmen laut. Sie sei eurozentristisch und von einem westlichen Weltbild geprägt. Die Zukunft – so wird kritisiert – werde dem globalen Süden schon seit Jahrhunderten geklaut, weil die Ressourcen auf der Erde sehr ungleich verteilt sind. Der Norden der Erdkugel beute Rohstoffe und Güter des Südens seit Jahrhunderten gezielt aus.

Für Christinnen und Christen bleibt es Auftrag Gottes und Aufgabe der Menschen, das Leben auf der Erde auf dem Weg ins Himmelreich möglichst freundschaftlich und umsichtig zu gestalten. Der Ausgleich der Interessen aller Lebewesen auf der Erde ist dabei Maßstab und Ziel. Michel aus Lönneberga in Schweden bringt es so auf den Punkt: »Gerecht muss es zugehen auf der Welt.«   *Christian Kopp*

Michel streitet mit seinem – aus seiner Sicht – starrköpfigen Vater für seine Rechte und für die Rechte vieler anderer in Lönneberga. Er bringt es auf den Punkt: »Gerecht muss es zugehen auf der Welt.«

Herr der Töpfe und Pfannen

Gott scheint weit weg. Wie können wir ihn mit unseren Sinnen wahrnehmen – oder geschieht dies übersinnlich oder irgendwie mystisch?

Am liebsten würde ich nun erzählen von Menschen, von Spaziergängen in der Natur, von Momenten beim Bibelstudium. Ich würde gerne Lieder vorspielen und Bilder betrachten, Videos und Filmausschnitte miteinander anschauen. Ich würde gerne davon schwärmen, was mein Herz berührt und dass ich in alldem schon Gott begegnet bin. Und ich frage mich, ob sich über die Begegnung eines Menschen mit Gott überhaupt etwas Allgemeingültiges sagen lässt. Am ehesten gelingt das wohl dadurch, die eigenen Erfahrungen im Licht der biblischen Erzählung und Theologiegeschichte zu reflektieren. Persönliche Erfahrungen von Begegnungen mit Gott lassen sich dann abgleichen und erfahren eine Horizonterweiterung.

Und damit bin ich gleich zu Beginn mit einer ernüchternden biblischen Einsicht konfrontiert: Gott mit eigenen Augen sehen zu können wie bei einer menschlichen Begegnung, das ist aus biblischer Sicht gar nicht möglich. Bereits Mose musste sich von Gott aufklären lassen: »Mein Angesicht kannst du nicht sehen; denn kein Mensch wird leben, der mich sieht.« (2. Mose 33,20) Das heißt auch, dass selbst biblische Szenen, die nach einer direkten Begegnung klingen, nicht wörtlich zu verstehen sind. Wenn Mose z. B. mit Gott »von Angesicht zu Angesicht« spricht (2. Mose 33,11), bedeutet dies nicht, dass Gott und Mose sich Auge in Auge begegneten, sondern dass sie so vertraut miteinander kommunizierten, als ob sich da zwei Menschen begegneten. Wenn wir Gott nicht zu klein denken wollen und in ihm tatsächlich den »Allmächtigen«, den Urheber des Universums sehen, dann scheint diese Einschränkung absolut plausibel. Entsprechend werden fast alle

Begegnungen mit Gott in der Bibel als indirekte Gottesbegegnungen beschrieben. Menschen begegnen Gott niemals direkt, sondern in Visionen, Träumen, durch Mittelsmänner und -frauen (»Engel«). Sie begegnen Gott in Naturphänomenen wie Wolken (1. Mose 13, 21 f.), Donner (2. Mose 19, 16) oder im Wind (1. Könige 19, 1-13a). All diese alttestamentlichen Geschichten wirken beim Lesen im wahrsten Sinne des Wortes »Sagenhaft«. Bei näherer Betrachtung sind sie aber von Gotteserfahrungen aus unserer heutigen Zeit nicht weit entfernt.

Hier betreten wir das weite Feld christlicher Spiritualität

Über Social-Media-Kanäle begegnen mir gerade während der Corona-Krise viele Bilder aus der Natur, z. B. von Blättern und Knospen im Frühlingserwachen, oft versehen mit dem Hashtag *#dnkgt* (»Danke Gott«). Auch ich entwickle wieder neu ein Bewusstsein für die Bewahrung der Schöpfung – gerade angesichts der Klimakrise. Das macht die Natur für viele zu einem Raum, wo Menschen der Schöpferkraft Gottes, ja sogar Gott selbst begegnen können. Das Wachstum, die Schönheit, aber auch die Urgewalten der Natur lassen Gott als den »Allmächtigen, den Schöpfer des Himmels und der Erde« erfahrbar werden.

Die Theologie hat dabei aber immer auch unterschieden zwischen allem Geschaffenen und dem Schöpfer selbst. Das hilft mir, dass ich nicht jede Naturerfahrung automatisch mit einer Gotteserfahrung gleichsetze, auch wenn die Handschrift des Schöpfers in der Natur eingezeichnet bleibt.

Doch auch im Alten Testament werden Gottesbegegnungen beschrieben, in der Gott den Menschen wie eine Person gegenübertritt. Dies erreicht im Neu-

en Testament einen radikalen Höhepunkt: In dem Menschen Jesus Christus ist Gott selbst anwesend. Als Immanuel, also »Gott-mit-uns«, begegnet Gott den Menschen nun ganz und gar personal. Wenn sie Jesus Christus begegnen.

Und das geschah zur Zeit Jesu tatsächlich »Auge in Auge«. Deshalb ist das Neue Testament voll von Begegnungsgeschichten: Das Johannesevangelium erzählt von vielen persönlichen Begegnungen Jesu, z. B. mit Johannes dem Täufer, Petrus, Thomas, Nikodemus, der Samariterin, Maria, Martha, Lazarus, Thomas und vielen mehr. Der Zauber dieser Begegnungsgeschichten liegt darin, dass der oder die Leserin heute ebenfalls Teil dieser persönlichen Begegnungen mit Jesus sein kann. Nicht unmittelbar, aber doch mittelbar und lebendig.

Wer Gott finden will, der sollte Jesus treffen – das ist die große Einladung der Begegnungsgeschichten des Neuen Testaments bis heute. Natürlich sind die Gottesbegegnungen mit Jesus weder damals noch heute objektivierbar. Im Neuen Testament finden wir nicht nur ein Evangelium, sondern vier Evangelien. Das zeigt, dass die Vielgestaltigkeit der Begegnungserfahrungen mit Jesus von Anfang an ein zentrales Merkmal jeder Gottesbegegnung ist. Anders gesagt: Begegnungen mit Jesus, genauso wie mit Gott, gibt es nach christlichem Verständnis nur im Plural. Darin liegt der Schlüssel dafür, dass aus den biblischen Begegnungen mit Jesus auch heute noch individuelle Gottesbegegnungen werden können.

Aber bedeutet dies nicht, dass wir selbst durch Jesus letztlich nur indirekte Begegnungen haben können, die sich der Wahrnehmung unserer Sinne entziehen? Denn riechen, schmecken, fühlen, sehen und hören können wir ja weder Gott noch Christus, oder?

Hier betreten wir das weite Feld christlicher Spiritualität, in dem die sinnliche Begegnung mit Gott von An-

Frühlingserwachen – Gott in der Schöpfung erleben.

Foto: Aleksandar Naskovski / 123rf.com

fang an eine wesentliche Rolle gespielt hat. Franz von Assisi (1181-1226) wandte sich gegen eine »Abtötung der Sinne« und übte sich stattdessen in eine Hinlenkung seiner Sinne zu Gott ein. Franziskus konnte die Gegenwart Gottes geradezu »riechen und schmecken«, indem er seine »geistlichen Sinne« schärfte. Mit dem leiblichen Auge sah er die Schöpfung. Alles Schöne, Liebliche und Wohltuende, an dem er sich freute, verwies darauf, dass in dem Wahrgenommenen die Schönheit, die Lieblichkeit, das Wohlsein und die Freude selbst – also Gott – wohnen. Franziskus lehrte: Alles, was ich mit meinen Sinnen erfahre kann, kann auf Gott hin »durchsichtig« werden.

Wolfgang Huber bezeichnet ein menschliches Leben dann als spirituell, wenn »der Geist Fühlen, Denken und Handeln eines Menschen bestimmt«. Für eine Begegnung mit Gott, bei der auch die menschlichen Sinne nicht außen vor bleiben müssen, spielt demnach der »Spiritus Sanctus« – der Heilige Geist – die zentrale Rolle. Mit »heiligem Atem« (so *spiritus sanctus* wörtlich) bläst Gott in der biblischen Schöpfungsgeschichte seinen Lebensodem durch das menschliche Sinnes- und Atemorgan der Nase in den Menschen hinein. Gott selbst stellt sich später dem Mose als J-H-W-H vor, ein Name voller konsonantischer Atemlaute, übersetzt als »Ich

bin der, der ich bin« oder der »Ich bin der ich-bin-da«. Das bedeutet nichts anderes als das mystische Wunder aller Gottesbegegnung: Jeder Atemzug des Menschen trägt die Möglichkeit in sich, Gott zu begegnen. Mit Gott, der die pure Gegenwart, das pure Leben ist. Es ist deshalb kein Zufall, dass Atemübungen in der Kontemplation ein wichtiges Element sind: In der Präsenz des Augenblicks kann die liebende Gegenwart Gottes als der J-H-W-H, der »Ich bin da«, erfahrbar werden.

Doch sind solche Erfahrungen alltagstauglich? Frauen wie Teresa von Ávila (1515-1582) erwartete gerade im handfesten Alltagsgeschäft eine Begegnung mit Gott: »Herr der Töpfe und Pfannen, ich habe keine Zeit, eine Heilige zu sein und dir zum Wohlgefallen in der Nacht zu wachen, auch kann ich nicht meditieren in der Morgendämmerung und im stürmischen Horizont. Mache mich zu einer Heiligen, indem ich

GESPRÄCHSIMPULSE

■ Wo begegnen Sie Gott? In der Natur? In der Musik? Beim Bibellesen?

■ Welche Begegnungsgeschichten aus dem Johannesevangelium mögen Sie am meisten?

Mahlzeiten zubereite und Teller wasche. Nimm an meine rauen Hände, weil sie für dich rau geworden sind. Sei du bei mir bei allem, was mir vor die Hände kommt.«

Es ist auch entlastend, dass viele Formen christlicher Spiritualität Wert darauf legen, dass Gottesbegegnung eben nicht nur durch besondere, hervorgehobene sinnliche Erfahrungen geschehen können. Entscheidend ist dann weniger die beschreibbare »Begegnung mit Gott«, sondern das »Bewusstsein um Gott«, dem der Mensch in jedem Augenblick begegnen kann.

Was ist also der Weg zu erfahrbaren Gottesbegegnungen? Der mittelalterliche Theologe Bonaventura (1221-1274) gibt wohl den entscheidenden Hinweis: Nur »ein Mensch der Sehnsucht« kann zur Begegnung mit Gott kommen. Suchen, bitten, klopfen – das sind auch für Jesus die entscheidenden Haltungen für die Begegnung mit dem lebendigen Gott.

Egal ob in der Natur, mit Jesus Christus, in der Mediation mitten im Alltagsgeschäft oder schlicht im Moment – eine Erfahrung zur Gottesbegegnung kann niemand machen. Und doch geschieht es. Davon sollten wir einander erzählen mit Worten, Bildern, Liedern und mit so vielem mehr. Dann werden auf wundersame Weise neue Gottesbegegnungen entstehen.   *Tobias Fritsche*

Allmacht und Ohnmacht

Tsunamis, der Hunger in der Welt, und dann auch noch Corona: Mit der Macht Gottes scheint es nicht weit her zu sein, sonst würde er doch das Leid beenden.

Warum lässt Gott das zu? Diese Frage habe ich in den letzten Monaten in der der Corona-Krise immer wieder gehört. Und sie wurde nicht nur von denen gestellt, die sich zum Glauben an Gott bekennen und deswegen mit der Frage ringen, wo Gott in der Corona-Krise ist. Sie wurde auch von Menschen gestellt, die mit kritischem Blick von außen auf Gläubige schauen und sagen: Wo ist er denn jetzt, euer Gott!? Dann, wenn man ihn wirklich mal braucht, scheint er jedenfalls nicht da zu sein!

Da kommt so ein Virus und nimmt die ganze Welt in den Griff, verändert schlagartig unser Leben, ob wir in einem Dorf im Hinterland von Ruanda leben oder in Hongkong, New York oder Oberammergau. Es macht Gesichtsmasken zum Massenphänomen, es vernichtet wirtschaftliche Existenzen, und es bringt Tod und schreckliche Bilder von Gabelstaplern, die Leichen auf Kühllaster hieven. Hat Gott mit alledem nichts zu tun? Wo ist Gott? Oder gibt es ihn vielleicht doch nicht?

Es sind sehr existenzielle Fragen, die aufkommen, wenn wir nach dem Wirken Gottes in der Geschichte und in unserem persönlichen Leben fragen – gerade in Zeiten der Leiderfahrung. Wenn wir vom allmächtigen und barmherzigen Gott sprechen, wie soll das angesichts von Erfahrungen persönlichen Leids zusammengehen? Wenn es stimmt, dass Gott allmächtig ist und liebend, dann müsste er doch eingreifen und mein schweres Schicksal wenden? Ist er vielleicht gar nicht allmächtig? Kann er also sowieso nichts machen? Oder ist er vielleicht gar kein barmherziger, liebender Gott, sondern einer, der mir selbst dieses Leid zufügt?

Diese Fragen sind so alt wie der Glaube an Gott. Ich finde es entlastend, dass sie auch in den biblischen Texten selbst gestellt werden. Am deutlichsten wird das im Buch Hiob. Hiob hat alles richtig gemacht. Er hat fromm und gottesfürchtig gelebt. Und trotzdem trifft ihn Krankheit und Leid. Er klagt Gott sein Leid. Ja, er klagt Gott an, dass er dieses Leid zulässt. Und dann bekommt er Besuch von seinen Freunden, die ihm gute Ratschläge geben und vermeintlich Trost spenden.

Selbst Gott weist »billigen Trost« mit klaren Worten zurück

Sein Freund Elifas sagt: »Siehe, selig ist der Mensch, den Gott zurechtweist, darum widersetze dich der Zucht des Allmächtigen nicht. Denn er verletzt und verbindet; er zerschlägt, und seine Hand heilt.« (Hiob 5, 17 f) Es hat schon alles seine Ordnung – sagt der Freund. Er versucht, einen Sinn hinter dem Leiden zu sehen. Hiob aber fühlt sich kein bisschen getröstet. Er sagt: »Wenn man doch meinen Kummer wägen und mein Leiden zugleich auf die Waage legen wollte! … Denn die Pfeile des Allmächtigen stecken in mir. Mein Geist muss ihr Gift trinken, und die Schrecknisse Gottes sind auf mich gerichtet«. (Hiob 6, 2-4) Und seinem Freund Elifas sagt er direkt ins Gesicht: »Ich habe das schon oft gehört. Ihr seid allzumal leidige Tröster! Wollen die leeren Worte kein Ende haben? Oder was reizt dich, so zu reden?« (Hiob 16, 2f.) Die Freunde Hiobs versuchen, irgendeinen Sinn in Hiobs Leiden hineinzuinterpretieren. Aber das hilft gerade nicht. Das Erstaunliche ist, dass Gott selbst diesen »billigen Trost« mit klaren Worten zurückweist: »Mein Zorn ist entbrannt über dich und über deine beiden Freunde; denn ihr habt nicht recht von mir geredet wie mein Knecht Hiob…« (Hiob 42, 7) Am Ende wendet sich Hiobs Schicksal zum Guten.

Die Bibelwissenschaftler sprechen vom Buch Hiob als einem Dokument der Überwindung des »Tun-Ergehens-Zusammenhangs« in der Entwicklung des Gottesverständnisses der jüdisch-christlichen Tradition. Tun-Ergehens-Zusammenhang – das heißt, dass ein schlimmes Ergehen, wie etwa eine schwere Krankheit, immer Folge irgendeines falsches Tuns ist. Krankheit kann dann als eine Folge von Sünde gesehen werden. Und Menschen fragen: Was habe ich bloß getan, dass es mir so schlecht geht?! Das Buch Hiob sagt: Das ist die falsche Frage. Leid ist nicht Folge irgendeines falschen Tuns. Halte aus, dass das Warum ein Geheimnis bleibt. Und vertraue schlicht auf Gott, so schwer es dir fallen mag! Gott hat alles weise und in Liebe geordnet. Auch wenn wir Gottes Wege jetzt nicht verstehen, wird doch irgendwann offenbar werden, dass hinter alldem Gottes Führung steht.

Martin Luther hat in seiner Vorstellung vom »verborgenen Gott« Erfahrungen des Leidens als etwas gedeutet, in dem uns Gott ganz anders begegnet, als wir es in Christus und seiner Liebe offenbart sehen. Aber – sagt Luther – auch in schweren Erfahrungen kann sich Gott zeigen – eben in verborgener Weise. Da heißt es schlicht zu vertrauen und darauf zu warten, dass sich der verborgene Gott wieder als der in Christus sichtbar gewordene liebende Gott zeigt.

Mit dem Hinweis auf das Geheimnis haben sich die großen Denker in der Geschichte des Christentums nicht zufriedengeben wollen. Sie wollten mit den Mitteln der Vernunft verstehen, warum Menschen leiden. Die vielleicht wirkmächtigste Antwort hat wohl der Philosoph Gottfried Wilhelm Leibniz gegeben. Gott will keine Marionetten als Gegenüber. Mit der Erschaffung »zu seinem Bilde« hat Gott uns Freiheit gegeben. Deswegen können wir uns auch von Gott abwenden und Böses tun. Gott hat die »beste aller möglichen Welten« geschaffen – so sagt er 1710. Leibniz' erstes Argument: Eben weil Gott diese Welt gewählt hat, müssen wir davon ausgehen, dass sie die beste aller möglichen Welten ist. Sein zweites Argument: Die Welt ist nur als Gesamtuniversum erklärbar, daraus kann deswegen kein einzelnes Ereignis, das als böse erfahren wird, isoliert werden. Und sein drittes Argument: Auch das Böse kann in einer funktionalen Beziehung zum Guten stehen. Es kann also sein, dass erst etwas Böses passieren muss, um den Weg zum Guten zu ebnen. Wenn Menschen etwa eine schmerzhafte Trennung durchmachen, z. B. vom Ehepartner, und dann die »Warum«-Frage stellen, dann kann es sein, dass sie genau durch die schmerzliche Erfahrung jetzt die Tür geöffnet bekommen zu einem späteren Glück, einem Glück, das nur durch die schmerzhafte Trennung überhaupt erst möglich geworden ist.

Das Erdbeben von Lissabon 1755 hat die Plausibilität dieses Antwortversuchs und den darin zum Ausdruck kommenden aufgeklärten Optimismus massiv erschüttert. Denn wie kann man einer Naturkatastrophe, in der zwischen 30 000 und 100 000 Menschen ums Leben kommen, irgendeinen guten Sinn abgewinnen?

Der Philosoph Immanuel Kant plädierte deswegen für ein Ende aller doktrinären Rationalisierungen, wie man sie bei den Freunden Hiobs finden kann und die das Böse wegzuerklären versuchen. Hiob – so Kant – zeigt, »dass es in solchen Dingen nicht so viel aufs Vernünfteln ankomme, als auf Aufrichtigkeit in Bemerkung des Unvermögens unserer Vernunft, und auf die Redlichkeit, seine Gedanken nicht in der Aussage zu verfälschen, geschehe dies auch in noch so frommer Absicht als immer es wolle«.

Und Kant weist auf den weiten Bereich des Leidens hin, das durch Menschen selbst verursacht wird. Hier ist die einzig tragfähige Antwort der moralische Fortschritt des Menschen. Was vom Menschen verursacht ist, soll man nicht Gott in die Schuhe schieben, sondern schlicht die guten Gebote Gottes halten.

Im 20. Jahrhundert hat der große protestantische Theologe Karl Barth eine dezidiert theologische Antwort auf die Frage nach dem Bösen gegeben. Gott, so sagt Barth, hat auf das Böse geantwortet, indem er in Christus Mensch geworden ist, alles Böse (die »Sünde«) auf sich selbst genommen hat und durch die Auferstehung überwunden

Foto: DDRockstar / Adobe Stock

hat. Am Ende der Zeiten wird das, was jetzt nur schlaglichthaft erfahrbar ist, in der Fülle sichtbar: Das Böse ist besiegt. Die Sünde ist »das Nichtige«, eine »unmögliche Möglichkeit«.

Der radikalste Antwortversuch im 20. Jahrhundert stammt von Dietrich Bonhoeffer. Er sieht die Allmacht Gottes gerade in seiner Ohnmacht begründet: »*Gott lässt sich aus der Welt herausdrängen ans Kreuz, Gott ist ohnmächtig und schwach in der Welt, und gerade und nur so ist er bei uns und hilft uns. Es ist Matthäus 8, 17 ganz deutlich, dass Christus nicht hilft kraft seiner Allmacht, sondern kraft seiner Schwachheit, seines Leidens! ... Die Bibel weist den Menschen an die Ohnmacht und das Leiden Gottes; nur der leidende Gott kann helfen ...*«* (D. Bonhoeffer, Widerstand und Ergebung, Gütersloh 1998, Seite 534)

So geheimnisvoll diese Worte sind und so wenig er angesichts seiner Ermordung im KZ Flossenbürg seine Gedanken noch weiterentwickeln und

GESPRÄCHSIMPULSE

■ Bei welchem Ereignis der jüngeren Geschichte haben Sie an der Allmacht Gottes gezweifelt?

■ »Nur der leidende Gott kann helfen«: Überzeugt Sie der Erklärungsversuch Dietrich Bonhoeffers?

ausführen konnte, so sehr lassen sich historische Erfahrungen benennen, die ihnen eine konkrete Gestalt geben. Die Rassentrennung in den USA war böse. Sie wurde nicht durch militärische Macht besiegt, sondern dadurch, dass ein junger Baptistenpfarrer, Martin Luther King, gewaltfreien Widerstand organisierte und sagte: Hass lässt sich nie durch Hass besiegen, sondern nur durch die Liebe. Der an der Seite der von der Polizei verhafteten Bürgerrechtler mitleidende Gott hat geholfen. Die Rassentrennungsgesetze wurden abgeschafft. Und zu Beginn des Jahres 2021 wurde nach bereits vorausgegangenen zwei Amtszeiten eines schwarzen Präsidenten die erste schwarze Vizepräsidentin der USA in ihr Amt eingeführt.

Bis der neue Himmel und die neue Erde, die uns der Seher Johannes im Buch der Offenbarung vor Augen malt, für alle sichtbar sind, wird es noch viel Leid geben. Menschen werden fragen, warum sie solches Leid erfahren müssen. Menschen werden ihre Klage vor Gott bringen. Aber vielleicht werden sie trotzdem durch dieses Leid hindurch jene Worte hören und spüren, die am Ende des letzten Buchs der Bibel geschrieben stehen und so etwas wie ein Schaufenster in die Ewigkeit sind:

»Gott wird abwischen alle Tränen von ihren Augen, und der Tod wird nicht mehr sein, noch Leid noch Geschrei noch Schmerz wird mehr sein.« (Offenbarung 21, 4)
Heinrich Bedford-Strohm

Ein Backofen voller Liebe

»Und führe uns nicht in Versuchung«: Das Vaterunser ist verstörend – und auch das, was Gott mit Hiob gemacht hat.

»Versuchung« – ein schillernder Begriff, der unterschiedliche Gedanken auslöst.

Manch einer denkt bei Versuchung vielleicht erst einmal an Schokolade – früher hieß es einmal in der Werbung: »Milka, die zarteste Versuchung, seit es Schokolade gibt.« Und viele verzichten in der Fastenzeit tatsächlich auf Süßigkeiten oder auf die Versuchung des Alkohols oder auf das Rauchen. Versuchung oder Verführung wird auch oft mit dem Thema Sexualität in Verbindung gebracht. Was also eine Versuchung ist, ist sehr persönlich. Meine Tochter sagt mir immer wieder in der Fastenzeit mit einem Augenzwinkern: »Papa, ich verzichte in diesem Jahr auf Gemüse!« So hat jeder seine Versuchung.

Für die Reihe »Glauben entdecken« wurde jedoch nicht die Frage gestellt, was eine Versuchung ist, sondern woher die Versuchung kommt. Im wichtigsten Gebet der christlichen Kirche, dem Vaterunser, beten wir immer wieder »… und führe uns nicht in Versuchung«. Steckt also Gott hinter den Versuchungen? – Und wenn nicht: wer oder was dann?

Ein Blick in die Bibel zeigt, dass es in den biblischen Büchern unterschiedliche Antworten auf diese Frage gibt.

In der Geschichte von Adam und Eva war die Schlange diejenige, die die Menschen zur verbotenen Frucht verführt hat. Bei Hiob im Ersten Testament ist der Teufel der Versucher, wobei Gott im Hintergrund mitmischt, und selbst Jesus wird, als er 40 Tage in der Wüste war, vom Teufel herausgefordert. Im Gebet, das Jesus schließlich seinen Jüngern lehrt und das wir als »Vaterunser« immer wieder beten, sprechen wir zu Gott »… und führe uns nicht in Versuchung«.

Das Wort, das Luther mit Versuchung übersetzt, heißt im Original »Peirasmos«, was man mit »Prüfung, Erprobung, Versuchung« übersetzen kann.

Manche Übersetzer der Bibel schlagen deshalb vor, statt von Versuchung von »Erprobung« zu sprechen, was ebenso korrekt übersetzt wäre. Wenn Gott bei mir sozusagen die Probe aufs Exempel macht, dann testet er, wie stark mein Glaube ist. Eine Vorstellung, die an vielen Stellen der Bibel vorkommt. Eben zum Beispiel bei Hiob, wo Gott dem Satan erlaubt, Hiobs Glauben auf die Probe zu stellen: Seine Familie stirbt, er verliert all seine Habe, schmerzhafte Krankheiten plagen ihn, das alles wird zum Test für Hiobs Glauben.

Jesus hat dieselbe Spannung gespürt, die wir auch spüren

Papst Franziskus hat zu verschiedenen Anlässen in den letzten Jahren in der Öffentlichkeit betont, dass es nicht Gott sein kann, der den Menschen in die Versuchung stürze, um zu sehen, wie er falle. Dies tue der Satan, nicht ein Vater. Papst Franziskus sagte weiter: »Ein Vater tut so etwas nicht; er hilft, sofort wieder aufzustehen.« Deswegen war sein Vorschlag, die Zeile des Vaterunsers zu ändern in: »Lass uns nicht in Versuchung geraten.«

Im Französischen hieß es bisher immer: »Unterwerfe uns nicht der Versuchung«, dies wurde im Jahr 2017 geändert in: »Lass uns nicht in die Versuchung eintreten« (*ne pas laisser entrer*).

Und auch im Spanischen lautet diese Zeile des Vaterunsers folgendermaßen: »Mach, dass wir nicht in Versuchung fallen.«

Das klingt ganz anders als »Führe uns nicht in Versuchung«. Hinter der deutschen Formulierung steht die Vorstellung, dass Gott die aktive Kraft ist, die die Versuchung veranlasst.

Wenn der Papst vorschlägt, das Vaterunser zu ändern, ist er in guter Gesellschaft, denn in der Bibel, im Jakobusbrief steht geschrieben:

»Niemand sage, wenn er versucht wird, dass er von Gott versucht werde. Denn Gott kann nicht versucht werden zum Bösen, und er selbst versucht niemand. Sondern ein jeder, der versucht wird, wird von seiner eigenen Begierde gereizt und gelockt.« (Jakobus 1, 13-14)

Jakobus warnt also davor, die Verantwortung für die Versuchung an Gott oder eine andere Macht abzugeben, sondern in der eigenen Begierde zu suchen.

Neben Papst Franziskus hat auch der Neutestamentler Klaus Berger bereits vor Jahren vorgeschlagen, besser so zu übersetzen: »Führe uns an der Versuchung vorbei.« Und der Theologe und Philosoph Rupert Lay liest den Vers so: »Und führe uns auch in der Versuchung!«

Auch ein Blick in andere Bibelübersetzungen zeigt, dass es unterschiedliche Ansätze bei diesem Satz gibt. Die »Bibel in gerechter Sprache« übersetzt: »Führe uns nicht zum Verrat an dir!« Und die »Gute-Nachricht-Bibel« schließlich formuliert: »Und lass uns nicht in die Gefahr kommen, dir untreu zu werden.«

Hinter den unterschiedlichen Übersetzungen steht eigentlich die Frage nach dem Gottesbild. Wenn wir uns Gott als den vollkommen Guten vorstellen, von dem nichts Böses ausgehen kann, dann braucht es Alternativen, um den Ursprung des Bösen und somit auch der Versuchung denken zu können.

Für Martin Luther jedoch war klar: Gott ist gut, aber er bleibt ein Geheimnis, er bleibt der Rätselhafte, ja in Luthers Vorstellung hat Gott auch dunkle Seiten, die wir uns nicht erklären können. Deswegen hat Luther im Septembertestament von 1521 eindeutig übersetzt: »vnnd fure unns nitt ynn versuchung.« Biblisch kann das begründet werden mit Versen wie diesem: »Ich bin der Herr, und sonst keiner; der ich das

Licht mache und schaffe die Finsternis, der ich Frieden gebe und schaffe das Unheil. Ich bin der Herr, der solches alles tut.« (Jesaja 45, 7)

In der Seelsorge habe ich es immer wieder erlebt, dass Menschen in Lebenssituationen waren, in denen sie Gott nicht verstehen, ja vielleicht Gott sogar als böse erscheint. Martin Luther nennt das die dunkle Seite Gottes, den »verborgenen Gott« *(deus absconditus),* sodass Menschen sich fragen: »Hängt meine schlimme Situation vielleicht doch mit Gott zusammen, oder hat er es zugelassen?«

Bevor Jesus am Kreuz gestorben ist, hat er seine ganze Verzweiflung und Anklage herausgeschrien: »Mein Gott, warum hast du mich verlassen?« Jesus hat sich aus dieser Spannung, die ihn beinahe zerreißt, nicht befreit, sondern hat sie ausgehalten: Er hat Gott liebevoll Vater (Abba) genannt – und zugleich angeklagt, dass er schweigt und sich vor ihm verbirgt; noch schlimmer: ihn alleinlässt. Jesus hat dieselbe Spannung gespürt, die wir auch spüren, wenn uns Leiden und Schmerzen begegnen, die wir uns nicht erklären können und für die wir niemanden verantwortlich machen können. Der liebevolle Gott und der schweigende Gott – da reiben sich unterschiedliche Gottesvorstellungen aneinander. Nicht nur theoretisch, sondern ziemlich handfest und schmerzhaft; nicht nur für Jesus, sondern auch für uns heute.

In schwierigen Lebenssituationen spüre ich bei mir die kindliche Erwartung und Hoffnung, die immer noch tief in mir ist, dass Gott kein schweigender, verborgener Gott sein darf. Wenn es anders kommt, als ich erhofft und erbetet hatte, wenn Gott schweigt, wenn ich mich frage, warum Gott das zugelassen hat oder ob er es vielleicht sogar herbeigeführt hat, dann ist dieser Gott mir fern und unbegreiflich. Dann wünschte ich mir, Gott wäre ein begreiflicher Gott, ein Gott, der mir und anderen Sicherheit garantieren könnte, ein Gott, der dafür sorgt, dass Kinder nicht weinen müssen und dass die Liebe und das Glück niemals aufhören. Bis ich nach einer Weile merke: Diesen kindlichen Gott – vielleicht sollte man eher sagen: diesen kindischen Gott, weil ich mir ein Bild von ihm gemacht habe, das meinen Wünschen sehr ähnlich ist –, den gibt es nicht!

Jesus hat uns das Vaterunser gelehrt. Es zeigt mir einen Gott, der so ganz anders ist, als ich mir Gott ausgedacht hätte. Wenn ich das Vaterunser bete, sage ich dem Vater Jesu alles, was mich bewegt, bedrückt oder bedrängt. Wenn ich auch das, was ich in den Tiefen meines Herzens vor mir selbst verborgen habe, demselben Vater sagen kann, zu dem auch Jesus gebetet hat, der selbst verzweifelt war und versucht wurde, wie auch ich verzweifelt sein kann – dann gibt es nichts, was ich meinem himm-

Foto: Nomad_Soul / Adobe Stock

lischen Vater nicht sagen oder klagen oder vor die Füße schmeißen könnte an Verzweiflung, Wut und Zorn oder Enttäuschung und Hilflosigkeit.

Nein, ich bin nicht dafür, das Vaterunser zu ändern. Denn für mich ist dieser Satz im Vaterunser eine bleibende Provokation, die uns davor bewahren will, Gott zu verharmlosen. Vielleicht lässt uns die Formulierung im Vaterunser immer wieder stolpern und erinnert uns dabei an den großen Gott. Dass wir nicht vergessen, dass Gott der Große und Unbegreifliche ist. Martin Luther hat zwar vom verborgenen, dunklen Gott gesprochen, aber dennoch betont: Wir sollten uns an den offenbarten Gott halten, an den »Backofen voller Liebe«, wie er uns in Jesus Christus begegnet. Dann könnte die Bitte im Vaterunser, »führe uns nicht in Versuchung«, auch meinen, dass das nicht geschieht: dass Gott sich uns nicht verdunkelt, dass er für uns hell bleibt. *Michael Wolf*

GESPRÄCHSIMPULSE

■ Lesen Sie unterschiedliche Versuchungsgeschichten in der Bibel und vergleichen Sie die unterschiedlichen Vorstellungen, wer für die Versuchung verantwortlich ist.

■ Versuchen Sie sich an Situationen zu erinnern, die Sie als Versuchung wahrgenommen haben. Was haben Sie in der Situation geglaubt, woher die Versuchung kommt?

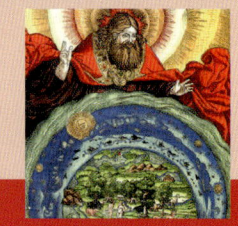
Status: In Beziehung

Warum so kompliziert? Gott ist Gott – okay. Aber Jesus war doch ein Mensch. Und der Heilige Geist? Warum drei Götter?

Darum gehet hin und lehret alle Völker: Taufet sie auf den Namen des Vaters und des Sohnes und des Heiligen Geistes« (Matthäus 28, 19): Das klingt kompliziert, Gott ist Vater, Sohn und Heiliger Geist: Gott ist einer und doch drei. Wie nun?, würde nicht nur der Mathematiker fragen: entweder 1 oder 3? Also entweder ein Gott oder doch drei?

Die Rede vom dreieinigen Gott, an die wir am Trinitatisfest erinnern, und vor allem die dahinter stehende Lehre verdankt sich einem intensiven Nachdenken über mehrere Jahrhunderte. Und doch beantwortet sie eine Grundfrage jeder Religion, erst recht jeder Religion, die einen einzigen Gott kennt: Wie kann der ewige, unnahbare, unsichtbare und ferne Gott mit uns Menschen in Beziehung treten; und umgekehrt, wie können wir Menschen von jenem Gott erfahren und überhaupt mit ihm und über ihn sprechen?

Die christliche Antwort lautet: Gott tritt mit uns Menschen in Beziehung durch Jesus von Nazareth. Und wir können über Gott sprechen, weil er einer von uns geworden ist. In Jesus ist deutlich geworden: So ist Gott. Darüber hinaus wird auch noch die Frage beantwortet, wie dieser in Jesus erkennbar und nahbar gewordene Gott heute unter uns ist: nämlich durch den Heiligen Geist.

Ausgangspunkt aller Überlegungen zu dem Gott, der Vater, Sohn und Geist ist, sind die Erfahrungen mit Gott, die im Neuen Testament festgehalten werden. Da ist zuerst die intensive Beziehung Jesu zu Gott, den er seinen Vater nennt und ihn mit »Abba« anspricht (Markus 14, 36). In der Geschichte von der Taufe Jesu im Jordan wird dieses besondere Verhältnis auf den Punkt gebracht: »Und siehe, eine Stimme aus dem Himmel sprach: Dies ist mein lieber Sohn, an dem ich Wohlgefallen habe.« (Matthäus 3, 17)

Das haben die Menschen erfahren: So wie Jesus mit Menschen umgeht, wie er die, die am Rand der Gesellschaft stehen, in die Mitte holt, auch bei Reichen einkehrt, Kranke heilt und sogar Tote ins Leben zurückholt – so ist Gott. Er liebt seine Menschen, er gibt niemanden auf. Er rettet und hilft – sogar denen, um die sich niemand mehr kümmert. Angesichts Jesu Verkündigung vom Reich Gottes und seinem Geschick bringt das der heidnische Hauptmann unter dem Kreuz auf den Punkt: »Wahrlich, dieser ist Gottes Sohn gewesen.« (Matthäus 27, 54)

Die alles bestimmende Wirklichkeit

Doch das Neue Testament geht noch einen Schritt weiter. Wenn Jesus neue Lebensperspektiven schafft, indem er Sünden vergibt, was nur Gott kann (Markus 2, 7), dann ist Jesus Gott selbst. So bekennt auch Thomas: »Mein Herr und mein Gott.« (Johannes 28) Wenn Jesus hier und an zahlreichen anderen Stellen im Neuen Testament als *Kyrios* (»Herr«) angesprochen wird, so ist für die damaligen griechisch sprechenden Hörer klar: Jesus ist Gott, denn »Kyrios« ist der Gottesname in der griechischen Übersetzung des Alten Testaments (Septuaginta). Mit Jesus Christus war Gott selbst auf der Erde, wie es Paulus in seinem Brief an die Gemeinde in Korinth ausdrückt: »Gott war in Christus und versöhnte die Welt mit ihm selber.« (2. Korinther 5, 19)

Doch auch das war eine Erfahrung der ersten Christen: Einige haben Jesus nach dem Tod am Kreuz gesehen, er war auferstanden, doch schon bald war er endgültig nicht mehr da. Gott aber ist weiterhin bei seinen Menschen – durch seinen Geist. Schon Jesus spricht davon: Der Tröster (Paraklet) wird kommen, »den ich euch senden werde vom

Vater, der Geist der Wahrheit, der vom Vater ausgeht, der wird Zeugnis geben von mir.« (Johannes 15, 26) Und dieser Geist ist es, der Glauben wirkt und eine neue Gemeinschaft aus unterschiedlichen Völkern stiftet (1. Korinther 12; Apostelgeschichte 2).

Diese Erfahrungen, dass Gott selbst in Jesus und in seinem Geist bei den Menschen ist, führen zu der Aufforderung, die Menschen, die auf Gott vertrauen und zur neuen Gemeinde Gottes gehören wollen, »auf den Namen des Vaters und des Sohnes und des Heiligen Geistes« (Matthäus 28, 19) zu taufen.

Vier Jahrhunderte hat es gebraucht, bis diese Erfahrungen mit den sprachlichen Mitteln der damaligen griechischen und römischen Philosophie zu einer Trinitätslehre zusammengefasst werden konnten. Im Glaubensbekenntnis von Nicäa und Konstantinopel von 381 begegnet sie uns. Grundlage ist sie auch für das Apostolische Glaubensbekenntnis, das wir in fast jedem Gottesdienst sprechen. Viele Klippen mussten dabei überwunden werden. Manche klugen Denker folgten dabei der Vorstellung, dass Gott Jesus in der Taufe als Sohn angenommen hat (Adoptianismus), andere stellten sich vor, dass Gott in verschiedenen Erscheinungsweisen, eben als Vater, Sohn und Geist, auf der Erde wirkt (Modalismus).

Hintergrund war der heftige Streit, ob Jesus ganz auf die Seite der Menschen gehört, also ein besonders guter Mensch war, oder ob er ganz auf die Seite Gottes gehört, also nur scheinbar ein Mensch wurde. Beides wurde abgelehnt, weil der christliche Glaube daran festhält, dass Gott wirklich Mensch geworden ist und dass der Mensch Jesus wirklich Gott selbst war und ist. Dabei geht es um nicht weniger als unsere Erlösung. Wenn Gott nur zum Schein, also gar nicht wirklich ganz Mensch geworden ist, dann steht er auch gar nicht wirklich ganz auf unserer Seite. Wenn Jesus nur ein sehr guter Mensch war, dann ist es eben nicht Gott selbst, der in Jesus auf der Erde war.

Im 4. Jahrhundert wurde dann noch um die Gottheit des Geistes gestritten. Aber auch da hat sich die Position durchgesetzt, dass Gott selbst in seinem Geist bei den Menschen ist. Spannend und mit großer Wirkungsgeschichte bis zu Friedrich Wilhelm Hegel und dem offenbarungstheologischen Ansatz Karl Barths im 20. Jahrhundert waren dann die Überlegungen Augustins (gest. 430). Er hat die Beziehung zwischen Vater, Sohn und Geist innerhalb der Gottheit als Liebe beschrieben. Gott der Vater ist der Liebende, der Sohn der Geliebte, und der Geist ist die Liebe, mit der der Vater den Sohn liebt. In dieses innergöttliche Beziehungsgeschehen sind wir Menschen als Geliebte Gottes hineingenommen, und überall in der Welt finden sich Spuren für diese göttliche Dreieinigkeit – sogar im menschlichen Geist, in dem Gedächtnis, Intellekt und Willen eine solche Dreiheit bilden.

Die Höhenflüge all solcher philosophischen Überlegungen wurden im Jahrhundert der Reformation aufgenommen. Philipp Melanchthon hat versucht, all den Spekulationen ein Ende zu setzen. Er hat schlicht empfohlen: »Die Geheimnisse der Gottheit sind besser anzubeten als zu erforschen.«

Für Luther war ein Gedanke der Trinitätslehre ganz entscheidend. Es war wirklich Gott, der am Kreuz für uns gestorben ist. Denn nur Gott selbst ist es, der im Kreuzestod unsere Schuld auf sich nehmen kann, damit wir, die wir den Tod verdient hätten, leben können. Dieser »freudige Wechsel« ist der Kern von Luthers Erkenntnis der Rechtfertigung des Gottlosen um Christi willen durch den Glauben.

Wie schwer das zu ertragen ist, dass Gott selbst am Kreuz stirbt, zeigt die Geschichte des Lieds von Johann Rist. Er dichtet 1641 »O große Not! Gott selbst ist tot«. Heute steht sein Lied im Evangelischen Gesangbuch unter Nr. 80 mit dem Text: »O große Not! Gotts Sohn liegt tot.« Dabei wird aber die Grunderkenntnis der Trinitätslehre in ihrer Radikalität nicht mehr deutlich. Denn in Jesus Christus ist Gott selbst auf der Erde, und er selbst stirbt den bitteren Tod.

Aber noch einmal: Warum so kompliziert? Warum wird von Gott als Vater, Sohn und Heiligem Geist geredet? Was sagt uns das Fest Trinitatis heute?

Wenn wir von Gott als dem Dreieinigen reden, sprechen wir nicht von drei Göttern, auch nicht von drei verschiedenen Arten, wie Gott sich zeigt. Die Dreieinigkeit Gottes betont, dass es immer der eine Gott selbst ist, der als Vater, als Sohn und als Heiliger Geist bekannt wird. Zu solchem radikalen Eingottglauben (Monotheismus) gehört, dass der trinitarische Gott wirklich alles umfasst. Gott schließt alles ein: Freude und Leid, Hoffnung und Not, Freude und Angst, Leben und Tod. So wie für Hegel das wahrhaft Unendliche das Unendliche ist, das die Endlichkeit einschließt, so ist der wahrhaft eine Gott der unendliche, ewige, allmächtige Gott, der auch die Endlichkeit, den Tod und die Ohnmacht in sich einschließt. Als Vater, Sohn und Geist ist Gott derjenige, in dem genau dies alles beieinander ist. Der ewige, unsterbliche Gott stirbt am Kreuz. Der Gott, der kein Leid kennt, leidet und wird so der mitleidende, der sympathische Gott im wahrsten Sinn des Wortes. Der Gott, der jenseits aller Welt und Menschen ist, ist der nahe Gott, der auf der Seite der Menschen steht, der sich befragen lässt und sich selbst den Fragen und Zweifeln aussetzt. Genau so ist er der wahrhaft allmächtige Gott, der auch die Ohnmacht in sich selbst einschließt, der allmächtige Gott, der so mächtig ist, dass er sogar Leiden und Not kennt und so zu einem wahrhaft einzigen Gott bei seinen Menschen wird.

Dieser eine Gott, der Höhen und Tiefen, Macht und Ohnmacht, Leben und Tod umschließt, hat keine anderen Götter neben sich. Für einen solchen Gott braucht es keine Teufel und keine Gegengötter. Mit dem Gedanken des trinitarischen Gottes ist also mit dem Eingottglauben, mit dem Monotheismus, radikal ernst gemacht. Damit ist der trinitarische Gott eben der wahrhaft eine und einzige Gott, die wirklich alles bestimmende Wirklichkeit.

Als trinitarischer Gott macht sich Gott für uns Menschen erkennbar. Durch Jesus Christus und den Heiligen Geist wissen wir, wie Gott ist, wer Gott ist und wo Gott ist. Gott ist radikale Liebe, Gott

In der trinitarischen Darstellung in der Jakobus-Kirche in Urschalling aus dem 14. Jahrhundert sind die drei göttlichen Personen zu einer einzigen vereint. Die Person des Heiligen Geists trägt weibliche Züge.　Foto: mauritius images / Art Collection 4 / Alamy

ist der Mensch Jesus Christus, Gott ist dort, wo sein Geist Gemeinschaft stiftet, Grenzen überwindet, Hass besiegt, Versöhnung möglich macht, Leben gegen den Tod und die vielen Todesboten unserer Welt setzt.

Der trinitarische Gott ist nicht der ferne, unnahbare Weltenlenker, sondern eben Gott mit uns – *Immanuel*. Er ist der nahe Gott in all unseren Erfahrungen, in Hoffnung und Angst, in Freude und Not, sogar im Tod und durch ihn hindurch im Leben.

Und schließlich ist der trinitarische Gott ein Gott der Beziehung. In sich selbst ist er in Beziehung als Vater, Sohn und Geist. Diese Beziehung schließt die Schöpfung, die Erlösung und die Erneuerung in sich ein. Und sie umschließt die Menschen, alle Geschöpfe, die ganze Welt. Dazu gehört auch die Überwindung von Grenzen, Konfessionen, Völkern, Kulturen. Alles wird in dieses Beziehungsgeschehen hineingenommen. Der trinitarische Gott ist ein beziehungsreicher Gott, ein Gott der Vielfalt, ein Gott der Fülle – und gerade so ein einziger Gott. Auch wir sind Beziehungswesen ,und wir werden erst zu menschlichen Menschen in Beziehung untereinander und zu diesem dreieinigen Gott.

Michael Martin

GESPRÄCHSIMPULSE

■ In Jesus starb Gott am Kreuz. Wo war Jesus ganz Mensch?

■ Was löst Johann Rists Gedichtszeile »O große Not! Gott selbst ist tot« bei Ihnen aus?

■ Wo in der Welt finden Sie Spuren der göttlichen Dreieinigkeit?

Auf rutschigem Gefälle

Was bringt es Gott, dass er uns geschaffen hat? Und dann auch noch mit den ganzen Problemen, die wir hier machen?

Ein Junge fragt seinen Vater: »Papa, wo kommen wir her?« – »Wir wurden«, antwortet die Vater-Figur, »von einem Künstler geschaffen.« Dann fragt der Kleine zurück: »Und kann er davon leben?« So sah ich das vor wenigen Tagen beim Comiczeichner Tobias Vogel, der unter dem Pseudonym »Krieg und Freitag« seine Cartoons veröffentlicht. Als ich die Zeichnung betrachtete, erschlossen sich die Dimensionen dieser Skizze erst nach und nach und halfen mir, die Gedanken zu sortieren für das, was ich hier zu schreiben versuche.

Zuerst ist da einfach ein Bild: schlichte Linien auf einem Zettel, die so zusammengefügt sind, dass sie Sinn ergeben. Nichts Besonderes, ein Stück Papier mit Strichen drauf. Der Sinn erschließt sich beim Betrachten, weil der Künstler die Striche so anordnet, dass sie ein erkennbares Muster ergeben. Da sind Buchstaben, Figuren und Abläufe. Allein das zu verstehen macht Freude, weil ich etwas erfahre. Beim zweiten Blick auf das Bild zeigt sich aber, dass der Künstler nicht einfach von *etwas* erzählen will – einem fiktiven Gespräch zwischen einem Kind und seinem Vater –, sondern von *jemandem*. Nämlich von sich.

Hinter der Zeichnung steht ein Autor, der über die sozialen Medien bekannt wurde und seit Kurzem versucht, von seinen Cartoons zu leben. Er bringt Bücher heraus, veranstaltet Lesungen und promotet seine Bilder online. »Kann er davon leben?«, lässt er den Jungen fragen – und meint damit sich selbst.

Dieses Vater-Sohn-Gespräch auf der Zeichnung könnte auch zwischen zwei echten Menschen stattfinden. »Papa, wo kommen wir her?« – »Wir wurden von einem (himmlischen) Künstler geschaffen...« – »Und, kann er davon leben?« oder: »Hat er was davon?«, fragen wir. Und meinen damit uns selbst.

Doch eins nach dem anderen. Um eine Antwort auf das »Was hast du davon?« zu bekommen – ob vom Künstler oder Gott –, bleibt uns wohl nichts anderes übrig, als die Autoren selbst zu fragen. Aber wie geht das? Dem Zeichner könnte man eine E-Mail schreiben und sich nach seinem Einkommen erkundigen. Aber Gott? Man kann Gott ja nur schwer ein Mikrofon hinhalten und ihn interviewen, wie er sich das mit der Welt gedacht hat.

Die Schöpfung selbst erzählt von ihrem Schöpfer

Na ja, vielleicht gibt ja die Schöpfung selbst Auskunft darüber? Auch da ist erst einmal die Welt, die Natur, das Leben – wie das Stück Papier mit den Strichen drauf. Die Schöpfung erschließt sich uns im Lauf des Lebens. Wir betrachten sie. Wir erobern sie, lernen sie kennen, sie lesen und lieben und fürchten. Und auch die Schöpfung erzählt nicht nur *etwas* – sie erzählt von *jemandem*. Sie sagt Dinge über ihren Schöpfer. Seine Größe, seine Macht und seine verschwenderische Art. Jedenfalls bekennt das der christliche Glaube: Gott der Allmächtige, der Schöpfer des Himmels und der Erden.

Oder will man lieber die Bibel danach abhorchen, ob im Wort Gottes eine Auskunft zu finden ist, darüber, was Gott sich mit der Schöpfung dachte? Aber da wird man nicht fündig. Die Bibel sagt auf den ersten Blick nichts dazu. Man könnte fast meinen, dass diese Frage nach dem Zweck der Schöpfung keine Frage ist, die die biblischen Autoren interessiert. Was wir jedoch erfahren: dass Gott den Menschen mit allem, was und wie er ist, geschaffen hat – und zwar »sehr gut« (1. Mose 1,31) –, dies aber schon wenige Kapitel später bitter bereut (1. Mose 6,6).

Ist es das, was Gott davon hat: Er bereut es? Schaut man sich die Geschichte der Menschheit an, könnte man es gut nachvollziehen. Was an der Wegstrecke der Menschheitsgeschichte an Leichenhallen steht, lässt einen wirklich fragen: »Was hast du davon, Gott?« Und wer so fragt, fragt letztlich nach dem Bösen in der Welt. Woher kommt das? Warum gibt es das? Doch wer die Frage aufwirft, wie das Böse in die Welt gekommen ist, fragt von sich weg, lenkt ab. Man will das Böse mit dieser Frage aus der Welt schaffen, will sagen: »Ich (jedenfalls) bin's nicht!«

Wenn ich nach einer Ursache frage, will ich mich selbst rechtfertigen. Und das will die Frage danach, was Gott davon habe, dass die Welt so ist, wie sie ist, auch. Man fragt von sich weg. Mit den Worten des biblischen Adam gesprochen, würde das so lauten: »Ich war's nicht, Gott! Ich hab den Apfel nicht genommen: Die Frau war's, die Frau, die du, Gott, mir gegeben hast. Siehst du! Das hast du nun davon!«

Apropos Adam – der Mensch: An der Stelle in der Bibel, wo das Thema »Mensch« zum ersten Mal auftaucht, fällt auf, dass die Erzählung ins Stocken gerät. Bis dahin zählt der biblische Text in verblüffender Eintönigkeit die Schöpfung auf: Gott sprach, Gott schuf, Gott machte Licht und Land und Leben. Kommt nun der Mensch ins Spiel, wechselt der Rhythmus. Gott hält inne. Er spricht nicht einfach nur mehr sein Schöpferwort, sondern er führt ein Selbstgespräch: »Lasst uns Menschen machen«, sagt er, »ein Bild, das uns gleich sei.« (1. Mose 1,26) Und man fragt sich: Warum zögert Gott – überlegt er noch? Als wär's eine Art Luftholen, wie wir es von uns selbst kennen, wenn wir an eine Arbeit gehen, die unbedingt gelingen muss.

Wenn Gott so innehält, bevor er den Menschen zur Welt bringt, dann wird das Risiko spürbar, das er damit eingeht: Wird der Mensch die Krönung der Schöpfung, oder wird er ihr Krebs? Ist das der Höhepunkt der Schöpfung, wenn den Lebewesen nun noch eines hinzugefügt wird, das wissend und wollend als Mitgestalter Gottes leben soll? Oder ist mit Adam der erste Schrift auf ein rutschiges Gefälle getan, auf dem der Garten Eden in eine verwüstete Welt abgleitet, mit Krieg und Zerstörung bis in den letzten Winkel des Planeten?

Gott geht ein gewaltiges Risiko ein. Indem Gott sich ein Wesen gegenüberstellt, dem er Freiheit und einen Willen schenkt, riskiert er es, dass aus dem Geschöpf ein größenwahnsinniger Konkurrent wird. Gott setzt sich dem Risiko aus, vom Menschen missachtet, geleugnet, beschuldigt und ignoriert zu werden. Und genau in diesem Wagnis zum Risiko blitzt zum ersten Mal in der Bibel das auf, was die Propheten später Liebe nennen. Gottes Liebe, die sich in Jesus sogar sichtbar der Lebensgefahr dieser Welt aussetzt. Gott setzt sich selbst aufs Spiel, als er den Menschen erschafft.

Wer jetzt abwinkt und mit dem Containerbegriff »Liebe Gottes« nichts anzufangen weiß, sei gebeten, noch etwas zu bleiben. »Gott ist die Liebe« heißt es (1. Johannes 4, 16). Gott liebt uns um der Liebe willen, die ihm Schmerz, aber auch Freude bereitet. Wir sind ihm als Gegenüber, so riskant und missraten wir auch immer sein mögen, alles. Denn das Wesen der Liebe ist ja, dass sie nicht danach fragt, was sie selbst davon hat; sondern dass sie danach fragt, was des anderen ist.

Bernhard von Clairvaux (1090-1153), Abt im Zisterzienserorden, hat sich über die Intention Gottes, die Welt und die Menschen ins Leben zu rufen, Gedanken gemacht. Er schreibt in seinem Buch »Über die Gottesliebe« (*De Diligendo Deo*, um 1130) davon, dass alles mit Motiven verbunden ist: Wie wir leben, was wir schaffen, an was wir glauben, wen wir lieben und worauf wir hoffen. Bernhard entwickelt für diesen Gedanken vier Stufen. Er nennt sie »Die Stufen der Liebe«.

Die erste Stufe der Liebe »Ich liebe mich um meinetwillen« ist die natürliche Stufe der Selbstliebe. Bernhard stellt das nüchtern fest. Für ihn gehört das zum natürlichen Geschaffensein dazu. Jeder ist sich zunächst selbst der Nächste, schaut, was er vom Leben hat und was rauszuholen ist, d.h., er liebt sich selbst um seiner selbst willen. Diese erste Stufe der Gottesliebe, die ganz bei sich selbst bleibt, sieht er nicht negativ. Vielmehr ist Selbstliebe in seinen Augen eine »wichtige Voraussetzung für das Wachstum der Liebe überhaupt«.

Die zweite Stufe der Liebe »Ich liebe Gott um meinetwillen« weiß, dass der Mensch im Leben mit Leiden in

Papa, wo kommen wir her?

Wir wurden von einem Künstler geschaffen.

Und kann er davon leben?

@kriegundfreitag

Berührung kommt. Auch wenn er noch so sehr auf sich selbst achtet, erfährt er Unheil. In seiner Not wendet sich der Mensch an Gott, dass es ihm wieder besser geht, gemäß dem Wort »Not lehrt beten«. Er beginnt, an Gott zu glauben, weil es ihm etwas bringt. Auch das ist eine Form der Liebe – sagt Bernhard. Auch wenn sie eine opportunistische, eigennützige Gottesliebe ist, die danach fragt: Was hab ich davon?

Zur dritten Stufe der Liebe »Ich liebe Gott um Gottes willen« sagt Bernhard:

GESPRÄCHSIMPULSE

■ »Wenn Gott mich liebt, kann es um mich gar nicht schlecht bestellt sein.« – Was löst diese These bei Ihnen aus?

■ Kennen Sie biblische Geschichten, in denen Gott mit dem Menschen zufrieden sein kann?

»Aber wenn nun häufig Bedrängnis über dich kommt und du dich deshalb häufig zu Gott hinwendest und häufig von Gott Hilfe erlangst, muss da nicht endlich deine Brust, und wäre sie auch aus Eisen, oder dein Herz, und wäre es von Stein, sich erweichen – nachdem du so oft befreit wurdest – wegen der Gnade des Befreiers, bis schließlich der Mensch Gott liebt, nicht mehr seines Vorteils wegen, sondern Gottes wegen?« Hat der Mensch einmal erfahren, wie liebevoll Gott ist, beginnt er Gott nicht mehr aus Eigeninteresse zu lieben, sondern um Gottes willen. Der einzige Grund, Gott zu lieben, ist Gott selbst und nicht die Angst vor der Hölle, die Sehnsucht nach dem Himmel oder sonst irgend ein Zweck oder eine Ursache, die danach fragt, was man davon hat.

Die vierte Stufe der Liebe »Ich liebe mich um Gottes willen« »erreicht« ein Mensch in dem Moment, in dem er sich selbst um Gottes willen liebt. Alle Gedanken der Selbstablehnung und Selbstanklage verblassen. »Wenn Gott mich liebt, kann es um mich gar nicht schlecht bestellt sein.« Aller Drang der Selbstrechtfertigung, alle Geltungssucht und alle Maßstäbe für Beurteilungen fallen in sich zusammen.

Diese alten Gedanken zu denken und im Blick auf sich selbst, auf die Schöpfung und den Zustand der Welt anzuwenden öffnet Fenster und Türen. Darin, dass Gott das Risiko eingeht, den Menschen in seine gute Schöpfung zu stellen, zeigt sich sein Wesen: Liebe. Gott hat davon nichts! Aber er liebt. Eine Liebe, die es riskiert und daran glaubt, dass jeder Mensch fähig zur Liebe ist.

Dieses Risiko geht Gott ein. Gott erhebt mit diesem Mut zur Liebe den Menschen zu sich. So wie er selbst – Gott Sohn – sich in seiner Liebe zu den Menschen erniedrigt hat. Allein um des Menschen willen. Gott liebt den Menschen um des Menschen willen. Nicht für sich. Er hat nichts davon – in unseren Kategorien gedacht. Die Schöpfung erzählt von Gott. Oder anders gesagt: In der Schöpfung erzählt der himmlische Künstler von sich – wie irrsinnig er liebt.

Norbert Roth

Wie die Welt wurde

Die beiden Schöpfungsberichte in der Bibel widersprechen sich. Was stimmt nun? Ist das alles nur Mythologie?

Die Frage, woher alles kommt, gehört zu den Grundfragen der Menschheit. Die Naturwissenschaften versuchen eine Antwort zu geben, *wie* sich die Welt und das Universum entwickelt haben. Aber es scheint so, dass bei der Beantwortung der Frage, *woher* alles kommt, eine Grenze besteht, die vom Menschen nicht überwunden werden kann.

Mit dem Glauben an Gott als Schöpfer des Universums ist die Grenze überwunden. In den ersten Kapiteln der Genesis (1. Buch Mose) wird unter dem Leitsatz »Am Anfang schuf Gott Himmel und Erde« Gottes Schöpfungswerk beschrieben: Er schuf Licht und Finsternis, Himmelsfeste und Wasser, Land und Meer, Gras, Kraut und Bäume, Sonne, Mond und Sterne, Vögel, Fische und die Landtiere. Dann den Menschen als Krone der Schöpfung.

Ein poetischer Text, ein Hymnus auf den Schöpfer – und doch erstaunlich vollständig, in seiner enzyklopädischen Reihung irgendwie nah am wissenschaftlichen Bild der Entstehung der Erde und des Lebens. Kann man darin auch so etwas wie ein himmlisches Protokoll der ersten Ereignisse sehen?

Es ist zu kurz gedacht, im Sinne einer wörtlichen Bibelauslegung den Bericht der Genesis gegen die Evolutionstheorie in Stellung zu bringen, wonach sich das Spektrum der Arten in einem langen Entwicklungs- und Anpassungsprozess aufgefächert hat. Dagegen wird behauptet, die Grundtypen der Lebewesen seien unmittelbar aus dem Schöpfungswillen Gottes entstanden. Die Bibel sage schließlich nichts anderes: »Gott schuf ein jedes nach seiner Art:« (1. Mose 1, 21) Gegen die Urknalltheorie der Astrophysik geht ein wörtliches Verständnis der Bibel davon aus, dass die Welt in sechs Tagen geschaffen und am siebten vollen-

det wurde. Danach entstand das Universum nicht etwa vor Milliarden Jahren, sondern vor ungefähr 6000 Jahren.

Auf diesen Zeitraum kommt man, wenn man die Altersangaben der biblischen Geschlechtsregister von Adam bis Noah, von Noah bis David und von David bis Jesus addiert und die 2000 Jahre seit Christi Geburt dazuzählt. Der irische Erzbischof James Ussher berechnete so bereits im 17. Jahrhundert den Beginn der Schöpfung für den 23. Oktober 4004 vor Christi Geburt.

Ist Gott der Schöpfer der Evolution?

Warum ein wörtliches Verstehen eines Bibeltextes nicht immer hilfreich ist, hat der evangelische Theologe Karl Barth (1886-1968) auf den Punkt gebracht. Er hat unterschieden zwischen Wortlaut und Wort: »Was hilft alle Treue gegen den Wortlaut, wenn sie mit der Untreue gegen das Wort erkauft ist?«

In der Arbeit der Wissenschaft geht es um die Beschreibung der Natur durch Messwerte, Daten und Experimente. Dem Glauben geht es dagegen um Offenbarung. Christen müssen dennoch immer wieder beides zusammen denken, denn es gibt nur eine Wirklichkeit: Wer an Gott glaubt, glaubt an ihn nicht nur als Schöpfer, sondern auch als Erlöser und Vollender.

Doch wie hängt alles zusammen? Waltet Gott in der Natur? Ist Gott der Schöpfer der Evolution und ihrer Gesetzmäßigkeiten? Ist die Evolution gar der Mechanismus der Schöpfung? In der Bibel spricht jedenfalls nichts dagegen, die Schöpfung als Entwicklungsprozess zu begreifen.

Auffällig ist, dass in den ersten beiden Kapiteln der Bibel gleich zwei verschiedene Schöpfungsberichte zu lesen sind. Der erste, bereits oben erwähnte

Bericht mit seinem Sieben-Tage-Schema ist der jüngere Text und um 600 v. Chr. zur Zeit des babylonischen Exils entstanden. Er ist von mythologischer Sprache durchdrungen, wenn es heißt: »*Gott sprach: Es werde eine Feste zwischen den Wassern, die da scheide zwischen den Wassern. Da machte Gott die Feste und schied das Wasser unter der Feste von dem Wasser über der Feste. Und Gott nannte die Feste Himmel.*« Das entspricht der antiken Vorstellung, dass die Erde eine Scheibe ist, das Land umgeben von Wasser, oben ebenfalls Wasser. In der Sintflutgeschichte heißt es (1. Mose 7, 11): »Es öffneten sich die Fenster des Himmels« – ein Weltbild mit drei Stockwerken: Erde, Himmel und Hölle.

Der Text ist mythologisch gefärbt, aber er entmythologisiert auch: »*Es werden Lichter an der Feste des Himmels … und Gott machte zwei große Lichter, ein großes, das den Tag regiere, ein kleines für die Nacht, dazu die Sterne. Und Gott setzte sie an den Himmel.*« Geschrieben in der Zeit des babylonischen Exils, hat diese Sichtweise entmythologisierenden Charakter. Die Babylonier verehrten Sonne, Mond und Sterne als Götter – die Hebräer betonten: Gott hat sie gemacht.

Das war wichtig zur Abgrenzung von fremden Kulten in einem fremden Land. Auch die Hervorhebung des siebten Tags als Ruhetag in diesem Schema ist von da her zu verstehen. Gott ruht ja nicht, weil er jetzt erschöpft ist. Er ruht, weil er aus der Distanz betrachtet. Wobei kaum erwähnt werden muss, dass der Autor poetisch genug zu denken verstand, um diese Tage nicht als platte 24-Stunden-Tage misszuverstehen, sondern als geräumige Schöpfungsphasen im Sinne des 90. Psalms: »Tausend Jahre sind vor dir wie ein Tag, der gestern vergangen ist, wie eine Wache in der Nacht.«

Der folgende ältere Text im 2. Kapitel entstand zur Zeit der Könige David und Salomo, also um 950 v. Chr. Dieser Text (die Erde wird vorausgesetzt)

Bild: Sergey Nivens, xtockimages; zven0 / 123rf.com; Montage: Halke

beginnt mit der Erschaffung des Menschen, dann legt Gott – in Gestalt eines freundlichen Gärtners – den Garten Eden an und setzt den Menschen hinein. Gott schafft erst danach Tiere, Vögel und zur Vollendung seines Werkes Eva – ein konzentrisches Modell mit ganz und gar anderer Reihenfolge. Im ersten Text ist der Mensch die Krone der Schöpfung, im zweiten Text eingereiht zwischen Pflanzen und Tiere.

Beide Texte widersprechen sich nicht nur im Ablauf. Die beiden Erzählungen wurden von zwei verschiedenen Verfassern zu verschiedenen Zeiten in verschiedenen Situationen geschrieben. Der ältere Text im zweiten Kapitel schildert das Handeln Gottes anschaulich und menschlich, Gott handelt selbst wie ein Handwerker oder Künstler, während er im Text des ersten Kapitels erhaben und souverän nur durch den Befehl seines Wortes die Welt hervorbringt: *»Und er sprach und es geschah ...«*

Die unterschiedlichen Orte, an denen diese Texte entstanden, kann man aus der Rolle erschließen, die das Wasser in ihnen spielt. Der ältere Text in 1. Mose 2 spiegelt die Lebensumstände der Steppenbewohner: Wasser ist selten und kostbar, das Lebenselixier aller Lebewesen. Der Garten Eden gleicht einer Wüstenoase, in der es reiche Quellen gibt, die das Leben von Menschen, Pflanzen und Tieren ermöglichen. Von da gehen die Paradiesströme aus und bewässern die ganze Erde. Im ersten Text erscheint das Wasser gefährlich und lebensfeindlich.

Diese Erzählung dürfte in einem der großen Flusstäler entstanden sein, die immer wieder überschwemmt wurden.

Der jüngere Bericht mit dem Tagesschema scheint in seinem naturkundlichen Wissen sehr viel weiter zu sein als der ältere Text. Weil es sich um einen poetischen Text handelt, muss man jedoch nicht glauben, dass dies alles in sieben Tagen geschah. Die Autoren damals haben das ganz sicher nicht so verstanden. Die Hauptaussage des Textes ist: Gott war es, der die Welt erschaffen hat.

Was aber mögen sich wohl die Redakteure der Mosebücher gedacht haben, die beide Texte am Anfang der hebräischen Bibel nebeneinandergestellt haben? Sie haben die Differenzen gesehen, aber sie waren ihnen offenbar nicht wichtig. Maßgebend war ihnen die gemeinsame Hauptaussage, dass Gott der Schöpfer der Welt ist. Festzuhalten ist also eine innerbiblische Toleranz. Die

GESPRÄCHSIMPULSE

■ Welcher biblische Bericht über die Schöpfung aus Genesis 1-2 gefällt Ihnen besser?

■ Ist für Sie ein Universum ohne Schöpfergott denkbar?

■ Kennen Sie neben den beiden widersprüchlichen Schöpfungsberichten noch andere Beispiele der innerbiblischen Toleranz?

Bibel besitzt kein einheitliches Weltbild. Die Sammler der biblischen Schriften haben es sich geleistet, unterschiedliche Theologien und Weltdeutungen nebeneinander stehen zu lassen.

Das heißt aber umgekehrt: Was biblische Texte widersprüchlich formulieren und was die Sammler der Bibel nebeneinander stehen lassen, ist offenbar nicht der Kern des Glaubens. Wohl aber das, worin sie übereinstimmen: »Gott als Schöpfer der Welt« ist unverzichtbarer Gegenstand des Bekenntnisses. »Erschaffen in sieben Tagen« ist weder Gegenstand des Glaubens noch Teil des Bekenntnisses. Die Bibel will hier sagen: Wir Menschen sind kein Zufallsprodukt der Natur, sondern von Gott als Gegenüber geschaffen. Wir sind nicht heimtückischen Mächten ausgeliefert, zum Beispiel den Sternen, die unser Schicksal bestimmen, sondern sind von Gott begleitet. Wir dürfen die Mitwelt nicht verachten, sondern haben den Auftrag, die Schöpfung zu bebauen und zu bewahren. Wir müssen aber auch unsere Grenzen anerkennen und Gott als Schöpfer respektieren.

Vielleicht können Wissenschaftler, Kreationisten und Vertreter des Intelligent Design von der innerbiblischen Toleranz lernen. Die Bibel hält fest, wer Himmel und Erde geschaffen hat: Gott war es. Das ist die Konstante aller biblischen Aussagen. Wie es war, das ist die Variable, und dazu gibt es zu unterschiedlichsten Epochen der Weltgeschichte unterschiedlichste Aussagen. *Helmut Frank*

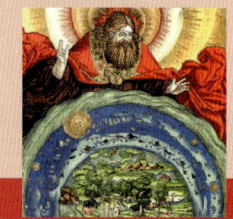
Der Tag ohne Gestern

Der Schöpfungsbericht in der Bibel erzählt uns kurz und bündig, wie Gott Licht, Himmelsgewölbe und Himmelskörper, Erde und Wasser, Tiere und Menschen in sechs Tagen erschuf und am siebten Tage ruhte. Die naturwissenschaftliche Darstellung ist deutlich komplexer. Über die Entstehung des Universums vom Urknall bis zu den ersten Menschen haben wir den Astrophysiker Harald Lesch befragt.

Herr Professor Lesch, wie lesen Sie die Schöpfungsgeschichte der Bibel?

Harald Lesch: Nach sechs Tagen war schon alles vorbei. Zunächst wurden Himmel, Erde, Wasser, Licht, Tag und Nacht. Hier fehlt kein Verb, es *wurde* alles. Dann wurden Gras, Kraut und Bäume, die mit ihrem Saatgut für die Weiterverbreitung der Pflanzen sorgten. Erst jetzt wurden die Sonne, der Mond und die anderen Sterne. Aber dann ging es erst richtig los, die Tiere wurden – und zwar für das Wasser die Fische, für die Luft die Vögel, zuletzt Tiere auf dem Festland und – last, but not least – die Menschen. Letzteren wurde neben der rein physischen Existenz etwas ganz Wichtiges zugesprochen, nämlich die Verantwortung für den ganzen Rest. Danach war Ruhe angesagt. So flapsig könnte – ich betone könnte – man sie formulieren, die Schöpfungsgeschichte.

Wie kann man diesen uralten Text verstehen?

Lesch: Für mich ist das eine reine Erfolgsgeschichte des Werdens. Da kommt eines nach dem anderen: zunächst die kosmische Kulisse, gefolgt von einigen unmittelbaren Requisiten; dann die ersten Darsteller für die Nebenrollen; und schließlich die Hauptdarsteller, ausgestattet mit der Aufgabe, das Schauspiel der Schöpfung zu bewahren. Alles ist darauf abgestimmt, den Protagonisten alle Möglichkeiten zur Entfaltung in den Grenzen ihres Gewissens zur freien Verfügung zu stellen. Hier ist eure Welt:

Benützt sie und bewahrt sie! Die Schöpfungsgeschichte in der Bibel zeichnet sich aus durch klare Verhältnisse: Woher die Dinge und die Lebewesen kommen, ist ebenso klar wie der Ursprung der Himmelskörper und der Elemente. Die Schöpfung ist lückenlos, vor allem ist sie ohne Wissenslücken. Wer glaubt, der weiß ganz genau, was er glaubt.

Wie erklärt die moderne Wissenschaft die Entstehung des Universums?

Lesch: Tja, da beginnt schon der Anfang des Universums mit einem logischen Problem: Was war die erste Ursache, die selbst aber keine Ursache gehabt haben darf? Die modernen Wissenschaften sind Ursachensuchmaschinen, sie sind kausalitätssüchtig. Wenn sich irgendwo etwas als Ding oder Wirkung zeigt, dann wollen wir wissen, woher es kommt, was denn seine Ursache ist. Und auf diesem Weg hin zu den ursächlichsten Ursachen wird man ausgerechnet am allerersten Anfang, dem Ursprung des ganzen Universums, schon schlagartig gestoppt. Denn hier am Anfang von allem, dem Tag ohne Gestern, verlangt unsere Logik nach mehr, als sie selbst imstande ist zu erbringen. Der

Foto: LMU

HARALD LESCH ist Professor für Physik an der Ludwig-Maximilians-Universität München und Lehrbeauftragter für Naturphilosophie an der Hochschule für Philosophie München. Er arbeitet als Astrophysiker, Wissenschaftsjournalist, Fernsehmoderator und Hörbuchsprecher. Er ist evangelisch.

Ursachensuche stellt sich ein unüberwindbares Hindernis entgegen: die Ursache ohne Ursache.

Warum ist das so?

Lesch: Den Anfang des Universums können die wichtigsten und erfolgreichsten Theorien der Physik, die allgemeine Relativitätstheorie und die Quantenmechanik nicht erklären. Nicht weil die Theorien nicht vollständig wären, sondern weil kausalitätsbegründete Theorien prinzipiell nicht die ganze Welt erklären können. Die sind eingeschränkt in ihren Möglichkeiten, weil sie sich nur mit den »vorletzten« Fragen beschäftigen. Der Verzicht auf jede metaphysische Fragestellung hat die moderne Naturwissenschaft bescheiden gemacht. Sie kennt ihre Grenzen und weiß sie kreativ zu nutzen. Die Beschränkung auf die ihr zugängliche physikalische Welt erlaubt es der Physik, die Geschichte der Natur nach dem Anfang der Welt in einem Reigen der Materie, der Kräfte und ihrer Erscheinungen in einem großen Bild zusammenzufassen. Zwar gibt es noch Lücken, richtige Wissenslücken, aber die Naturwissenschaften sind heute in der Lage, die »größte Geschichte aller Zeiten« zu erklären.

Wie können wir uns diese Geschichte »nach dem Anfang« vorstellen?

Lesch: Das Universum warf sich in seine Existenz vor etwa 13,7 Milliarden Jahren. Es begann als enorm heißes, extrem winziges und energetisches Etwas, das noch völlig ohne Etwas war. Es gab nichts außer Energie. Energie ist die Fähigkeit, etwas zu leisten. Mit anderen Worten: Das Universum bestand zunächst nur aus Möglichkeiten. Von Anfang an breitet sich das Universum aus, es wird immer größer und dabei immer kälter. Ähnlich einem Kristallisationsprozess entstehen Kräfte und Teilchen. Zu bestimmten Energie- und Temperaturbereichen gehören bestimmte Teilchen und Kräfte. So wie Wasser seinen Zustand

bei null Grad Celsius von flüssig in fest verändert, hat auch das Universum verschiedene Phasen durchlaufen. Heute gibt es vier Kräfte und eine Familie von Teilchen, von denen die bekanntesten, die Protonen, Neutronen und Elektronen, die Atome aufbauen. Die Temperatur des Universums gibt sein Alter an.

Was geschah am Anfang dieses Prozesses?

Lesch: Drei Minuten nach dem Beginn entstanden die ersten Atomkerne, Wasserstoff und Helium. 400 000 Jahre danach war das Universum so kalt, dass sich die positiv geladenen Atomkerne die negativ geladenen Elektronen einfingen und sich die ersten neutralen Atome von Wasserstoff und Helium formten. Die Strahlung, die das ganze Universum durchdrang, entkoppelte sich von der Materie. Damals begann die schwächste der vier Grundkräfte, die Schwerkraft, ihren Siegeszug. Während in den ersten 400 000 Jahren die Strahlung jede Verdichtung von Materie wieder auseinanderdrückte, war danach die Materie Herr über sich selbst. Und obschon sich das Universum immer weiter ausbreitete, begann die Materie, sich an vielen Stellen zu verdichten, denn sie spürte sich vor allem selbst. Unter der Wirkung ihrer eigenen Schwerkraft begann die Materie, sich zu ersten Sternen und Galaxien zu verdichten. Wäre die Expansion des Universums nur ein wenig schneller gewesen, dann wären nie Galaxien entstanden.

Ab wann gab es die ersten Galaxien und Sterne?

Lesch: Rund 50 Millionen Jahre nach dem Anfang entstanden die ersten Sterne und Galaxien. In den Sternen, den in sich zusammenfallenden Gasbällen, einer besonders dichten Form von Materie, wurden die Atome ihrer Elektronen wieder entrissen und die Atomkerne des Wasserstoffs wurden so dicht zusammengepresst, dass sie miteinander zu Heliumkernen verschmolzen. Dabei wurde Energie freigesetzt, die dem weiteren Kollaps der Materie im Stern einen Druck entgegensetzte. Die freiwerdende Energie drängte aus dem Zentrum der Sterne an deren Oberfläche und die begannen deshalb zu leuchten. *Es ward Licht* in einem sehr großen, kalten und dunklen Universum.

Und wann tauchte dann unser Sonnensystem mit unserem Planeten Erde im Universum auf?

Lesch: Circa 9 Milliarden Jahre nach dem Anfang des Universums explodierten zwei große, heiße, sehr blaue Sterne und drückten ihre Hüllen in eine Gaswolke, aus der unser Sonnensystem wurde. Um unsere Sonne herum bildeten sich die Planeten – und auf dem Planeten Erde verwandelte sich vor etwa 4 Milliarden Jahren tote Materie in lebendige Materie. Lebewesen bestehen zu 92 Prozent aus Sternenstaub.

Wie wird sich das Universum wohl weiterentwickeln?

Lesch: Es zeigt sich in der kosmischen Evolution der Drang der Materie, sich zu neuen Formen und Zuständen immer weiter fortzuentwickeln. Es bilden sich im immer weiter expandierenden Kosmos ununterbrochen Materieinseln von immer höherer Komplexität. Das komplexeste Gebilde, das wir bis heute kennen, ist unser Gehirn. Es enthält mehr Verbindungsmöglichkeiten zwischen den Neuronen, als es Sterne in der Milchstraße gibt. Das Universum hat durch das Wechselspiel der physikalischen Wirkungen und Kräfte ein ungeheures Schöpfungspotenzial entwickelt und wir sind ein Teil davon. Die Naturgesetze geben den physikalischen Rahmen vor, in dem sich Lebewesen aufgrund ihrer Intelligenz und Vernunft den Folgen ihrer Handlungen voll bewusst werden können.

Die Grund-Frage

Warum gab es einen Urknall? Warum existiert das Universum? Und warum gibt es in diesem Universum mehr Materie als Antimaterie? Diese Fragen sind genau genommen moderne naturwissenschaftliche Reformulierungen der alten »Grund-Frage«: Warum ist überhaupt etwas und nicht vielmehr nichts? Die Hamlet-Frage nach Sein oder Nichtsein ist eine, die Physik und Metaphysik, Naturwissenschaft und Philosophie gleichermaßen beschäftigt.

Es ist die ganz große, jedenfalls eine Grundfrage der Philosophie: »Warumb die dinge, so doch konten nicht seyn, etwas seyn«, wunderte sich der Philosoph Gottfried Wilhelm Leibniz schon 1671, um Jahrzehnte später die eigentliche, die berühmte »Grund-Frage« auf Französisch zu formulieren: »Pourquoi il y a plus tot quelque chose que rien? – *Warum ist überhaupt etwas und nicht vielmehr nichts?*«

Schelling (1775-1854) hat über die Frage 1804 dann andersherum philosophiert: »Warum ist nicht nichts, warum ist etwas überhaupt?« sein Philosophen-Kollege Schopenhauer (1788-1860) 40 Jahre später pessimistisch gegrübelt: »…warum nicht lieber gar Nichts sei, als diese Welt.« Und der Existenzphilosoph Martin Heidegger (1889-1976), der zwischen »Sein« und »Seiendem« unterschied (»ontologische Differenz«) war mit der Frage natürlich in seinem Element. Er heideggerte: »Warum ist überhaupt Seiendes und nicht vielmehr Nichts?«

Wenn es die Zeit gibt und die Welt nicht unendlich lange bestehen wird (und alle Befunde der Physik deuten darauf hin), dann muss vor dem Anfang der Welt »nichts« gewesen sein. »Creatio ex nihilo« – Schöpfung aus dem Nichts oder Schöpfung aus nichts – nennt die christliche Theologie eben jenen Übergang vom Nichts zum Sein von alters

her. Sie ist eine Antwort auf die existenzielle Grund-Frage: »Warum ist etwas und nicht nichts?«

Für Martin Luther war Gottes »Schöpfung aus nichts« grundlegend für seine Rechtfertigungslehre: So wie der Mensch in seiner Rechtfertigung auf das alleinige Handeln und den alleinigen Willen Gottes angewiesen ist (»sola gratia«), so ist auch die Schöpfung nur als souveränes, alleiniges und ursprüngliches Handeln Gottes zu verstehen.

Den Gedanken fand der Reformator – wie vieles andere – beim großen Kirchenlehrer Augustinus (354-430). Für den war klar: Schöpfung kann schlicht nur »ex nihilo«, aus dem Nichts erfolgt sein, wenn sie wirkliche Schöpfung sein soll und nicht bloße Umwandlung, Verwandlung von Sein. Dass man dann darüber stritt, ob es nicht besser »a nihilo« heißen müsse, Schöpfung »von nichts ausgehend«, weil »das Nichts« ja sonst schon wieder Substanz sei (wie z. B. der frühchristliche Kirchenlehrer Tertullian) – geschenkt!

Die geschaffene Welt als perfektes Uhrwerk

Für Augustin war die Schöpfung nicht abgeschlossen, sondern »creatio continua«. Leibniz (1646-1716) problematisierte diesen Gedanken mit seinem berühmten Gleichnis vom »göttlichen Uhrmacher«. Seinem Kollegen Isaac Newton (der mit dem Apfel und der Schwerkraft) hielt er entgegen, wenn er noch an die »creatio continua« glaube, müsse er Gott für einen schlechten Uhrmacher halten, dessen Welt seines ständigen Eingreifens bedürfe, um zu funktionieren. Für Leibniz war es vielmehr ein Gottesbeweis, dass dieser eine Welt geschaffen habe, die wie ein perfektes Uhrwerk völlig selbsttätig funktioniere.

An der Frage nach der »Uhrwerkstruktur«, allerdings ohne Eingreifen ei-

nes göttlichen Uhrmachers, arbeitet sich die moderne Urknall-Physik bis heute ab. Schwierig wird es schon beim Begriff des Nichts. »Das Nichts« oder »nichts« – dies beinhaltet nicht nur viele philosophische Facetten vom Nichtsein eines zielgerichteten Willens bis zum Nichtsein jeglicher räumlicher und zeitlicher Ausdehnung. Auch die Antworten von heutigen Quantenphysikern auf die Frage nach dem Nichts fallen durchaus unterschiedlich aus. Der Physiker und Kosmologe Stephen Hawking (1942-2018) hat das Nichts als »instabiles Quantenvakuum« definiert, das keine Teilchen enthält. Eine solche Position kommt der schon vom alten Griechen Parmenides (5. Jh. v. Chr.) formulierten Absage an die »Creatio ex nihilo« ziemlich nah: Von nichts kommt nichts, meinte der, oder: »ex nihilo nihil fit«. Auch ein Universum der Größe Null »ist« – und ist nicht nichts. So schleicht sich die große metaphysische Frage nach dem Grund des Seins durch die Hintertür auch in die moderne Physik.

Das tut sie auch durch den Befund einer rätselhaften »Feinabstimmung der Naturkonstanten« im Universum: Alles – vom exakten Energiezustand des Elektrons bis hin zur Ausprägung der schwachen Wechselwirkung – scheint maßgeschneidert, um Leben und Bewusstsein zuzulassen!

Kohlenstoff ist Grundelement allen organischen Lebens. Als »Kohlenstoffresonanz« wird der Umstand bezeichnet, dass die Physik unseres Universums auf geradezu unwahrscheinliche Weise die Erbrütung von Kohlenstoff in den Sternen privilegiert. Aus der verblüffenden Verkettung von fast schon absurd vielen »Zufällen« in den elementaren Naturgesetzen ziehen manche Physiker den Schluss, dahinter müsse Absicht stehen, ein ins Universum eingewobener Wille zum Leben und zur Erkenntnis seiner selbst: »Nicht nur, dass der Mensch in das Universum hineinpasst. Das Universum passt auch zum Menschen. Man stelle sich ein Universum vor, in dem sich irgendeine der grundlegenden dimensionslosen physikalischen Konstanten in die eine oder andere Richtung um wenige Prozent verändern würde? In einem solchen Universum hätte der Mensch nie ins Dasein kommen können«, staunen beispielsweise die Physiker John Barrow und Frank Tipler darüber, dass in der Welt ein die Existenz von Leben ermöglichender Faktor eingebaut scheint.

Doch der ultimative Gottesbeweis ist auch dieses »anthropische« – also auf den Menschen (griechisch *anthropos*) und sein Bewusstsein hinzielende – Prinzip des Universums nicht. Unser beobachtbares Universum ist ja nur deshalb beobachtbar, weil es eben so gestrickt ist, dass es genau die Eigenschaften besitzt, die Leben, also uns, die Beobachter, ermöglichen. Wäre es nicht für die Entwicklung bewusstseinsfähigen Lebens geeignet, wäre auch niemand da, der es beschreiben könnte.

Das Argument beschreibt also einen kreisförmigen Gedanken. Auf diese Schwäche weisen seine Kritiker hin. Die moderne Physik legt die Existenz vieler Welten nahe: Die Theorie eines Multiversums geht von unendlich vielen Paralleluniversen mit völlig anderen, nicht lebenshervorbringenden Gesetzen aus. Stimmt das, dann wären wir lebenden Beobachter unseres Universums in Gefahr, das, was für uns erkennbar ist, mit dem zu verwechseln, was »ist« – gewissermaßen eine Verlängerung des Höhlengleichnisses des antiken griechischen Philosophen Platon in die theoretische Physik. Was uns an einen »intelligenten Designer« unserer unwahrscheinlichen Welt glauben lässt, wäre am Ende doch wieder nur bloßer Zufall.

Apropos Multiversum: Die Frage, ob Jesus am Kreuz auch für Aliens und Außerirdische starb, ist alles andere als zeitgenössischer Science-Fiction-Quatsch. Schon im 15. Jahrhundert stellte sie der Franziskaner Wilhelm von Vorillon (1390-1463). Wie sein großer Zeitgenosse, der universalgelehrte Kirchenlehrer und Mystiker Nikolaus von Kues (1401-1464), glaubte er an unendlich viele Paralleluniversen. Seine Antwort: Selbstver-

Ein Missionar des Mittelalters berichtet, er habe den Punkt gefunden, wo Himmel und Erde sich berühren: Der berühmte Holzschnitt stammt nicht aus dem Mittelalter, verweist aber auf die Zeit vor der kopernikanischen Wende und wurde von Camille Flammarion 1888 in Paris veröffentlicht. Bild: akg-images

ständlich hat Jesus auch die Bewohner aller anderen Welten erlöst!

Seither haben die einen gehofft, die anderen gefürchtet, die Naturwissenschaft könne Gott aus der Welt-Gleichung entfernen. Wieder andere stellen die Sinnhaftigkeit der »Grund-Frage«

überhaupt infrage. Sie halten sie für unlösbar oder falsch gestellt. Statt kindisch »warum« zu fragen, solle der Mensch lieber die Frage der Wissenschaft stellen: wie?

Doch diese Position übersieht eben etwas Entscheidendes: »Nicht *wie* die Welt ist, ist das Mystische, sondern *dass* sie ist« – so formulierte es der Philosoph Ludwig Wittgenstein (1889-1951) in seinem »Tractatus logico-philosophicus«. Denn eines bleibt: das Staunen und Fragen selbst – das Staunen über unsere Existenz, über das Leben.

»Die Wissenschaft ist zum besten Freund der Religion geworden«, kann heute der US-amerikanische Mystiker, Franziskanerpater und Erfolgsautor Richard Rohr sagen. Auch er sieht in der unablässigen Verwandlung von Energie und Materie vom Urknall an ein inneres Ziel am Werk: die Fleischwerdung des Geistes, die Auferstehung als ein universelles Muster, den »universalen Christus«. Rohr: »Wir kommen zum Geist durch die Materie.« Es lohnt, darüber nachzudenken, zu welchem Ergebnis man auch immer kommen mag.
Markus Springer

Das Thomas-Prinzip

Glauben ist nicht wissen, und der Glaube steht bekanntlich auf wackeligen Beinen. Man sollte sich besser an das halten, was real, was greifbar ist. Oder?

Ich glaube nur, was ich sehe«, immer wieder bin ich auf diese Aussage – oder soll ich sagen: auf dieses »Bekenntnis«? – gestoßen, wenn ich mit Menschen über Religion diskutiert habe, die Wahrheit vor allem an der empirisch-naturwissenschaftlichen Nachweisbarkeit festmachen. Ich antworte darauf mit einem Beispiel:

Wenn ich irgendwo hinkomme und meine Frau mitgebracht habe und sie vorstellen wollte, könnte ich sagen: »Darf ich Ihnen meine Frau vorstellen? 68 Prozent Wasser- und Aschenbestandteile, 20 Prozent Kohlenstoff und Spurenelemente, sechs Prozent Sauerstoff, zwei Prozent Stickstoff, Materialwert 24.80 Euro.«

Jeder, der das hören würde, würde sich zu Recht Sorgen um meine Ehe machen und uns dringend zu einem Eheberater schicken. Und das, obwohl alles, was ich über meine Frau gesagt hätte, den Tatsachen entspräche. Ich hätte nichts Falsches gesagt. Und trotzdem würde jeder, der diese Vorstellung hören würde, entweder lachen oder den Kopf schütteln. Es wäre nämlich sofort sichtbar, dass chemische Formeln als Grundperspektive für unser Leben eine fürchterliche Verarmung von Menschsein wären. Das, was die Worte Liebe, Leidenschaft, Schuld, Vergebung, Versöhnung, Ganzheit, Geborgenheit ausdrücken, käme in dieser Perspektive überhaupt nicht vor.

Die Naturwissenschaft zur leitenden oder gar einzigen Perspektive zur Deutung der Welt zu machen wäre also alles andere als plausibel. Genauso falsch wäre es natürlich, die Naturwissenschaft als Perspektive auszublenden. Wer das tut, landet bei kreationistischen Vorstellungen, die aus vermeintlicher Loyalität zur Bibel die evolutionäre Entstehung unseres Kosmos bestreiten. Die sieben Schöpfungstage der Bibel, wie sie im ersten Kapitel des 1. Buchs Mose beschrieben werden, werden dann als historische Tatsachenberichte verstanden, die in Konkurrenz gesehen werden zu den 16 Milliarden Jahren, die die Naturwissenschaft als zeitlichen Rahmen für die Entstehung des Kosmos ansetzt.

Christliche Fundamentalisten, die diese falsche Konkurrenz zwischen biblischen Texten und moderner Naturwissenschaft aufmachen, nennen sich häufig »bibeltreu«. Aber Bibeltreue sieht anders aus. Wer der Bibel wirklich gerecht werden will, projiziert nicht Jahrtausende später entstandene naturwissenschaftliche Weltbilder in die alten Texte hinein, sondern er nimmt sie ernst in dem, was sie sagen wollen. Und die biblische Schöpfungsgeschichte will nicht historische Abläufe schildern, sondern deutlich machen, in welch wunderbarer Ordnung Gott diese Welt geschaffen hat und welchen Ort er dem Menschen in dieser Ordnung gegeben hat. Mit dem siebten Schöpfungstag als Sabbat, als Ruhetag, will die biblische Schöpfungsgeschichte uns etwa sagen, dass nicht der Mensch, wie wir lange dachten, die Krone der Schöpfung ist, sondern der Sabbat.

Glaube heißt zuallererst Lebensdeutung

»Ich glaube nur, was ich sehe…« – Man muss diesen Satz nur geringfügig umformulieren, um dem auf die Spur zu kommen, worum es wirklich geht: »Der Glaube hilft mir deuten, was ich sehe.«

Denn Glaube heißt zuallererst Lebensdeutung. Martin Luther hat einmal gesagt: »Woran du dein Herz hängst, das ist dein Gott.« Und er hat damit eine auch in der modernen Gesellschaft höchst aktuelle Aussage getroffen: Jeder und jede von uns, egal, welche Weltanschauung er vertritt, lebt auf der Basis grundlegender Überzeugungen, Annahmen und Prioritäten, die sein Leben leiten. Jeder und jede deutet die eigenen Erfahrungen im Licht dieser Grundannahmen. Zugespitzt gesagt: Ungedeutetes Leben gibt es nicht. Auch die naturwissenschaftliche Perspektive ist nur eine Perspektive. Zwar eine wichtige, weil sie uns hilft zu verstehen, in welchen Entwicklungsschritten der Kosmos entstanden ist, was sich bei chemischen Reaktionen abspielt und wie auf der Basis dieses Wissens achtsam mit der Schöpfung umgegangen werden kann oder durch Medikamente menschliches Leiden überwunden werden kann; aber eben nur eine Perspektive.

Die Aufgabe des menschlichen Geists ist es, die unterschiedlichen Perspektiven nicht gegeneinander auszuspielen, sondern sinnvoll aufeinander zu beziehen.

Von einem Menschen, der blind gewesen ist und der sehend geworden ist, können zwei Geschichten geschrieben werden. Eine wissenschaftliche Fallstudie wird beschrieben, was an seinem Sehnerv oder in seiner Netzhaut geschehen ist, welche Technik der Chirurg benutzt hat oder durch welche Medikamente ein Arzt ihn zu heilen versucht hat, durch welche Stadien der Genesung der Patient gegangen ist. Eine Autobiografie auf der anderen Seite wird vielleicht diese Dinge kaum erwähnen, sondern sie wird erzählen, was einem Menschen widerfahren ist, der in Dunkelheit gelebt hat und nun wieder Bäume sehen kann und den Sonnenaufgang, die Gesichter von Kindern und die Augen eines Freundes. Und sie wird vielleicht auch davon erzählen, wie dieser Mensch Gott lobt und ihm dankt für diese wunderbare Erfahrung der Heilung, weil er sein Leben deutet in der Perspektive seiner Beziehung zu Gott.

Die naturwissenschaftlichen Erkenntnisse über den Kosmos bringen uns an die Grenzen unseres wissenschaftlichen

Verstehens. Aber genau deswegen lehren sie uns auch das Staunen. Viele Texte in der Bibel leihen uns Worte für solches Staunen.

»Wenn ich sehe die Himmel, deiner Finger Werk, den Mond und die Sterne, die du bereitet hast: Was ist der Mensch, dass du seiner gedenkst, und des Menschen Kind, dass du dich seiner annimmst? Du hast ihn wenig niedriger gemacht als Gott, mit Ehre und Herrlichkeit hast du ihn gekrönt.«

In diesen Worten aus Psalm 8 kommt zum Staunen über die wunderbare Ordnung, in der Gott die Welt geschaffen hat, auch das dankbare Staunen über die besondere Würde, die Gott dem Menschen in der Schöpfung gegeben hat. Was ist der Mensch? So fragt Psalm 8. Und die Antwort ist: Der Mensch ist nur wenig niedriger als Gott. Aber er ist niedriger. Er ist nicht Gott, sondern er ist Gott gegenüber verantwortlich. Er ist von Gott mit Freiheit begabt, aber genau deswegen ist er auch fähig zur Verantwortung.

Wie wenig selbstverständlich diese Sicht des Menschen ist, hat ein Bestseller gezeigt, der in den letzten Jahren insbesondere die Herausforderungen der Digitalisierung in den Blick genommen hat. Schon der Titel dieses Buches von Yuval Noah Harari zeigt, wie relevant seine Thesen für eine vom christlichen Glauben geprägte Perspektive sind: »Homo Deus« – der Mensch als Gott.

Gefühle, so Harari, sind nicht irgendeine spezifisch menschliche Eigenschaft und spiegeln keineswegs irgendeine Art von »freiem Willen« wider. »Gefühle sind vielmehr biochemische Mechanismen, die alle Säugetiere und Vögel nutzen, um rasch Wahrscheinlichkeiten des Überlebens und der Reproduktion zu berechnen. Gefühle beruhen nicht auf Intuition, Inspiration oder Freiheit – sie basieren auf Berechnung.« Angesichts des rasanten technologischen Fortschritts, so Harari, werden ausgefeilte Algorithmen in der Zukunft die gesellschaftliche Kontrolle über uns Menschen erlangen.

Die biblische Tradition redet anders. Sie definiert den Menschen nicht aus sich selbst heraus, sondern immer zuerst in seiner Zugehörigkeit zu und in seiner Unterschiedenheit von Gott. Der Mensch ist »wenig niedriger als Gott«, aber eben doch niedriger. Darin spiegelt sich einerseits das Staunen des Menschen darüber, dass Gott ihn zum Herrn gemacht hat »über Gottes Hände Werk«; ande-

Der ungläubige Thomas, Caravaggio, 1602. Bild: PD

rerseits wird dieser Mensch zugleich in und trotz dieser Herrschaft über die geschaffene Welt daran erinnert, dass er niedriger als Gott ist, dass er eben kein *homo deus* ist, sondern ein *homo sapiens*. Wenn er wirklich »sapiens« ist (also klug oder weise), dann darin, dass er sich zu unterscheiden weiß von und bezogen weiß auf Gott, obwohl ihm so viel Macht und Herrschaft in der Schöpfung Gottes gegeben ist. Dass er bereit ist zur Verantwortung. Verantwortung für die Welt, für die Vögel unter dem Himmel und die Fische im Meer, die Gott geschaffen und ihm zur Fürsorge

GESPRÄCHSIMPULSE

■ Der »ungläubige Thomas« (Johannes 20, 19-29) kann nicht glauben, »wenn ich nicht in seinen Händen die Nägelmale sehe (...) und lege meine Hand in seine Seite«. Wann bin ich wie er? Wo nicht?

■ Jesus sagt zu Thomas: »Reiche deine Hand her und lege sie in meine Seite.« Was bedeutet es, dass Jesus Zweifel akzeptiert?

■ Auf dem Caravaggio-Gemälde oben links sind neben Jesus und Thomas noch zwei andere zu sehen. Wer könnten sie sein? Was könnten sie denken?

anvertraut hat, ebenso wie für die Algorithmen der Gegenwart, die der Mensch selbst sich erdacht hat.

»Ich glaube nur, was ich sehe« – richtig verstanden, steckt ein großes Potenzial in diesem Satz, jedenfalls dann, wenn das Sehen nicht auf eine naturwissenschaftliche Perspektive verengt wird. »Komm und sieh« – das sagt Philippus, ein neuer Jünger Jesu, zu Nathanael, einem Israeliten, den er spontan kennenlernt (Johannes 1, 46). Er erzählt Nathanael von Jesus und sagt: »Wir haben den gefunden, von dem Mose im Gesetz und die Propheten geschrieben haben, Jesus, Josefs Sohn, aus Nazareth.« Aber Nathanael bleibt skeptisch. Und dann sagt Philippus diese Worte: »Komm und sieh!« Die Begegnung mit Jesus verändert Nathanaels Sicht. Er ruft aus: »Rabbi, du bist Gottes Sohn!«

»Ich glaube nur, was ich sehe« – wer Herz, Sinn und Verstand öffnet für das Wirken Gottes und für Jesus, in dem er sich auf Erden als Mensch gezeigt hat, der sieht viel mehr. Er sieht, wie der Mensch beschaffen ist, wie die außermenschliche Natur beschaffen ist. Aber er sieht auch die Liebe, mit der Gott all das geschaffen hat. Und er spürt die Hoffnung, die in dem Glauben steckt, dass Gott diese Welt auch jetzt in Liebe erhält und dass wir nicht zugehen auf ein schwarzes Loch, sondern auf einen neuen Himmel und eine neue Erde. *Heinrich Bedford-Strohm*

Chrestos, der Aufrührer

Der Glaube gründet sich auf eine Person der Geschichte. Jesus kam vor 2000 Jahren in diese Welt. Doch war es wirklich so? Wo sind die Beweise?

In Andreas Eschbachs preisgekröntem Roman »Das Jesus Video« geht es um einen bemerkenswerten Fund bei archäologischen Ausgrabungen in Israel: Ein 2000 Jahre altes Skelett zeigt moderne Zahnfüllungen und einen für das Alter des Skeletts außergewöhnlich gut verheilten Beinbruch. Doch das Merkwürdigste ist die Grabbeigabe: ein Leinenbeutel mit einer Bedienungsanleitung für eine Videokamera, die erst in ein paar Jahren auf den Markt kommen soll.

Der Ausgrabungshelfer Stephen Foxx, der eher nebenbei auf diesen verstörenden Fund gestoßen ist, erklärt den Sachverhalt mit einer gewagten These: eine Zeitreise. Für ihn ist klar, dass der Zeitreisende eine Kamera dabei gehabt hatte. Doch wo ist sie? Auf ihrem Speicher könnte Videomaterial von vor 2000 Jahren zu finden sein. Vielleicht sogar von Jesus? Da der Fund brisant ist, beginnen diverse Personen mit der Suche nach der Kamera. Ein Wettlauf zwischen dem Geldgeber der Grabungen, dem Studenten Stephen Foxx und dem Vatikan, der ein solches Video überhaupt nicht veröffentlicht sehen will, beginnt.

Der Student ist bei der Jagd immer einen Schritt voraus, weil er bei seinem Fund einen zusammengefalteten Brief unterschlagen hat, den er mithilfe eines Altertumswissenschaftlers teilweise lesbar machen kann. Darin wird klar, dass der Zeitreisende durch einen Zufall während eines Urlaubs in Israel mit nichts als der Kamera in der Hand durch die Zeit fiel und im Israel zur Zeit Jesu wieder auftauchte. Er schreibt im Brief, dass er von einer Familie aufgenommen wurde, deren Sprache lernte und später heiratete. Außerdem schreibt er davon, wie er von Jesus hörte, ihn filmte und wo er die Kamera versteckte. Der Rest des Romans handelt von der Suche nach der Kamera

in den Klöstern und heiligen Stätten Israels. Am Ende gelingt es tatsächlich einigen Menschen, Jesus zu sehen.

Zeitreisen sind nach dem momentanen Stand der Wissenschaft nicht möglich. Und doch hat Eschbach in seinem Roman eine Sehnsucht angesprochen, die Sehnsucht, Jesus zu sehen, ihm zu begegnen – als den Glauben bestärkende Erfahrung, aber auch als Beweis für die Wahrheit seiner Existenz.

Diese Frage nach der Wahrheit des historischen Jesus spielte in den ersten Jahrhunderten des Christentums keine Rolle. Erst um 1740, mit dem Zeitalter der Aufklärung, hat die wissenschaftliche Forschung Fragen gestellt: Hat Jesus überhaupt gelebt? Ist er am Kreuz gestorben? Ist er wirklich vom Tode auferstanden?

Die Suche nach dem historischen Kern

Die daraus hervorgegangene historisch-kritische Forschung hat daraufhin versucht, Mythologie, spätere Gemeindebildung und Legendäres vom historischen Kern der biblischen Erzählungen abzutrennen. Viel ist dabei nicht übrig geblieben. Die Erforschung von Textquellen und archäologische Ausgrabungen haben jedoch in den vergangenen Jahrzehnten neue Einsichten über den historischen Jesus ergeben. »Wir haben viel mehr gesicherte Erkenntnisse über ihn, als bislang angenommen wurde«, sagt Gerd Theißen (77), emeritierter Professor für Neues Testament in Heidelberg. Sicher ist demnach: Jesus stammt aus Galiläa, wahrscheinlich aus Nazareth. Er schließt sich Johannes dem Täufer an, der ihn tauft. Er predigt vom Reich Gottes und sammelt Jünger um sich, die mit ihm durch das Land ziehen. Er tritt als Heiler und Exorzist auf. Das Besondere seiner Wirk-

samkeit: Er baut die Heilungen in seine Heilsbotschaft ein. Wenn jemand gesund wird oder wenn ihn ein Dämon verlässt, dann bricht die Gottesherrschaft bereits jetzt an. Er spricht in Gleichnissen und ruft zur Nachfolge. Er zieht nach Jerusalem, wo er mit einer prophetischen Handlung im Tempel die Priesteraristokratie gegen sich aufbringt. Zum anderen bringt er die Römer gegen sich auf, weil mit seiner Person messianische Hoffnungen verbunden werden. Pilatus verurteilt Jesus und lässt ihn als König der Juden vor den Stadttoren Jerusalems kreuzigen. Zu den Fakten gehört für Theißen auch, dass Jesus nach seinem Tod seinen Jüngern erschienen ist.

Neben den neutestamentlichen Schriften erwähnen Jesus auch römische Historiker und jüdische Geschichtsschreiber. Damit gilt das Leben Jesu als historisch besser belegt als beispielsweise die Existenz der griechischen Philosophen Plato und Sokrates.

Der jüdisch-römische Geschichtsschreiber Flavius Josephus erwähnt Jesus von Nazareth an zwei Stellen seines Historienwerks »Jüdische Altertümer«, veröffentlicht um 94 n. Chr. Im 18. Buch heißt es: »*Um diese Zeit lebte Jesus, ein weiser Mann, wenn man ihn überhaupt einen Menschen nennen darf. Er vollbrachte nämlich ganz unglaubliche Taten und war der Lehrer aller Menschen, die mit Lust die Wahrheit aufnahmen. So zog er viele Juden und auch viele Heiden an sich. Dieser war der Christus. Und obgleich ihn Pilatus auf Betreiben der Vornehmsten unseres Volkes zum Kreuzestod verurteilte, wurden doch seine früheren Anhänger ihm nicht untreu. Denn er erschien ihnen am dritten Tage wieder lebend.*«

Schon zur Zeit der Reformation wurde die Echtheit dieses Textes bezweifelt. Das Glaubensbekenntnis »Dieser war der Christus« passt nicht so recht zu einem jüdischen Historiker. Damit hätte Josephus ja Jesus als Messias anerkannt. Dass er zum Christentum übergetreten wäre, ist nicht bekannt. Textkritische

Analysen haben ergeben, dass Josephus in seinem Historienwerk Jesus, sein Wirken und seinen Tod tatsächlich erwähnt. Das Bekenntnis wurde jedoch durch christliche Redakteure offenbar später eingefügt.

Über jeden Zweifel erhaben ist jedoch die zweite Passage des Josephus in seinem 20. Buch, in dem er von der Hinrichtung des Jakobus unter dem Hohepriester Hannas II. berichtet: »Er versammelte daher den Hohen Rat zum Gericht und stellte vor diesen den Bruder des Jesus, der Christus genannt wird, mit Namen Jakobus sowie noch einige andere, die er der Gesetzesübertretung anklagte und zur Steinigung führen ließ.« Für den Neutestamentler Martin Karrer ist die Jakobusnotiz der älteste außerchristliche Beleg für Jesu Existenz.

Neben Josephus sieht auch der Talmud, eine Sammlung jüdischer Bibelauslegungen, Jesus als historische Person. Dort heißt es: »Am Vorabend des Paschafestes hängte man Jesus den Nazarener. Vierzig Tage lang vorher rief der Ausrufer: Er soll gesteinigt werden, weil er Zauberei getrieben, Israel verführt und abtrünnig gemacht hat. Wer etwas zu seiner Verteidigung zu sagen hat, komme und trage es vor! Da aber nichts zu seiner Verteidigung vorgebracht wurde, henkte man ihn am Vorabend des Paschafestes.« Von den Römern ist im Talmud nicht die Rede, Jesus sei wegen »Zauberei« angeklagt worden und vor allem: Er sei gesteinigt worden, bevor man ihn »hängte«.

Neben den jüdischen erwähnen auch heidnische Geschichtsschreiber Jesus. Der römische Ritter und Biograf Sueton schreibt 119 n. Chr. in seinem Werk »Über das Leben der Kaiser« über ein Edikt des Kaisers Claudius aus dem Jahr 49: »Die Juden, welche, von einem gewissen Chrestos aufgehetzt, fortwährend Unruhe stifteten, vertrieb er aus Rom.« Offenbar nimmt Sueton an, dass es sich bei »Chrestos« um einen Aufrührer handelt. Der Name ist irrtümlich oder bewusst abschätzig gewählt, er leitet sich vom Sklavennamen »Chrestos« ab, »der Nützliche, Tüchtige«.

Tacitus, der römische Senator und Biograf von Kaiser Nero, berichtet in seinen »Annalen« 116 n. Chr. über die »Chresten« in Zusammenhang mit dem Brand Roms im Jahr 64: »Dieser Name

Bilder: PD

stammt von Christus, der unter Tiberius vom Prokurator Pontius Pilatus hingerichtet worden war.« Tacitus schreibt auch von der Erfolglosigkeit der Verfolgungen: »Um das Gerücht aus der Welt zu schaffen, schob er die Schuld auf andere und verhängte die ausgesuchtesten Strafen über die wegen ihrer Verbrechen Verhassten, die das Volk ›Chrestianer‹ nannte. Der Urheber dieses Namens ist Christus, der unter der Regierung des Tiberius vom Prokurator Pontius Pilatus hingerichtet worden war. Für einen Augenblick war der verderbliche Aberglaube unterdrückt worden, trat aber später wieder hervor und verbreitete sich nicht nur in Judäa, wo das Übel aufgekommen war, sondern auch in Rom …«

Es gibt noch mehr antike Schriftsteller, die Bezüge zum historischen Jesus herstellen. Der Historiker Thallus verfasste um das Jahr 55 eine dreibändige Geschichte der ihm bekannten Welt vom Fall Trojas bis etwa zum Jahr 50. Das Werk ist verloren, wird aber von anderen Autoren zitiert. Der christliche Chronist Sextus Julius Africanus kommentierte um 220 die Finsternis bei der Kreuzigung Jesu (Markus 15, 33) in seiner »Weltgeschichte«: »Diese Finsternis nennt Thallus eine Sonnenfinsternis. Wie mir scheint, gegen vernünftige Einsicht.« Denn Jesus sei zum Pessachfest gekreuzigt worden, also beim ersten Frühlingsvollmond. Dabei sei keine Sonnenfinsternis möglich. Demnach könne die Finsternis am Todestag Jesu keine Sonnenfinsternis, sondern nur eine von Gott verursachte Dunkelheit gewesen sein. So wollte Africanus diese Finsternis als nicht natürlich erklärbares Wunder erweisen.

Um die Glaubwürdigkeit der außerbiblischen Jesuszeugnisse wurde und wird genauso diskutiert wie über die Wahrheit der neutestamentlichen Texte. Gerd Theißen und die Utrechter Professorin Annette Merz heben hervor, dass die außerbiblischen Notizen unabhängig voneinander in ganz verschiedenen Kontexten und zu verschiedenen Anlässen entstanden sind. Gegner, Skeptiker und Sympathisanten des Christentums hätten Jesu Existenz vorausgesetzt und keinerlei Grund gesehen, sie zu bezweifeln, schreiben sie in ihrem Buch »Der historische Jesus«. Dass sie gerade Jesu Hinrichtung mit je eigener Darstellung erwähnten, spreche für deren Faktizität. Bei aller gebotenen Skepsis sei dies ein deutliches Zeichen dafür, dass hier »unerfindbare Tatsachen« überliefert worden seien: »Die Zufälligkeit der geschichtlichen Quellen macht uns gewiss, dass wir mit einer historischen Gestalt Kontakt aufnehmen und nicht nur mit der Phantasie früherer Zeiten.«

Am Ende von Eschbachs Roman wird erzählt, dass sich eine Art Gemeinde gebildet hat, die sich regelmäßig trifft, um sich das Jesus-Video anzuschauen und sich darüber auszutauschen. Eines Tages taucht dort ein junger Mann auf, der sich John nennt und nach Israel reisen will, um sich die berühmten religiösen Stätten anzusehen. Er erzählt stolz, dass er sich eigens dafür eine neue, moderne Kamera gekauft hat. *Helmut Frank*

Das Ärgernis

Wie kam Gott in die Welt? Bei der Frage nach dem »Wie« der Menschwerdung Gottes kapitulieren viele Theologen und Bibelwissenschaftler. Die Bibel redet von der Jungfrauengeburt, ein Begriff, der wie Himmel und Hölle längst ins Reich der mythologischen Vorstellungen verbannt wurde. Bei genauerem Hinsehen offenbart sich jedoch eine tiefere Wahrheit.

Die biblische Weihnachtsgeschichte ist voller anschaulicher Bilder: die Hirten auf dem Feld, die Herberge, der Stall, das Kind in der Krippe. Gott kommt in die Welt – handfest, greifbar, real. Auch die Verkündigungsengel finden darin ihren Platz. Ja, so mag sich die Geburt Jesu in Bethlehem zugetragen haben. So kam Gott in die Welt. Aber geboren von einer Jungfrau? Wie genau ging das vor sich? Als biologischer Akt? Was bedeutet »empfangen durch den Heiligen Geist, geboren von der Jungfrau Maria«, wie es im Apostolischen Glaubensbekenntnis heißt? Gehört die Jungfrauengeburt nicht wie Wunder, Himmel, Hölle und Teufel in das Reich der Mythologie?

Der Evangelische Erwachsenenkatechismus kommt den Zweiflern entgegen: Die Jungfrauengeburt sei »eine Frage, an der die Auffassungen unter Christen auseinandergehen können«, heißt es da. Eine Jungfrauengeburt infolge einer übernatürlichen Empfängnis passt nicht in das heutige Weltbild. Die Zweifel werden genährt mit der These, der Evangelist Matthäus sei einem Übersetzungsfehler aufgesessen. Matthäus 1, 22 f. nehme auf, was in griechischen Übersetzungen des Alten Testaments bei Jesaja 7, 14 stehe: »Siehe, eine Jungfrau ist schwanger und wird einen Sohn gebären, den wird sie nennen Immanuel, das heißt Gott mit uns!« Der hebräische Urtext spreche aber nur von einer jungen Frau.

Es liegt jedoch nicht zwingend ein Übersetzungsfehler vor. Das Wort »alma« in Jesaja 7, 14 kann »junge Frau« übersetzt werden, es kann aber eben auch »Jungfrau« heißen. Der Tübinger Professor Eberhard Jüngel schließt einen Übersetzungsfehler aus: »Die Erklärung mit einem Übersetzungsfehler ist Schummelei, um sich dem Ärgernis zu entziehen«, sagt er.

Die Jungfrauengeburt ist in der Tat ein Ärgernis für das moderne Denken. Ist es jedoch richtig, biblische Anschauungen als überholt wegzuschieben, weil man meint, dem modernen Menschen alle Stolpersteine aus dem Weg räumen zu müssen? Muss man dann nicht auch die Auferweckung Jesu streichen? Die Wunder, die Engel, am Ende sogar Gott selbst? Der Schlüsselsatz bei Lukas lautet: »Bei Gott ist kein Ding unmöglich!« (Lukas 1, 37) Der Engel Gabriel setzt damit die Überschrift über das weihnachtliche Geschehen. Bei Gottes Möglichkeiten geht es nicht um Willkür, nicht um die Aufhebung der Naturgesetze, sondern um die Unbegrenztheit der göttlichen Gnade. Bezogen auf Jesus heißt dies, dass Gott bei der Empfängnis und bei der Auferstehung, zu Anfang und zu Ende seines irdischen Lebens, als Schöpfer des Lebens wirksam wird. Warum sollte Gott dazu nicht fähig sein?

Ungewöhnlich war nicht Jesu Geburt, sondern sein Leben

Die römisch-katholische Kirche hat viel Schaden angerichtet, als sie rund um das Geheimnis der Jungfrauengeburt alle möglichen Dogmen formuliert hat. Der Streit darüber beschäftigte in den vergangenen Jahren mehrfach die Glaubenskongregation der römisch-katholischen Kirche.

Dabei war es der Theologe Joseph Ratzinger, der in seinem Buch »Einführung in das Christentum« 1968 schrieb:

»Die Gottessohnschaft Jesu beruht nach dem kirchlichen Glauben nicht darauf, dass Jesus keinen menschlichen Vater hatte. Denn die Gottessohnschaft, von der der Glaube spricht, ist kein biologisches, sondern ein ontologisches Faktum, kein Vorgang in der Zeit, sondern in Gottes Ewigkeit.« In allen Neuauflagen des Buches wurde dies nicht korrigiert.

Das katholische Kirchenrecht kennt keine Gnade: Wer an Marias Jungfräulichkeit beharrlich zweifelt, ist automatisch exkommuniziert gemäß Canon 1364 § 1 und Canon 751 des Codex Iuris Canonici. Dem Kirchenkritiker Eugen Drewermann wurde wegen »falscher Lehre« die Lehrerlaubnis entzogen, und er wurde vom Priesteramt suspendiert. Drewermann versteht die Jungfrauengeburt nicht als historisches Ereignis, also auch nicht als biologisches Ereignis. Jesus habe einen leiblichen Vater gehabt, sagt er: »Jesus ist als Mensch gezeugt und geboren wie jeder andere Mensch auch. Ungewöhnlich war nicht seine Geburt, sondern sein Leben.« Um dies zu deuten, hätten die ersten Christen die Bilder von der Jungfrauengeburt benutzt, die auf altorientalische Königsvorstellungen zurückgehen. Die Geburtsgeschichten Jesu bei Matthäus und Lukas sieht er als mythennahe Legenden, nicht als historische Berichte.

Es bereitet jedoch Unbehagen, wenn immerzu betont wird, dass es sich bei der Geistzeugung um keinen biologischen Vorgang handle. Dann muss das »Biologische« eben doch von Josef kommen. Aufrichtige Theologie darf sich hier nicht um eine Erklärung herumdrücken.

Der Philosoph Robert Spaemann sieht in der Geburt Jesu das schöpferische Handeln Gottes: »Hier hat nicht ein Gott einen Halbgott gezeugt, sondern der Geist Gottes, der am Anfang der Schöpfung über den jungfräulichen Wassern schwebte und die Erde Gestalt annehmen ließ, lässt nun in einer Jungfrau eine neue Schöpfung beginnen.«

Kein Halbgott werde empfangen, sondern eine ganz und gar menschliche Natur, die von dem ewigen Logos als seine angenommen wird. Spaemann nennt die jungfräuliche Geburt dieses Menschen das »Realsymbol« dafür, dass mit seinem Eintritt in die Welt etwas ganz und gar Neues beginnt, eine neue Schöpfung.

Der Katholik Spaemann formuliert reformatorisch: »Die Jungfräulichkeit der Gottesmutter ist das Realsymbol des »sola gratia« – durch Gnade allein, so wie das Ja Marias zu diesem Geschehen, das ihr verkündet wird, das unüberbietbare Beispiel des »sola fide« – allein durch Glauben ist. Den ersten Schritt zu unserer Erlösung können wir nicht selbst tun.«

Schön wäre, wenn Spaemanns Erkenntnisse Eingang in den Katechismus der römisch-katholischen Kirche finden würden. Die dortigen Belege mit ihrer unbiblischen Überhöhung Marias bereiten Protestanten immer noch heftigste Schmerzen: Unter anderem wird behauptet, Maria sei schon bei ihrer Empfängnis erlöst worden. Das bekennt das Dogma von der unbefleckten Empfängnis, das 1854 von Papst Pius IX. verkündigt wurde: »Von jeglichem Makel der Urschuld unversehrt bewahrt«, war sie »erwählt vor der Erschaffung der Welt«, »während ihres ganzen Lebens frei von jeder persönlichen Sünde

geblieben«. Von der Mutter Jesu wurde sie zur »Mutter Gottes« erhoben, zur »Gottesgebärerin«. Sie war nach katholischem Verständnis »allezeit Jungfrau«, übrigens auch während und nach der Geburt Jesu. Durch seine Geburt habe ihr Sohn »ihre jungfräuliche Unversehrtheit nicht gemindert, sondern geheiligt«.

Der immerwährenden Jungfräulichkeit widersprechen jedoch die biblischen Berichte über die Geschwister Jesu (Markus 3, 31-35; 6, 3; 1. Korinther 9, 5; Matthäus 13, 55).

Vielfältig sind die protestantischen Positionen zu diesem Thema. Martin Luther, der die hebräische Bibel gut kann-

GESPRÄCHSIMPULSE

■ Im Apostolischen Glaubensbekenntnis heißt es: »Geboren von der Jungfrau Maria.« Manche Gottesdienstbesucher legen beim gemeinsamen Sprechen des Bekenntnisses hier eine kurze Pause ein. Wie halten Sie es?

te, schrieb, »Alma« in Jesaja 7, 14 sei mit »Jungfrau« zu übersetzen und kündige die Geburt Jesu von einer Jungfrau an. Marias Verehrung als immerwährende Jungfrau dagegen sei Götzendienst. Diese Lehre sei unwichtig für den Glauben an die Menschwerdung des Sohnes Gottes.

Fazit: Der christliche Glaube und die Theologie brauchen die Jungfrauengeburt nicht. Sie veranschaulicht zwar die Gottessohnschaft Jesu, aber sie ist nicht die Bedingung dafür. Sie belegt auch nicht die Sündlosigkeit Jesu oder die Freiheit Jesu von irgendeiner Form von Erbsünde. Die »Geburt aus Gott« und die irdische Erzeugung konkurrieren nicht miteinander.

Die biblischen Autoren benutzten das Bild der Jungfrauengeburt nicht, um den geschlechtlichen Akt als sündig und sündig machend zu vermeiden, sondern allein um die volle Vaterschaft Gottes sicherzustellen. Die Jungfrauengeburt ist ein Zeichen für den schöpferischen Akt Gottes.

Jesus – obwohl er über seine Mutter Maria ebenso ganz vom alten Adam herkommt – wird so zum Anfang der neuen Menschheit.   *Helmut Frank*

Leben im Jetzt

Warum ist Jesus ausgerechnet vor 2000 Jahren erschienen? Und warum kam Jesus bis heute nicht mehr wieder?

Auf manche Fragen gibt es keine richtig guten Antworten. Ich mag solche Fragen. Sie reizen mich wegen der dahinter liegenden Themen. Manchmal habe ich mich schon gefragt: Warum musste Gott ausgerechnet zur Zeit der Römer und unbedingt in Nazareth diesem Jesus Christus das Leben schenken? Und warum kommt er nicht wieder, wenn er doch so viel vom Reich Gottes und von der Änderung aller Ordnungen gesprochen hat? Gleichzeitig gibt es auf diese Fragen keine abschließenden Antworten. Ich wähle für diesen Artikel darum vier Annäherungen.

1. Die Stabilität der christlichen Gemeinden

Mit etwas Abstand betrachtet, kann sich ein Mensch nur wundern: Vor knapp 2000 Jahren hat Jesus Christus auf dieser Erde gelebt. Sein Leben und seine Worte, sein Wirken und all die schriftlichen Berichte faszinieren bis zum heutigen Tage unzählige Menschen. Er gehört nicht zu den Stars und Gurus der Geschichte, die eine Zeit lang hip sind und dann für immer im Nirgendwo verschwinden. Im Moment sind geschätzt weltweit über 2,2 Milliarden Menschen Mitglied einer christlichen Gemeinschaft. Wenn man noch die dazuzählt, die in den Jahrhunderten davor von seinen Ideen gelebt haben, wird die Zahl unvorstellbar groß. In Europa gehen diese sich einer christlichen Gemeinschaft zurechnenden Personen zurzeit eher stärker zurück, in anderen Ländern der Erde nehmen die Mitglieder christlicher Gemeinschaften stark zu. Die Ideen und die Botschaft des Zimmerersohns Jesus aus Nazareth finden seit Jahrhunderten eine enorm starke Resonanz. Christen sehen in diesem Menschen Gott selbst am Werk. Das Evangelium hat eine universale, die Zeiten überdauernde Geltung, die auch den garstigen Graben

der Geschichte zwischen der Antike und unserer Postmoderne mit Leichtigkeit überspringt. Mit großer Gewissheit werden auch lange nach uns Menschen weltweit von der Bedeutung der Liebe Gottes, der Nächstenliebe und der Liebe zu sich selbst für ihr Leben schwärmen. Sie werden zu Jesus Christus beten und voller Gottvertrauen leben.

2. Weltgeschichte und Jesusgeschichte

Interessant finde ich immer, wie sich Ereignisse in die allgemeinen Abläufe der Weltgeschichte einzeichnen. Die Jesusbewegung entsteht in einer Zeit, in der die Situation in Israel und Palästina hochexplosiv ist – und das ist sie bis heute geblieben. In dieser Region zwischen Asien und Afrika spielt weltgeschichtlich viel Musik. Die römische Weltmacht hält um das Jahr Null unserer Zeitrechnung das kleine Land im Nahen Osten fest in seinem Griff. Die römischen Statthalter ziehen die Daumenschrauben hart an. Es bleibt wenig Platz für Spielräume. Die Not ist groß. Die Menschen sind arm. Die Strafen sind hart. In solchen Situationen kam und kommt es damals wie heute immer wieder zu verzweifelten Ausbrüchen. Es ist die Zeit für die Revolutionäre und die Befreiungsbewegungen im Untergrund. Unterdrückungssituationen wecken die Widerstandskräfte bestimmter Menschen.

Die Römer hatten wie alle Diktaturen in vielen der besetzten Länder mit solchen Gruppen zu kämpfen. Umso rigoroser waren die Strafen gegen jeden noch so kleinsten Widerstand oder gar Umsturzversuch. Diese konsequente Bestrafung von jeder Form von Widerstand hat nach den Erzählungen der Evangelien auch zum Tod Jesu geführt. Jesus und sein Auftreten war den Römern aufgefallen. Sie hatten von Versammlungen gehört und von seinem sehr freien Geist. Anstoß zu erregen ist schlecht in autoritären Regimen. Da wird nicht lange gefackelt. Je abschreckender die Todes-

art, desto größer war die Hoffnung, dass Nachahmer sich nichts mehr trauen.

Die Jesusbewegung wurde aber durch den Tod des Ideengebers nicht – wie von den römischen Machthabern erhofft – begraben. Sie ging nicht unter, wie so viele Bewegungen untergehen, wenn der Gründer stirbt. Die Botschaft Jesu war zu überzeugend und zu kräftig, um sie wegen des Widerstands der Mächtigen aufzugeben. Viele haben es gespürt: Statt Unterdrückung werden wir die Freiheit kosten. Statt Hass wird die Liebe siegen.

Bei der Verbreitung der Gedanken Jesu halfen kluge und tatkräftige, kommunikationsstarke und reisefreudige Leute mit. Ich stelle mir Petrus etwa als so einen richtig stabilen Menschen vor. Wie der Name (Petrus = griech. *Fels*) es sagt: Den hat so schnell nichts umwerfen können. Ich mag auch die Geschichte von Paulus in Athen, die Lukas in der Apostelgeschichte im 18. Kapitel erzählt. Paulus steht auf dem Areopag und erklärt den Athenern, dass die Statue des unbekannten Gottes dort auf einen verweist, den Paulus gut kennt. Mit Charisma, Redetalent, und Klugheit und starken Männern und Frauen hat sich der christliche Glaube immer weiter ausgebreitet. Dabei waren schwierige Situationen zu überwinden. In nicht wenigen Ländern gab und gibt es heftige Unterdrückung und Verfolgungsgeschichten für Christen. In der Kirchengeschichte hat sich das Christentum dann häufig mit örtlichen oder regionalen Traditionen verwoben. Auch das hat zur Verbreitung der christlichen Gedanken beigetragen. Der christliche Glaube und die christlichen Gemeinden haben sich in der Vergangenheit immer sehr flexibel gezeigt und angepasst an die Anforderungen der jeweiligen Zeit.

3. Jesus wird wiederkommen – nicht nur für die Frommen

Für die ersten Christen war ganz klar: Christus wird bald wiederkom-

men und alle Menschen erlösen. Er wird ein Ende mit der römischen Besatzung machen. Alles wird gut werden. Es kam dann aber doch anders. Die christlichen Gemeinden mussten sich immer mehr und immer länger auf das Warten einstellen. Noch ist Christus nicht da. Noch ist das hier die Welt mit ihren Regeln: mit viel Leid und Armut und Ungerechtigkeit.

Aus meiner Sicht ist es erstaunlich, dass dieses ausbleibende Versprechen trotzdem für viele Menschen die Wahrheit Jesu nicht unwahr macht. Das galt für die Vergangenheit – und es gilt für die Zukunft. Christen gehen davon aus, dass wir eines Tages die Wahrheit in Vollkommenheit schauen werden. Das wird dann ganz anders und überraschend und neu für alle Menschen sein. Es gibt dazu den schönen Witz, den der Theologe Karl Barth gerne erzählt hat – sie müssen sich diesen Witz auf Schwyzerdütsch vorstellen. Frage: »Herr Professor, werden wir denn im Paradies unsere Lieben wirklich wiedersehen?« Antwort Barth: »Nicht nur die Lieben.«

Damals wie heute gilt aber auch, dass wir schon recht gerne noch so manches hier auf unserer Erde zu unserer Lebenszeit erleben würden. Bis dahin könnte die Wiederkehr Jesu schon noch warten: »Ich möchte die Konfirmation meiner Tochter noch feiern nächstes Jahr.« »Ich will unbedingt noch mit dem Campingbus die italienische Küste abfahren – mit viel Zeit.« »Einmal über die Alpen mit dem Fahrrad – das ist mein Traum.« Viele Wünsche sind in unseren Köpfen. Wir haben viele Vorstellungen und Träume.

Es steht noch etwas aus. Für mich gehört das zu den schönsten Geschenken des Glaubens. Der Glaube wird nach vorne gelebt und von hinten verstanden. Ich weiß, woher ich komme und auf welchem Fundament ich stehe. Meine Blickrichtung ist aber nach vorne – auf Christus, der wiederkommen wird und mich und diese Welt retten.

4. Leben, als wäre es gleich so weit – adventlich leben

In Hamburg gibt es den Verein »Andere Zeiten«, der seit 1995 den Adventskalender »Der Andere Advent« herausbringt. Natürlich gibt es im Lauf der Jahre zahlreiche andere Aktionen. Kern des Vereins bleibt aber der Ursprung: adventlich leben. Leben, als würde es jeden Tag passieren, dass Gott kommt und ankommt. Denn Advent heißt Ankunft.

Foto: Balazs / Adobe Stock

Ich liebe wie viele Christen besonders die Gleichniserzählungen, die Jesus erzählt hat. Diese besonderen Erzählungen beginnen oft so: »Mit der Gottesherrschaft verhält es sich so …« Und dann wird vom Senfkorn erzählt oder vom barmherzigen Samariter. Die Gleichnisse zielen wie die gesamte Botschaft Jesu aber auf dieses »Jetzt«. Jetzt lebst du, und mache jetzt aus deinem Leben das Beste. Zu diesem Besten gehört, dass du liebevoll mit dir und mit deinen Mitmenschen umgehst. Du bist

GESPRÄCHSIMPULSE

■ Leben Sie adventlich? Rechnen Sie an diesem Tag – jetzt – mit der Ankunft Jesu Christi?

■ Die Ideen und die Botschaft des Zimmerersohns Jesus aus Nazareth finden seit Jahrhunderten eine enorm starke Resonanz. Warum ist das so? Worin sehen Sie den Kern der Verkündigung Jesu?

ein von Gott geliebter Mensch. Darum bist du ein glücklicher Mensch.

Ich möchte adventlich leben. Ich möchte mit Gott und seinem Ankommen bei mir rechnen. Jeden Tag versuche ich im Vertrauen auf Gott, das Beste aus dem Tag machen – für mich und für die Menschen, mit denen ich an einem Tag zusammenkomme. Ich möchte in meinem beruflichen und privaten Leben nichts aufschieben, was jetzt getan werden kann und soll. Mich haben schon als Kind Menschen wie meine Großmutter beeindruckt, die immer gesagt haben: Ich gehe nicht zornig ins Bett – wer weiß, ob ich morgen wieder aufwache. Wenn nicht, ist der Zorn ja immer noch auf der Welt. Zitiert hat sie damit den Epheserbrief (Kapitel 4, 26). Auch darum lese ich die Geschichten Jesu so gerne – auch wenn ich sie hundertmal schon gelesen habe. In meinem Leben soll das »Jetzt« die entscheidende Rolle spielen. Und ich bin gespannt, wie viele »Jetzt« ich in meinem Leben noch so erleben darf. *Christian Kopp*

Die Wahrheit in der Unklarheit

War Jesus der Sohn Gottes? Oder war er ein Mensch wie wir? Wenn er beides war: war er mehr Gott als Mensch?

An Weihnachten erklingt alle Jahre wieder das Weihnachtslied »Stille Nacht« der unsterbliche Klassiker aus dem Salzburger Land. In der ersten Strophe wird eine weihnachtliche Stimmung entfaltet und die Heilige Familie vorgestellt: »... das traute, hochheilige Paar. Holder Knabe im lockigen Haar.« In der dritten Strophe folgt dann bereits eine im Theologen-Jargon sogenannte christologische Zuspitzung: »Gottes Sohn, o wie lacht Lieb' aus deinem göttlichen Mund, da uns schlägt die rettende Stund, Christ, in deiner Geburt.«

Beim Singen des Lieds – Inbegriff des Weihnachtsgefühls – geht das »Sohn Gottes« leicht über die Lippen. Warum? Weil die Trinität Gottes aus Vater, Sohn und Heiligem Geist zu den tiefsten Prägungen des christlichen Glaubens gehört. Die Gottessohnschaft Jesu ist sozusagen Allgemeingut des Glaubens – zumindest für Menschen, die im christlichen Glauben sozialisiert sind.

Doch denkt man darüber nach, legen sich dicke Fragezeichen über diese Aussage. Der Wanderprediger Jesus von Nazareth ist der Sohn Gottes? Warum, wozu und wie soll das bitte gehen? Auch wenn es heute nicht mehr stört, in Zeiten der frühen Kirche war diese Behauptung eine unerhörte Aussage.

Ein Blick in die Bibel schafft zunächst wenig Klarheit, sondern wirft neue Fragen auf. Zwar wird Jesus in der gesamten neutestamentlichen Tradition als Sohn Gottes bezeichnet. Die neutestamentlichen Autoren bieten jedoch ganz unterschiedliche Ansätze, wie man sich die Gottessohnschaft Jesu vorstellen kann.

Der Apostel Paulus, von dem die ältesten Texte der christlichen Tradition stammen, erwähnt keine wunderbare Geburt Jesu. Er schreibt in seinem Brief an die Gemeinden von Galatien (4, 4): »Als aber die Zeit erfüllt war, sandte Gott seinen Sohn, geboren von einer Frau und unter das Gesetz getan.« Die Vokabel, die Paulus in seiner griechischen Sprache gebraucht, legt sogar nahe, dass er hier eine verheiratete Frau (griechisch: *gynä*) meint, keinesfalls eine Jungfrau (*parthenos*).

Paulus sieht die Verleihung der Gottessohnschaft eng mit dem Auferstehungsgeschehen verwoben. Jesus wurde »durch die Auferweckung zum Sohn Gottes eingesetzt«, schreibt Paulus gleich zu Beginn seines Briefs an die Römer (1, 3). Er spricht von Jesus als Nachkommen Davids (»aus der Nachkommenschaft Davids«, griechisch: *ek spermatos* (!) *david*). Der von David abstammende Zimmermann Josef ist für Paulus also der Vater Jesu. In der Auferweckung nach dem Kreuzestod sieht er den Moment der Inthronisation zum Sohn Gottes.

Jesus nannte sich ein paar Mal »Sohn des Menschen«

Die Evangelisten sehen das anders: Nach Lukas 1, 31 und Matthäus 1, 18 ist Jesus von Mutterleib an durch den Heiligen Geist geworden. Der Heidelberger Theologe Klaus Berger nannte das zugrunde liegende historische Ereignis ein »mystisch-ekstatisches Widerfahrnis« und die »größtmögliche Berührung eines Menschen mit dem Geheimnis Gottes«.

Die Schilderung des Lukas erschließt sich, wenn man seine Erzählung mit den vielen in der vorchristlichen Antike erzählten Geschichten von Göttersöhnen vergleicht. Viele Gründerfiguren und Führergestalten der Weltreligionen sind Halbgötter, aber auch Männern mit Rang und Namen wurde gerne eine göttliche Herkunft nachgesagt. Viele Beispiele malen die Zeugung nach Art menschlicher Sexualität aus, bei der der Same eines Gottes den eines Mannes ersetzt oder ihm zuvorkommt. Eine Reihe solcher Geschichten überliefert Plutarch 96 n. Chr. in seinen »Biografien der Herrscher«. Alexander der Große wurde von Zeus gezeugt. Als sein Vater Philipp von Makedonien verfrüht von einer Reise zurückkam, sah er aus dem Schlüsselloch des Schlafzimmers ein helles Licht leuchten. Als er hineinguckte, sah er, wie der Gott Zeus sich penisartig in eine Schlange gleißenden Lichts verwandelte und am Unterleib seiner Ehefrau zu schaffen machte. Das Drama hatte zwei Folgen: Philipp erblindete auf dem Auge, mit dem er durch die Türe gelinst hatte, und das Kind, das seine Frau von Zeus empfing, wurde Alexander der Große.

Auch Dionysos, der griechische Gott des Weins, wurde von einer Jungfrau geboren, ebenso Perseus, als die bis dahin unberührte Danae den Samen des Gottes Zeus schlafend als Goldregen empfangen hatte. Im heidnischen Bereich sind also Könige und Helden gezeugte Söhne Gottes.

Diese Erzählungen haben die Funktion, Menschen in die Sphäre des Göttlichen so emporzuheben, dass ihr Menschsein irrelevant wird. Der Tübinger Theologe Eberhard Jüngel weist darauf hin, dass in der biblischen Überlieferung die Pointe jedoch genau umgekehrt ist: »Der Allerhöchste, der ganz oben lebende Gott ist jetzt ganz unten, im Uterus einer Frau. Er kommt dem Menschen näher, als dieser sich selber nahe zu sein vermag.« Mit einem gynäkologischen Protokollsatz hat dies jedoch nichts zu tun.

Das im Vergleich ältere Markusevangelium berichtet nicht von der Geburt Jesu. Markus 1, 11 betont allerdings die göttliche Erwählung des erwachsenen Jesus bei seiner Taufe im Jordan mit Anspielung auf Hosea 11, 1 und 2. Samuel 7, 14: »Du bist mein geliebter Sohn.« Als Jesus nach der Taufe aus dem Wasser stieg, sah er, dass sich der Himmel auftat und der Geist wie eine Taube herabkam auf ihn. Es ist eine Proklamation, angelehnt an die hebräische Königsproklamation aus Psalm 2,7: »Du bist mein Sohn, heute habe ich dich gezeugt.«

Im Prolog des Johannesevangeliums in Johannes 1 (Im Anfang war das Wort) wird Jesus als vor der Zeit existierende Weltvernunft, als präexistenter Logos vorgestellt, als Wort Gottes, das vor aller Zeit Schöpfungsmittler war. Dabei geht es jedoch weniger um ein »Vorleben Jesu« im Himmel, sondern mehr um die Verbundenheit zwischen Jesus und Gott. Der vierte Evangelist spricht mehrfach betont von Jesus als dem Sohn des Josef (Johannes 1,45; 6,42). Für ihn ist Jesus vielmehr die den Menschen zugewandte Seite Gottes. Weil Jesus Wunder vollbrachte, wurde ihm eine schöpferische Kraft zugesprochen.

Jesus selbst hat Gott mit der für Juden eher ungebräuchlichen Bezeichnung Abba (»Vater/Väterchen«) angeredet – das zeigte eine besondere Vertrautheit mit Gott. Menschen, die ihn verehrt haben, haben möglicherweise unter anderem diese Aussage als Grundlage für die Bezeichnung »Sohn Gottes« genommen. Die Juden zur Zeit Jesu verstanden den Titel »Sohn Gottes« aus der hebräischen Bibel. In der jüdischen Tradition war das Volk Israel Sohn Gottes beziehungsweise Gerechter und König.

Vermutlich hat sich Jesus selbst nie als Sohn Gottes bezeichnet, er verwendet ein paar Mal den Titel »Sohn des Menschen«. Und wahrscheinlich hat auch die Urgemeinde den Titel »Sohn Gottes« nicht gebraucht. Die Titel »Christus« (der Gesalbte) und »Sohn Gottes« wurden erst nach seinem Tod wichtig, als der Streit um das richtige Verständnis seiner Wesensart eskalierte. Die Gegenspieler dieser Auseinandersetzung waren die Theologen Arius von Alexandrien und Athanasius der Große. Arius vertrat die Lehrmeinung, Jesus sei gottähnlich, Athanasius behauptete, Jesus sei gottgleich. Ausgerechnet der heidnische römische Kaiser Konstantin drängte die Christen, den theologischen Streit beizulegen. Beim Konzil von Nizäa im Jahre 325 entschieden die Bischöfe der jungen Kirche, dass Jesus der Sohn Gottes ist.

Wenn eine Synode spricht, müsste eigentlich alles klar sein. Das war es aber nicht. Auch nach dem autoritären Wort zeigte der biblische Befund ja weiterhin ganz unterschiedliche Auffassungen darüber, wie diese Gottessohnschaft Jesu

»Ein Christus nach dem Leben«, Rembrandt, 1648, Gemäldegalerie Berlin.   Foto: PD

zu verstehen ist. Doch ausgerechnet in der Unklarheit liegt die Wahrheit: Die verschiedenen Sichtweisen offenbaren eine große innerbiblische Toleranz, ähnlich wie bei den beiden Schöpfungs-

GESPRÄCHSIMPULSE

■ Letzter Adam, Kyrios, Messias, Alpha und Omega, Gerechter, Fürst des Lebens, Haupt der Gemeinde, Hoherpriester, Prophet, Hirte, Lamm Gottes – welche Bezeichnungen Jesu kennen Sie noch? Welche ist für Sie passend?

■ Der Prolog des Johannesevangeliums wirft eine Frage auf: Wie kann der, in dem die ganze Schöpfung enthalten ist, selbst als Geschöpf in seine Schöpfung hineinkommen?

berichten am Anfang der Bibel. Die beiden Schöpfungsberichte in 1. Mose, Kapitel 1 und 2 widersprechen sich in ihrer Darstellung, wie die Welt geworden ist. Was die Autoren der Bibel nebeneinander stehen lassen, ist offenbar für den Glauben nicht wichtig. Wohl aber das, worin sie übereinstimmen: Gott ist der Schöpfer der Welt.

Mit den biblischen Aussagen zur Gottessohnschaft Jesu verhält es sich ähnlich. Auch hier gibt es eine große innerbiblische Pluralität, die bei der Zusammenstellung der christlichen Schriften zum Neuen Testament offenbar nicht gestört hat. Wie die Gottessohnschaft Jesu zustande kam, ist nicht Gegenstand des Glaubens. Sondern das gemeinsam Formulierte: Jesus ist der Sohn Gottes, weil er in unmittelbarer Nähe zu Gott war und ist. *Helmut Frank*

Einheit der Gegensätze

Warum hat sich Gott nach christlicher Auffassung in einem Mann, nämlich dem Mann Jesus von Nazareth, offenbart und nicht in einer Frau? Wir wissen es nicht. Und doch gibt es eine Erklärung dafür.

Nach biblischem Zeugnis ist Gott weder männlich noch weiblich. Zu Beginn der Heiligen Schrift heißt es: »Gott schuf den Menschen zu seinem Bilde ... und schuf sie als Mann und Frau.« (1. Mose 1, 27) Es gibt ihn also, den Unterschied der Geschlechter – aber in Gott ist dieser Dualismus aufgehoben. Folgerichtig schreibt Paulus (Galater 3, 28): »In Christus gibt es keinen Unterschied zwischen Juden und Griechen, Sklaven und Freien, Mann und Frau. In ihm sind sie alle eins!« Auch in Christus offenbart sich Gott so, dass die Gegensätze zusammenfallen.

Dennoch bleiben Unterschiede. Das gilt für die biologischen Unterschiede zwischen den Geschlechtern, die sich im Körperbau, den primären Geschlechtsorganen und der Produktion von Hormonen manifestieren. Sie lassen sich nicht leugnen. Aber sie sind relativ, nicht statisch, sondern im Fluss. Phänomene wie Transsexualität (»falsche« Seele im »falschen« Körper) oder »Zwitter«, die physische Merkmale beider Geschlechter haben, sind selten, aber kommen vor. Ist da dem lieben Gott ein Fehler unterlaufen? Oder will er uns daran erinnern, dass es in der Natur zwar »Regeln« gibt, aber immer auch Ausnahmen?

Vielleicht sollen wir lernen, dass »Gesetze« und »Regeln« und die »Natur« relativ sind. Das gilt erst recht für nur gesellschaftlich festgelegte Zuschreibungen bestimmter Merkmale: Männer seien das »starke« Geschlecht, den Frauen überlegen im Blick auf Intellekt, Entscheidungen, Handeln in der Gesellschaft. Die Hirnforschung hat nachgewiesen, dass dies blanker Unsinn ist. Sobald Frauen den gleichen Zugang haben zu Bildung und Entfaltung, werden diese Unterschiede in kurzer Zeit praktisch gegenstandslos. Daher wollen konservative religiöse Gruppen oft die traditionellen Geschlechterunterschiede festklopfen, besonders sichtbar im Islam, aber auch im römisch-katholischen Amtsverständnis: Die Männerherrschaft wird theologisch legitimiert und zementiert.

Gegen Ende des 20. Jahrhunderts haben zwei Jesusbücher Aufsehen erregt, die auf der psychoanalytischen Theorie des Psychologen Carl Gustav Jung basieren. Die Schriftstellerin Hanna Wolff schrieb 1975 »Jesus der Mann – Die Gestalt Jesu in tiefenpsychologischer Sicht«. 1989 zog Franz Alt nach mit dem Bestseller »Jesus – der erste neue Mann«.

Jung geht davon aus, dass jeder Mensch in sich eine Vielzahl von »Archetypen« trägt. Archetypen sind unanschauliche Strukturprinzipien der Psyche. Anschaulich werden sie in »archetypischen Bildern und Symbolen«, zum Beispiel die »Mutter«, die »Jungfrau«, der »Magier«, die sich in Märchen, Mythen und Träumen manifestieren – oder in Projektionen des Alltags. Der Archetyp ist die vorgegebene innere Form und Tendenz, bestimmte Vorstellungen zu entwickeln, die vielfältig und variabel sind. Solche Vorstellungen laden sich emotional auf.

Zu den Lebensaufgaben und zur »Ganzwerdung« des Menschen gehört es nach Jung, diese Archetypen zu »integrieren«. In unserem Zusammenhang geht es vor allem um die »Integration« des gegengeschlechtlichen Seelenanteils. Nach Jung hat nämlich jeder Mann auch einen »weiblichen« Seelenanteil (»anima«) und jede Frau einen männlichen (»animus«). Archetypische Symbole der Anima können zum Beispiel die »Sirene«, die Loreley oder die Hexe sein, in deren Gegenwart sich ein Mann verlieren kann, wenn sie übermächtig werden. Oder es kann die Vorstellung einer unerreichbaren Geliebten sein. Der mittelalterliche Minnesang lebte aus dieser Projektion. Typische Symbole des Animus können beispielsweise der verlockende Magier, der starke Held, der kreative Künstler oder der spirituelle Führer sein. Manifestationen der Archetypen können Leben spenden oder Leben vernichten.

Zur Ganzwerdung des Menschen gehört es nun nach Jung vor allem, den gegengeschlechtlichen Seelenanteil zu »integrieren«, also als Teil der eigenen Psyche zu begreifen, anstatt ihn nach außen zu »projizieren«. Nach Hanna Wolff und Franz Alt war Jesus der erste »neue« Mann, der diese Vereinigung männlicher und weiblicher Seelenqualitäten in einer Person überzeugend vorgelebt hat.

Der männliche Jesus

Der Jesus, den die Evangelien schildern, verwirklicht eine Reihe von Qualitäten, die traditionell als »männlich« bezeichnet werden:

- Er verlässt Heim und Herd und sucht die Einsamkeit der Natur, der Wüste und der Berge, um mit sich selbst und mit Gott klarzukommen.
- Er setzt sich von den Erwartungen seiner Mutter und seines Clans schroff ab, sobald ihn die Familie vereinnahmen will.
- Er hat eine klare Vision und übernimmt die Führung einer Gruppe, die sich an ihm ausrichtet.
- Er ist ein Meister der Sprache, der in immer neuen Gleichnissen und Bildern jenes Gottesreich schildert, dessen Gestalter und Gestaltwerdung er ist.
- Unguten Geistern gebietet er autoritativ, Menschen in Frieden zu lassen, einem Seesturm, zu verstummen.
- Er ist in der Lage, Entscheidungen zu fällen und unbequeme Wege zu gehen, insbesondere am Ende seines Lebens.
- Er zeigt Aggressionen und Zorn; am eindrucksvollsten in der Erzählung von der Tempelreinigung, wo er mit einer Peitsche die Händler aus dem Gotteshaus jagt.
- Er kann Grenzen setzen und Nein sagen; er lässt sich nicht manipulieren, wenn Menschen Wunder sehen wollen

oder wenn am Ende Pilatus versucht, ihn in eine philosophische Diskussion zu verwickeln.

Der weibliche Jesus

Andere Wesenszüge Jesu würde man in den meisten Gesellschaften als klassisch »weiblich« bezeichnen. Er hat seine »weibliche« Seite mit großer Selbstverständlichkeit gelebt.

■ Er begegnet Frauen auf Augenhöhe: der Samaritanerin (Johannes 4), die sich wundert, dass er als Jude und Mann mit ihr spricht; Maria von Bethanien, die als Schülerin zu Füßen ihres Rabbis sitzt (damals undenkbar!); Maria Magdalena, die bis zum Ende bei ihm ausharrt und der er nach der Auferstehung als Erstes begegnet.

■ Er ist fähig, Gefühle zu zeigen. Mehrfach ist von seinen Tränen die Rede.

■ Er kann Nähe, Zuneigung und Berührung zulassen. Zum Beispiel, dass eine »Sünderin« seine Füße mit Tränen und Salböl wäscht und mit ihren Haaren trocknet.

■ Er selbst setzt ein Zeichen der Hingabe und des Dienstes und wäscht seinen Jüngern die Füße; er lässt zu, dass ein Lieblingsjünger an seiner Brust ruht; er fragt Petrus dreimal: »Hast du mich lieb?« Das sind alles Dinge, die vielen Männern sehr schwerfallen würden.

■ Er nimmt Kinder ernst und »herzt« sie; ohne das »Kind im Manne« (und in der Frau), das offen, neugierig und vertrauensvoll ist, gibt es – so Jesus – keinen Weg zu Gott.

■ Er heilt Kranke jeder Art, oft durch zärtliche Zuwendung und Berührung.

■ In der Bergpredigt weist er »typische männliche« Konfliktstrategien und insbesondere alle Formen von Gewalt zurück. Er nennt die Friedensstifter, die Sanften und die Barmherzigen »selig«.

■ Er nennt die Liebe zu Gott, zum Mitmenschen und sogar zum Feind den Schlüssel zum Gottesreich. Sie steht über allen Gesetzen und allen Formen der Vernunft und der Erkenntnis.

Der integrierte Mann

Die gesunde Synthese von männlichen und weiblichen Qualitäten macht Jesus zum »ersten neuen Mann«. Diese Integration nennt C. G. Jung das »Selbst«, das ursprüngliche Wesen jedes Menschen, das größer ist als Festlegungen wie Geschlecht, Rasse, Alter und Klasse. Jesus ist für Jung die vollkommenste Verwirklichung dieses »Selbst«. Deswe-

Bild: PD

GESPRÄCHSIMPULSE

■ Richard Rohr sagt, Jesus habe eine weibliche Seele und einen männlichen Körper. Was könnte er damit meinen?

■ Glauben Männer anders als Frauen? Kann man solche Unterschiede beschreiben?

■ Im Judentum und Islam beten die Männer, im Christentum haben Männer in der Regel das Sagen gehabt, aber Frauen waren und sind in Gottesdiensten die Mehrheit. Woran könnte das liegen?

■ Jesus ist anders mit Frauen umgegangen als die damaligen religiösen Führer. Fallen uns dazu Geschichten aus der Bibel ein?

gen können sich Frauen ebenso an seinem Wesen orientieren wie Männer.

Und warum hat sich nun Gott in einem Mann inkarniert? Wir wissen es nicht. Der US-amerikanische Franziskanerpater Richard Rohr, der sich wie kein anderer für eine gesunde männliche Spiritualität engagiert, meint: Wäre Jesus als Frau auf die Welt gekommen und hingebungsvoll, zärtlich, sanft und gewaltlos gewesen, hätte man gesagt: »Typisch Frau!« Die Pointe und »Offenbarung« bestünde gerade darin, dass er diese Wesensmerkmale als Mann gelebt habe. Als Mann, der beweist, dass die Vereinigung der »ewigen« Gegensätze, die wir »männlich« und »weiblich« nennen, möglich ist. Im wahren Gott gibt es sie nicht. Im wahren und neuen Menschen auch nicht.

Andreas Ebert

Augenblick und Ewigkeit

Der Wanderprediger aus Nazareth stieß schon bald auf Widerstand. Er wusste offenbar früh von seinem Tod. War Jesus glücklich?

Die Frage nach dem persönlichen Lebensglück ist eine zentrale Frage für sehr viele Menschen. Jedes Jahr veröffentlichen die Vereinten Nationen einen »World Happiness Report« (Welt-Glücksbericht). Dem von 2019 zufolge leben die glücklichsten Menschen in Finnland, Norwegen und Dänemark. Das letztlich unübersetzbare dänische Glückswort »Hygge« hat es bis in unsere Medien geschafft – Zeitschriften und Buchverlage finden mit Antworten auf die »Wie geht Glück?«-Frage treue Käuferinnen und Käufer. Glück hätte jeder gerne immer. Hat er oder sie aber leider nicht. Deshalb ist die Suche danach so interessant.

Die Frage nach dem persönlichen Glück des Wanderpredigers Jesus aus Nazareth ist schwierig: Die Bibel berichtet wenig über die persönlichen Gefühle, über mögliche Befindlichkeiten oder Lebenseinstellungen Jesu. Die moderne Fragestellung nach dem persönlichen Glück ist für die Verfasser des Neuen Testaments bedeutungslos. Die Evangelien wollen das religiöse Fundament der ersten christlichen Gemeinden möglichst authentisch einfangen und an viele weitergeben. Die Autoren geben sich dabei viel Mühe, die Besonderheiten und Wirkungen des christlichen Glaubens in den jeweiligen christlichen Gemeinschaften und Milieus zu beschreiben. Dazu gehören dann auch wesentliche Erinnerungen und Eindrücke aus dem Leben und Wirken dieses Jesus aus Nazareth.

Die Faktenlage ist extrem dünn. Ist die Frage »War Jesus glücklich?« daher naiv? Im Auftreten und vor allem auch in den Worten Jesu gibt es durchaus wichtige Anhaltspunkte für die Frage, was der christliche Glaube und die Frage nach dem Glück im Leben miteinander zu tun haben.

Drei Spuren verfolge ich dabei:

1. Glück ist Glück in Beziehung mit anderen (und anderem): »Lasst die Kinder zu mir kommen und haltet sie nicht zurück.« Jesus entfaltet seine Wirkung als spiritueller Lehrer und Meister auch in seiner besonderen Art, Menschen zu begegnen. Ganz besonders hat er die direkte und unverstellte Art von Kindern geschätzt. In der unverkrampften und forschend-natürlichen Haltung von Kindern dem Leben gegenüber hat Jesus Himmelsspuren gefunden: »...denn ihnen gehört das Reich Gottes.«

»Nimm dein Bett und geh.« In zahlreichen Begegnungen spricht Jesus direkt und ohne Umwege Menschen auf persönliche Lernerfordernisse und Herausforderungen an. Er ist ein Menschen-Kümmerer und ein echter Menschen-Freund – ihn lassen die Schicksale von Einzelnen nicht kalt. An vielen Stellen erzählen die Evangelien in zahlreichen Variationen von diesem brennenden Interesse an echter, unverfälschter und lösungsorientierter Begegnung.

Auf ganz besondere Art muss Jesus auf Menschen zugegangen sein. In dieser zugewandten und am anderen interessierten Art hat sich für viele Menschen ganz besonders innige Begegnung ereignet. Kontakte gestaltet dieser Jesus aus Nazareth unmittelbar und ohne Kompromisse. In den Begegnungen mit Jesus haben viele Menschen ihr Lebensglück gefunden. Dieses Glück war so intensiv, dass sie darüber anderen berichten mussten. Diesem Umstand verdanken wir die Berichte über diesen Menschen Jesus aus Nazareth. Es ist für mich naheliegend, dass dieser Mensch, der andere glücklich gemacht hat, selbst ein glücklicher Mensch war.

2. Das Glück liebt den Augenblick: Wer das Neue Testament aufmerksam liest, kommt immer wieder an bestimmte Fragepunkte: Da stellt eine Person Jesus eine Frage und bekommt eine Antwort, die auf den ersten Blick einen ganz anderen Inhalt als die gestellte Frage hat. Auf den zweiten Blick sieht die Welt dann anders aus. Ich mag etwa besonders den Kontakt zwischen dem römischen Zöllner Zachäus und Jesus. Letzterer spricht den allen Anwesenden verhassten Zolleintreiber an und lädt sich selbst zum Essen ein – den Umstehenden muss es die Sprache verschlagen haben. In besonderer Weise hat Jesus den Augenblick in den Mittelpunkt gestellt. »Sorgt nicht für morgen, denn der morgige Tag wird für das Seine sorgen.« Jetzt ist der Moment, der wirklich zählt. Menschen sind mit ihren Gedanken oft schon an einem ganz anderen Punkt, während sie noch mitten in der Gegenwart sind. Ich ertappe mich im Gespräch manchmal dabei, dass ich – während ich mich unterhalte – noch einmal eine scheinbar ganz wichtige E-Mail oder Nachricht checke. Damit verpasse ich manchmal die schönen Augenblicke im Hier und Jetzt. Und eben auch das Glück.

So schön hat Bertolt Brecht gedichtet: »Renn nur nach dem Glück, doch renne nicht zu sehr, denn alle rennen nach dem Glück, das Glück rennt hinterher.« Ich lese in den Erzählungen der Evangelien von Jesus als einem, der die Erde und den Himmel verbunden hat. Jetzt passiert das Leben. Du kannst hier in deinem Leben himmlische Momente haben.

Der Psychologe und Glücksforscher Mihaly Csikszentmihalyi beschreibt den schönsten Glückszustand als »Flow«. Es sind diese Momente, in denen die Zeit stillsteht und nichts anderes mehr wichtig ist. In der Ausübung von Hobbys oder im Verliebtsein haben das die meisten Menschen schon einmal erlebt. »Flow« lässt sich nicht erzwingen – die Bedingungen für »Flow«-Erlebnisse lassen sich aber gestalten. »Flow« haben aus meiner Sicht zahlreiche Personen erlebt, die diesem Jesus begegnet sind. Die Evangelien sind voller »Flow«-Erlebnisse. Für Jesus waren diese »Flow«-Erlebnisse immer verknüpft mit seinen eigenen spirituellen Erfahrungen und mit denen von anderen Menschen.

Die Theologin Dorothee Sölle schreibt: »Ich halte Jesus für den glücklichsten Menschen, der je gelebt hat.« »Jesus erscheint in der Schilderung der Evangelien als ein Mensch, der seine Umgebung mit Glück ansteckte, der seine Kraft weitergab, der verschenkte, was er hatte.« Für Dorothee Sölle ist Glück an sich mit Begegnung verbunden und mit der Suche nach authentischem Miteinander auf Augenhöhe. Für sie ist Jesus ein Mensch, der solche Begegnungen gezielt gesucht und gefunden hat.

Es gibt zahlreiche Studien darüber, dass Mensch in Gesellschaften glücklicher sind, in denen der Staat versucht, die Ungleichheit der Lebensverhältnisse zu begrenzen. Auch darum schneiden die skandinavischen Staaten beim Welt-Glücksindex gut ab. Politikerinnen und Politiker, die sich um gleiche Lebensverhältnisse für möglichst viele im Sinne des christlichen Glaubens bemühen, können sich auf diesen Jesus aus dem kleinen Land Israel berufen.

3. Glück ist unverfügbares Geschenk: Der berühmte Hans aus dem Märchen der Brüder Grimm »Hans im Glück« findet sein Glück im freien und unbeschwerten Leben. Nach etwas unglücklichen Tauschgeschäften ist er mit nichts in der Hand genau dort, wo er seine Zufriedenheit mit sich und seinem Leben am meisten spürt.

Glück ist wie das Leben überhaupt für den Jesus der Evangelien unverfügbar. Jesus nimmt das Leben aus der Hand des Schöpfers, der ihm das Leben schenkt und es erhält. Er muss durch die guten und die schweren Tage seines Lebens zuversichtlich und glaubensstark gegangen sein. Selbst in den dunkelsten Tagen seines Lebens hat er den Bezug zu Gott nicht verloren.

So eine Glaubenserfahrung selbst ist unverfügbar. Glaubenserfahrung stellt sich ein – und manchmal auch nicht. Ich kann mir ein Glaubenserlebnis nicht einfach beschaffen. Es bleibt immer ein Geschenk, ob ich tiefe Erfahrungen mit dem christlichen Glauben mache oder nicht. Ich kann mich aber als Person offenhalten für diese Erlebnisse.

Es gehört zu den prägendsten Erfahrungen vieler Menschen, dass die Zufriedenheit eine echte Kunst ist. Die Ansprüche an das Leben können einen verrückt machen. Nie ist es genug, nie

Bild: imago images / Shotshop

stellt sich so eine Gelassenheit ein, einfach den Augenblick zu lassen, wie er ist. Dabei wäre es viel hilfreicher für die Suche nach dem Glück, wenn wir unsere Ansprüche einfach einmal loslassen. Auf vieles stoße ich eben nur, wenn ich nicht (mehr) danach suche.

GESPRÄCHSIMPULSE

■ Sind Sie glücklich? Wann und warum? Beim Sport, in der Natur, beim Musikmachen, mit bestimmten Menschen? Schreiben Sie drei Momente in Ihrem Leben auf, in denen Sie sich am glücklichsten gefühlt haben.

■ Ist Glück von den äußeren Umständen abhängig? Oder kommt es nur von innen?

■ Kann auch Unglück glücklich machen? Zum Beispiel indem Unzufriedenheit dazu bewegt, etwas zu verändern?

■ Was können Sie von Kindern lernen oder mit ihnen wiederentdecken?

Ich stelle mir »meinen« Jesus immer wieder als einen Menschen vor, der sich selbst offen und empfangsbereit gehalten hat – ganz bewusst offen für die Erlebnisse mit Menschen und für die Erfahrungen mit Gott. Er hat sich Zeit genommen für die Menschen und ganz gezielt auch für Gott. Für mich ist er ein Vorbild, mir Zeiten der Stille und des Einfach-nur-so-Dasitzens zu nehmen. Ich nenne das dann Meditation und Gebet. Und mir tut es unendlich gut.

Die christliche Hoffnung und Glückserwartung findet ihren Höhepunkt im tiefen Glauben, dass nach unserem Leben etwas kommt. Christen glauben an die Auferstehung. Die Evangelien berichten von dieser ganz besonderen, mit dem Verstand nicht zu fassenden Erfahrung. Jesus hat sie nach seinem Tod gemacht. Die Frauen haben davon fast ekstatisch berichtet. Christinnen und Christen erwarten, dass am Ende aller Tage die Freunde und Freundinnen Jesu genau diese Erfahrung machen werden. Das wird dann völlig unverfügbares Glück in seiner reinsten Form sein. Darauf freue ich mich schon jetzt, wie ein Kind sich freuen kann. *Christian Kopp*

Mitleid mit denen, die hassen

Jesu Feindesliebe ist nur im Privaten möglich – oder? Ist die radikale Bergpredigt heute noch aktuell? Gilt sie auch für Politiker?

Der indische Freiheitskämpfer Mahatma Gandhi wird mit den Worten zitiert: »Wenn Ihr Land und das Meinige aufgrund der Lehren zusammenkommen, die von Christus in der Bergpredigt niedergelegt werden, werden wir die Probleme der Welt gelöst haben. Nicht nur diejenigen unseres Landes, sondern die der ganzen Welt.« Vermutlich waren die Probleme der Welt damals die gleichen wie heute: Unrecht und Ungerechtigkeit, ungleiche Chancen der Menschen, Gewalt und Unterdrückung, Eigensucht und Ausgrenzung der Benachteiligten, Hoffnungslosigkeit.

Die Bergpredigt, so denke ich oft, ist ein Text aus einer anderen Dimension. Bei den Worten dieser berühmten Rede kann man spüren, dass der Autor und Redner Dinge gesehen und erfahren hat, die nicht von dieser Welt sind, die aber diese Welt retten können. Jesus hat den Standpunkt, von dem her er redet, »Reich Gottes« genannt.

Jesus will den Menschen verändern. Er will die Menschen mit Gott versöhnen, dem tiefsten Grund ihres Lebens. Und deshalb ist auch die zentrale Botschaft des Gottessohns Jesus schon in der Nacht seiner Geburt von Engeln gesungen worden, wie ein Lied für die ganze Welt: »Ehre sei Gott in der Höhe und Frieden auf Erden«.

Diese Botschaft können heute Menschen in allen Sprachen der Welt hören und lesen. Sie handelt von einem Gott, der zu allen Menschen gekommen ist: Die Bergpredigt ist nichts anderes als die Auslegung dieser Weihnachtsbotschaft. Und der Kern des Christentums ist die neue Logik der Feindesliebe. Der Umgang mit diesen Worten, die aus dem Reich Gottes in unsere grausame Welt herüberwehen, wird über die Zukunft des Christentums im dritten Jahrtausend nach Christus entscheiden:

Ihr habt gehört, dass für den, der Böses vergelten wollte, die Regel galt »Auge um Auge, Zahn um Zahn«, ich aber sage euch: Ihr sollt dem Bösen keinen Widerstand entgegensetzen. Wenn dir jemand auf die rechte Backe schlägt, dem biete auch die linke, wenn jemand, dem du Geld schuldest, deinen Rock als Pfand nehmen will, dann gib ihm noch den Mantel dazu. Wenn dich jemand zwingt, ihn zu seinem Schutz auf einem einsamen Weg eine Meile zu begleiten, dann geh zwei mit ihm.

Ihr habt gehört, dass die Regel gegolten hat: Du sollst deinen Freund lieben, deinen Feind sollst du hassen.

Ich aber sage euch: Zeigt euren Feinden, dass ihr sie liebt und bittet Gott um seine Liebe für die, die euch verfolgen, damit ihr Kinder eures Vaters im Himmel werdet, der seine Sonne über Bösen und Guten aufgehen lässt und regnen lässt über Gerechten und Ungerechten.

Die Feindesliebe ist der Ernstfall des Christentums

Die Feindesliebe ist der Ernstfall des Christentums. Und Konflikte, wie sie derzeit in Syrien, Jemen und Libyen ausgetragen werden, sind die größte Zumutung und der Ernstfall für die christliche Haltung einer Nation, eines Kontinents oder eines Kulturkreises.

Ist dieser unbändige Terror, der von Regierungen und konkurrierenden Gruppen der Bevölkerung ausgeht und der Unbeteiligte zu Geiseln und Opfern macht, ein vitales Signal des radikal Bösen?

Es ist angeraten, vorsichtig zu sein mit der leichtfertigen Zuweisung des Bösen an bestimmte Menschengruppen: Unter dem Vorwand, das Böse zu bekämpfen, ist auch in der Geschichte des Christentums ungeheuer viel Unrecht geschehen. Die sogenannten Ketzer waren böse, die Hexen waren böse, die Andersgläubigen, die sexuell anderen, die Katholiken oder die Protestanten je nach Standpunkt.

Wir machen das Böse immer gern beim anderen fest, bei dem, der einen anderen Lebensstil pflegt oder eine andere Überzeugung hat, oder der ganz einfach im Wege steht. Wer fahrlässig vom Bösen redet, beginnt schon die Welt zu polarisieren und sie in »gute« und »böse« Menschen aufzuteilen.

Die Bergpredigt und die Erfahrungen aus der Geschichte mahnen zur Vorsicht und zur Bedachtsamkeit.

Ja, auch Jesus rechnet mit dem Bösen. Er weiß von einer Macht, die Besitz von uns ergreifen kann und uns undenkbare Taten vollbringen lässt. Die Deutschen wissen aus ihrer Geschichte ein Lied davon zu singen, wie rasant das geht, dass Menschen alle humanen Verbindlichkeiten ablegen.

Und solchen Menschen soll man nicht widerstehen? Solch einen Feind soll man lieben?

Es gibt die Geschichten, die Jesu Worte bewähren: Die Menschen in der ehemaligen DDR gingen 1989 auf die Straßen, um ein Regime zu stürzen, das keine Demokratie ermöglichte, das hohle Appelle und ausgehöhlte Sprüche von sich gab und dessen einziges Argument die Polizei, die Stasi und die Panzer waren. Man hatte damals schon die Konzentrationslager geplant, wo all die eingesperrt werden sollten, die mit ihrer abweichenden Meinung nicht hinterm Berg hielten.

Der Gewalt des Bösen nicht widerstehen, das haben die Demonstranten in Leipzig und Dresden und Ostberlin und Rostock, die sich vor dem Gang auf die Straße meist in den Kirchen versammelt hatten, nicht so gedeutet, dass kein Widerstand geleistet wird. Sie waren nicht tatenlos. Aber sie haben die Gewalt nicht mit Gewalt beantwortet und Denunziation nicht mit Denunziation.

Bild: imago images / Alternate

Sie haben gesungen, sie haben gebetet, sie haben Kerzen angezündet und sind auf die Straßen gegangen mit der »chinesischen Angst im Bauch«, wie sie heute noch schaudernd sagen. Sie kannten die Bilder, wie die chinesischen Panzer auf dem Platz des Himmlischen Friedens über die friedlich demonstrierenden Studenten gerollt sind – ohne Gnade.

Dem Bösen nicht widerstehen, das heißt also nicht nichts tun, sondern Fantasie, Kreativität und Mut einsetzen und der Dummheit der Gewalt mit der Intelligenz der Gewaltlosigkeit antworten.

Was aber meint Jesus, wenn er von Liebe spricht?

Liebe im christlichen Sinn, das meint kein Honiggefühl, das beschreibt auch kein Schlagertext und kein romantisches Gedicht. Liebe im Sinne Jesu, das ist der Ernstfall. Das bedeutet das Lebensrecht des anderen unbedingt zu respektieren, weil er unabhängig von Weltanschauung, Religion, Geschlecht oder Rasse genauso ein geliebtes Geschöpf Gottes ist wie ich.

Lieben, das heißt nicht, dass ich irgendwelche positiven Gefühle produzieren muss gegenüber einem anderen, der mir schadet. Das heißt auch nicht, mit dem alles verzeihenden, allzu barmherzigen Versöhner-Lächeln herumlaufen. Liebe im jesuanischen Sinn heißt respektieren, dass der andere ein Recht hat auf Raum und auf Leben, auf Entfaltung und auf Zukunft, ganz egal, ob dieser andere mir nutzt oder schadet, ob ich ihn mag oder nicht.

Liebe im Sinne Jesu weiß, dass man Mitleid haben kann mit Menschen, die hassen. Denn der Hass zerfrisst Menschen. Gott, der Schöpfer und unser Vater ist da ganz fern. Ein solcher Hass ist nach christlicher Auffassung die tiefste und absolute Gottesferne, denn Gott steht für den Schutz alles Lebendigen.

Aber Gottes Name ist anfällig für Missverständnisse und für Missbrauch.

GESPRÄCHSIMPULSE

■ Wo fordert mich das Gebot der Feindesliebe besonders heraus?

■ In der Bergpredigt (Matthäus 5-7) und in ihrer Parallele im Lukasevangelium, der Feldrede (Lukas 6, 20-49), geht es auch noch um andere Themen. Um Reichtum und Armut (»Weh euch Reichen; denn ihr habt euren Trost schon gehabt«) oder um Richtergeist (»Richtet nicht, so werdet ihr auch nicht gerichtet«). Wie hängt alles zusammen?

Das zeigt die Geschichte der Religionen. Das zeigt der Fanatismus der sogenannten Gotteskrieger. Gott gibt sich preis all unseren Deutungen und auch den Schandmalen, die wir seinem Namen aufdrücken.

Christen glauben an einen Gott, der am Kreuz gestorben ist, ohne sich zu wehren. Wir glauben an den Menschensohn, der aus Liebe stirbt, mit dem Abschiedswort an seine Mörder: Vater vergib ihnen, denn sie wissen nicht, was sie tun. Da ist es wieder, dieses »Liebe deine Feinde und segne, die dich verfolgen.«

Jesus will diese unromantische und universelle Liebe als Menschenrecht und Menschenpflicht. Er will, dass wir Christen für die Opfer der Kriege beten und die Opfer von Manipulation und Propaganda. Er will zugleich, dass wir im Namen des Vaters im Himmel für die Täter beten. Die Folterer und Henker, die Kriegstreiber und Menschenverwirrer. Wir beten dafür, dass sie alle zu Werkzeugen des Friedens werden.

Keine heiligen Kriege, sondern den Heiligen Frieden sollen wir ausrufen, denn wir wissen: Friede ist möglich. Und wir wissen auch, die Liebe, die der bedingungslose Respekt ist vor dem anderen: in Jesu Namen ist sie möglich.   *Johanna Haberer*

Schöpferische Gewaltlosigkeit

Was soll der Spruch Jesu: »... auch die andere Wange hinhalten«? Will Jesus, dass wir Opfer werden? Kann man sich alles gefallen lassen?

Es gibt zwei völlig unterschiedliche Weisen, die Welt zu betrachten, sagt der norwegische Friedensforscher Johan Galtung. Zum einen kann man die Dinge so sehen: Es gibt irgendwo auf der Welt das Böse, Feinde oder den Feind, der Gewalt ausüben will. Warum? Weil er böse ist. Was kann man dagegen tun? Das einzige Mittel gegen das Böse ist Stärke. Das einzige Mittel gegen die Gewalt ist noch mehr Stärke. Und wenn man das Böse nicht verhindern kann, muss man es vernichten. Hat man diese Stärke, dann kann man sich ein wenig sicherer fühlen auf der Welt.

Aus einem ganz anderen Blickwinkel betrachtet, sagt Johan Galtung, sehen die Dinge so aus: Es gibt Konflikte, die kompliziert sind. Wären sie einfach, hätte man sie bereits gelöst. Konflikte münden – aus Ungeduld oder Frustration – häufig in Gewalt. Erst in Gedanken, dann in Worten, schließlich in der Tat. Um Konflikte zu überwinden, muss man gewohnte Denkbahnen verlassen und schöpferische Strategien entwickeln, mit mehr als nur einer Lösungsmöglichkeit. Wenn man das ernsthaft betreibt, dann erreicht man möglicherweise Frieden. Dann gibt es keine Gewinner und Verlierer mehr, sondern alle gewinnen.

Jesus ist darin ein Meister. Er bietet Alternativen zum Freund-Feind-Denken und zur Gewalt. Er beherrscht diesen zweiten Blickwinkel, der Konflikte akzeptiert und kreativ angeht. Er zeigt völlig andere, schöpferische Strategien, wie Friede werden kann. In der Bergpredigt sagt er: Ihr habt gehört, dass gesagt ist: »Auge um Auge, Zahn um Zahn.« Ich aber sage euch, dass ihr das Böse nicht mit Bösem bekämpfen sollt, sondern: Wenn dich jemand auf deine

rechte Backe schlägt, dem biete die andere auch dar. Und wenn jemand mit dir einen Rechtsstreit hat und dir deinen Rock nehmen will, dem lass auch deinen Mantel. Und wenn dich jemand zwingt, eine Meile mitzugehen, so geh zwei ...«

Man hat diese Worte Jesu oft so gedeutet, als empfehle er, sich alles gefallen zu lassen, sich nicht zu wehren, Unrecht zu schlucken. Kann Jesus das gemeint haben?

Es gibt drei mögliche Reaktionen auf Gewalt

Der amerikanische Neutestamentler Walter Wink zeigt, dass die drei Beispiele, die Jesus anführt, keineswegs die Aufforderung enthalten, Unrecht passiv hinzunehmen. Es gibt drei mögliche Reaktionen auf das Böse und auf Gewalt: 1. Passivität, 2. Gegengewalt und 3. aktive, schöpferische Gewaltlosigkeit. Jesus hat Passivität ebenso abgelehnt wie Gegengewalt. Um seine Worte zu verstehen, muss man allerdings genauer nachfragen, in welcher politischen und gesellschaftlichen Situation Jesus gelebt und geredet hat und wer seine Hörerinnen und Hörer waren.

Sehen wir uns seine drei Beispiele an: »Wenn dich einer auf die rechte Backe schlägt, dann halte ihm auch die linke hin!« Wieso ausgerechnet die rechte Wange? Wie kann man jemandem auf die rechte Wange schlagen? Versuchen Sie es einmal (wenn Sie Rechtshänder sind)! Das geht nur mit der rechten Rückhand, nicht mit der geöffneten Hand oder der Faust. Jemanden mit der Rückhand zu schlagen war seinerzeit Zeichen höchster Verachtung und extrem beleidigend. So schlugen Väter ihre ungezogenen Kinder, Herren ihre Sklaven, Männer ihre Frauen, römische Soldaten der Besatzungsmacht die Juden.

Einen Gleichrangigen zu schlagen war verboten und wurde drakonisch bestraft. Schlug man ihn obendrein nicht mit der Faust, sondern mit der Rückhand, verhundertfachte sich die Strafsumme! Die Zuhörer Jesu gehörten zum großen Teil zur Gruppe derer, die solch erniedrigende Schläge kannten. Ausgerechnet ihnen empfiehlt Jesus, die andere Backe hinzuhalten. Warum? Weil genau dies dem Unterdrücker die Möglichkeit nimmt, sie zu demütigen. Wer selbstbewusst die andere Wange hinhält, gewinnt die Würde zurück, geht auf Augenhöhe. Das bringt den Angreifer in Schwierigkeiten. Schlägt er mit der Faust auf die rechte Backe des Gegenübers, dann erkennt er ihn als Ebenbürtigen an. Sein Ziel, einen Mitmenschen zu demütigen, hat er verfehlt. Diese Irritation kann unter Umständen sogar dazu führen, dass er die Faust sinken lässt und ablässt von der Gewalt. Die Eskalation wird gestoppt.

Jesus lädt also zunächst dazu ein, nicht passiv zu bleiben, sondern die Initiative zu ergreifen, zur eigenen Menschenwürde zu stehen, den Teufelskreis der Demütigung zu durchbrechen und sich zu weigern, die unterlegene Position anzunehmen.

Die zweite Szene spielt sich vor Gericht ab. Jemand wird verklagt, seinen Mantel herzugeben. So steht es jedenfalls im Lukasevangelium: »Wer dir den Mantel wegnimmt, dem verweigere auch das Hemd nicht!« Bei Matthäus heißt es: »Wer dir das Hemd wegnimmt, dem gib auch den Mantel!« Lukas ist hier offensichtlich präziser; denn es war gang und gäbe, Armen den Mantel als Pfand wegzunehmen. Allerdings musste man dieses Pfand jeweils am Abend zurückgeben, denn der Arme hatte sonst nichts, um sich nachts vor der Kälte zu schützen. Andererseits hatten nur die ärmsten der Armen nichts als ihr Obergewand, um es einem Prozessgegner als Pfand zu hinterlassen. Den Zuhörerinnen und Zuhörern Jesu dürfte diese Situation vertraut gewesen sein, zumal Verschuldung zur Zeit Jesu an der Tagesordnung war. Die Römer trieben horrende Steuern ein, um ihre Kriege zu finanzieren. Der gebeutelte Mittelstand presste die Ärmsten aus, um selbst zu überleben. Wieso rät Jesus ausgerechnet den Armen, auch noch die Unterwäsche herzugeben? Das hieße ja, splitterfasernackt aus dem Gericht zu laufen! Welch eine groteske Szene: Hier steht der Gläubiger mit deinem Mantel in der einen und mit deiner Unterwäsche in der anderen Hand. Und der Schuldner hat den Spieß umgedreht: »Du willst meinen Mantel? Da – nimm auch mein letztes Hemd! Ich habe nur noch mein nacktes Leben! Willst du das auch noch?«

Nacktheit war in Israel absolut tabu. Aber die Schande traf nicht den Entblößten, sondern die Person, die solch eine Entblößung verursacht oder angesehen hat. Der Gläubiger steht also als derjenige da, der er ist: kein seriöser Kreditgeber, sondern ein Hai, eine Heuschrecke, ein Halsabschneider, der andere in bitterste Not stürzt. Er ist demaskiert und der Lächerlichkeit preisgegeben.

Nichts fürchten Tyrannen so sehr wie Lächerlichkeit. Die Selbstentblößung der Schuldner vor Gericht entlarvt die Ausbeuter. Und womöglich gelangt der eine oder andere Ausbeuter so zur Einsicht, welche Folgen seine Praktiken haben. Eine Garantie dafür gibt es allerdings nicht.

»Wenn dich jemand zwingt, eine Meile mit ihm zu gehen, dann geh mit ihm zwei…«: Das dritte Beispiel Jesu hängt ebenfalls mit der römischen Besatzungsmacht und ihren entwürdigenden Praktiken zusammen. Die waren ziemlich clever. So gab es das Gesetz, dass ein Soldat jeden beliebigen Zivilisten zwingen durfte, seinen schweren Tornister genau eine Meile für ihn zu schleppen – nicht mehr! Eine Meile war erlaubt, alles darüber hinaus wurde gesetzlich geahndet! So konnte man die Wut des Volkes in Grenzen halten und die Menschen dennoch zu Hand- und Spanndiensten zwingen. Jesus hielt jede bewaffnete Aktion gegen die Römer für zwecklos. Aber wieso die zweite Meile?

Auch hier geht es darum, dass die Unterdrückten die Initiative behalten und ihre Würde wahren können. Man stelle sich vor, was geschieht, wenn sie das Gepäck eine Meile geschleppt haben. Jetzt muss der römische Soldat fordern:

Foto: Michael Belk, »Journeys with the Messiah«

»Gib mir den Tornister wieder!« Was aber, wenn der andere sagt: »Ach nein, ich trag ihn gern noch eine Meile!« Der Soldat gerät in eine echte Zwickmühle. Lässt er es zu, dann macht er sich strafbar. Also muss er ins Betteln verfallen – oder dem Bürger den Tornister gewaltsam entreißen.

Bringen wir die Beispiele Jesu auf einen Nenner: Begegne brutaler Macht mit Witz und Humor! Entlarve das Unrecht des Systems! Beschäme den Unterdrücker, bis er umkehrt! Und vor allem: Lass die Angst vor der bestehenden

GESPRÄCHSIMPULSE

■ Wo begegnet mir – direkt oder indirekt – Gewalt in meinem Leben? Wo übe ich selbst Gewalt aus – direkt oder indirekt?

■ Wo weiß ich, dass die bestehende Ordnung falsch oder ungerecht ist? Wo mache ich trotzdem mit oder habe Angst, gegen die »Spielregeln« zu verstoßen?

■ In gescheiterten Beziehungen, im Nachbarschaftsstreit: Wo pflege ich selbst Feindschaften, wo führe ich selbst Kriege?

■ Welche Erfahrungen mit Entfeindung und Versöhnung habe ich in meinem Leben gemacht?

Ordnung und ihren Spielregeln in dir sterben. Das ist das Schwierigste. Was bedeutet das, wenn eine ferne Konzernspitze Arbeitsplätze vernichtet? Wenn die Kleinen die Profitgier der Großen ausbaden müssen? Wenn man sich ausgeliefert fühlt? Lasst euch die Würde nicht nehmen, rät Jesus.

Krieg und Frieden, Gewalt und Gewaltlosigkeit – sie beginnen im Kleinen, und sie folgen im Kleinen wie im Großen denselben Gesetzen.

Jesus gibt in der Bergpredigt nicht nur Hinweise, wie seine Jünger mit Unterdrückern umgehen sollen. In unserem Lebensalltag geht es ja oft um ganz anders geartete Auseinandersetzungen und Kleinkriege. Jesus zeigt uns ganz praktisch, wie Entfeindung und Versöhnung möglich sind, wo Beziehungskonflikte allen Parteien das Leben schwer machen: Wir alle kennen vermutlich den Krieg am Arbeitsplatz, in der Nachbarschaft und in der Familie, zum Beispiel wenn es um Erbstreitigkeiten geht. Jesus hat sich übrigens geweigert, Erbstreitigkeiten zu schlichten, als jemand von ihm verlangt hat, in so einem Konflikt Partei zu ergreifen. Seine Empfehlungen zielen in eine ganz andere Richtung. Er gibt uns die »Goldene Regel«. Sie lautet: »Alles, was ihr euch von anderen wünscht, das tut auch ihnen! Darin besteht das Gesetz und die Propheten.«   *Andreas Ebert*

Protestleute gegen den Tod

Wollte Gott den Tod Jesu am Kreuz? Warum hat Gott nicht einen Weg gewählt ohne das Kreuz? Warum nicht die Krippe als Symbol?

Ein Gospelworkshop vor knapp 20 Jahren. Die Aufführung des Erprobten sollte am Ostersonntag stattfinden. Geprobt wurde in den Tagen zuvor, auch kommentarlos den ganzen Karfreitag über. Auf meine vorsichtige Frage, ob wir denn auch den Karfreitag irgendwie als Workshopgruppe begehen würden, erhielt ich die knappe Antwort: »Ach, Karfreitag ist einfach immer so düster. Das ist doch nur was für alte Leute. Und dann diese Kreuzigungsgeschichte. Wir feiern einfach direkt Ostern.«

Die Sache mit der Kreuzigung – düster, blutrünstig, schwere Kost. Mir ist das jüngst bei einer Gottesdienstvorbereitung in der Passionszeit ganz deutlich geworden. Bei der Liedauswahl holt mich die Unsicherheit ein. Kann man das noch so singen? Vorgeschlagen ist Nummer 82: »Wenn meine Sünd mich kränken«. Strophenlang geht es darum, dass Jesus Christus für mich und meine Sünden gestorben ist. Und nicht nur das *Dass*, sondern auch das *Wie* dieses Sterbens wird zum Thema:

*»Drum sag ich dir von Herzen
jetzt und mein Leben lang
für deine Pein und Schmerzen,
o Jesu, Lob und Dank,
für deine Not und Angstgeschrei,
für dein unschuldig Sterben,
für deine Lieb und Treu.«*

Gruselig, würden meine Kinder sagen. Ich selbst merke: Mir will das auch nicht leicht über die Lippen: Dieses herzliche Dankeschön für Todesqualen, Schmerzen und Angstgeschrei. In der kommenden Strophe soll ich dann bekräftigen, »*dass mir nie komme aus dem Sinn, wie viel es dich gekostet, dass ich erlöset bin*«. Ich spüre den Impuls, mich dagegen aufzulehnen: Nein, dan-

ke. Ich will nicht, dass jemand für mich gequält wird. Wie mag es erst kirchenferneren Menschen mit solchen Worten und Bildern gehen? Kann ich, muss ich das so singen mit der Gemeinde im Gottesdienst?

Lieder wie dieses greifen biblische Bilder auf, z. B. jene aus einem Gottesknechtslied beim Propheten Jesaja: »*Als er gemartert ward, litt er doch willig und tat seinen Mund nicht auf wie ein Lamm, das zur Schlachtbank geführt wird; und wie ein Schaf, das verstummt vor seinem Scherer, tat er seinen Mund nicht auf.*« (Jesaja 53,7)

Oder Vorstellungen aus dem 1. Petrusbrief: »*Denn ihr wisst, dass ihr nicht mit vergänglichem Silber oder Gold erlöst seid von eurem nichtigen Wandel nach der Väter Weise, sondern mit dem teuren Blut Christi als eines unschuldigen und unbefleckten Lammes.*« (1. Petrus 1, 18)

Dass gestritten wird, erscheint als Fortschritt

Wenige Worte aus diesen Versen genügen, um sich zu einem unscharfen, aber doch großen und wirkmächtigen Bild zu verbinden: ein Opferlamm, das geschlachtet wird. Bei kirchlich sozialisierten Menschen taucht in den Assoziationen auch rasch die Abendmahlsfeier auf, mit allem, was darin zu hören und zu sehen ist: Dieser Kelch ist mein Blut, das für euch vergossen wird … Christe, du Lamm Gottes, der du trägst die Sünd der Welt … Christi Blut für dich vergossen.

Solche Bibeltexte und Lieder über Christi Opfertod führen uns nah heran an sehr Wichtiges und zugleich auch sehr Fragwürdiges und Umstrittenes im christlichen Glauben. Dass darüber gestritten wird, erscheint mir übrigens als Fortschritt, da viele Jahrzehnte lang manch problematische Glaubensinhalte

zumindest öffentlich wenig hinterfragt blieben. Die bisweilen hitzigen Diskussionen um das »Blutopfer« zeugen vom Interesse, der Botschaft unseres Glaubens weiterzuhelfen und gleichzeitig dem auch theologischen Unbehagen Ausdruck zu verleihen.

Denn das kann entstehen, wenn mir solche Texte und Lieder nicht zu anderen zentralen Glaubensinhalten zu passen scheinen. Wenn ich durch sie eine einseitige Fokussierung mancher Glaubensinhalte vermute. Und nicht zuletzt, wenn ich beim »Opfer« eine problematische begriffliche Vermischung wahrnehme: Wir haben im Deutschen nur dieses eine Wort für zwei Dinge. Von Opfern sprechen wir, wenn wir von Gewalt- und Verkehrsopfern reden, also mit äußeren oder inneren Verletzungen. *victim* heißt das auf Englisch. Daneben gibt es das Opfer, das man bringt. Auf Englisch *sacrifice*. Früher bezog sich Letzteres auf die kultischen Opfer an Gott oder andere Götter, heute sprechen wir im übertragenen Sinne vom Opfer, das Menschen bringen für eine gute Sache, für andere Menschen, wie mit Spenden am »Opferstock«.

Bei dem einen Opfer, victim, geht es um Gewalt und die Zerstörung von Leben. Bei dem anderen Opfer, sacrifice, geht es um den Erhalt, ja das Stärken und Verbessern von Leben durch eine persönliche Gabe. Wenn die Bibel, besonders im Alten Testament, von solchen kultischen Opfern erzählt, ging es nicht einfach darum, zu schlachten, zu töten. Es wurden auch Ähren und Früchte geopfert. Der Blick bei diesen kultischen Opfern richtete sich vor allem auf Gottes segnendes Handeln und auf die Versöhnung, die in dem Geschehen sichtbar wurde: Die Menschen geben gute Gaben an Gott; Gott gibt seinen Segen an die Menschen. Erst später kam die Idee vom »Sühnopfer« dazu: Dahinter steht die Vorstellung, dass angesichts der Sünden und Missetaten ein kultisches Opfer erst einmal die Voraussetzungen dafür schaffen und die Schuld begleichen muss, damit Gottes Segen wirksam werden kann. Das Blut der Opfertiere war dabei keine Siegestrophäe »Sieh her, ich habe ein Tier für dich gequält«, sondern auch hier richtete sich der Blick auf anderes: Auf das Blut als Zeichen für Leben, das an Gott gegeben wurde und neu entstehen sollte.

In der langen Geschichte des Christentums sind nun die Bilder und Worte verschmolzen: Auch wenn eine Kreuzigung nichts mit religiösem Kult zu tun hatte, wurde der Kreuzestod Jesu als kultisches Opfer gedeutet: sacrifice. Der, der sich aufgeopfert hat für uns Sünder. Jedoch haben wir dabei einen lebenszerstörerischen Tod vor Augen, ein Gewaltopfer: victim. So formte sich langsam der Eindruck, dass ein solches Gewaltopfer notwendig gewesen sei für die Erlösung der Welt, für die Versöhnung. Dass es solch eine Gewalt, solch ein »Not und Angstgeschrei« brauchte, das die Menschen am Fuß des Kreuzes bejohlten. Im Mittelalter ging der Theologe Anselm von Canterbury so weit zu erklären, dass Gott sich nur durch ein solches Opfer Jesu in seiner von der menschlichen Sünde gekränkten Ehre versöhnen ließe. Seine »Satisfaktionslehre« wird heute breit kritisiert.

Solche Vorstellungen vom Opfer Jesu blieben keine abstrakten Größen für Theologie und Kirche. Sie wirkten in das Leben vieler Menschen hinein. Eine weitere Strophe von »Wenn meine Sünd mich kränken« spiegelt das: *»Mein Kreuz und meine Plagen, sollt's auch sein Schmach und Spott, hilf mir geduldig tragen; gib, ob mein Herr und Gott, dass ich verleugne diese Welt und folge dem Exempel, das du mir vorgestellt.«* Leiden aushalten, Zähne zusammenbeißen, nicht klagen – all das gehört zur Erzählung über das »Vorbild Jesu«. Und so wurden noch bis vor gar nicht allzu langer Zeit so manche Hintern versohlt mit einem mahnenden Blick aufs Kruzifix: Schau hin, dein Herr Jesus hat wirklich gelitten, aber

Diego Velázquez: Gekreuzigter Christus, 1632, Prado, Madrid.   Bild: PD

ohne einen Mucks. Wie oft waren die Rollen in Familien fraglos verteilt, wer sich aufzuopfern hat, wer straft und wer leidet? Alles alte Geschichten? Es gibt auch sehr aktuelle, in denen Menschen in die Opferrolle gedrängt, zu Sündenböcken gemacht werden und dabei der Eindruck entsteht: Irgendwie muss das so sein. Der will es doch nicht anders.

In der U-Bahn sitzen einige Jugendliche, einer etwas abseits. Zuerst blicken sie nur in seine Richtung, grinsen sich an, tuscheln. Er starrt in die andere Richtung, als würde er sie nicht bemerken. Dann werden sie lauter, rempeln ihn an, klauen ihm seine Cap, immer aggressiver. Der Junge lässt einfach alles zu, wehrt sich nicht einmal – bis endlich einige Erwachsene dazwi-

schengehen. Die Gruppe schwingt sich johlend an der nächsten Haltestelle aus der Bahn. »Du Opfer!« rufen sie dem Jungen noch zu.

All diese Opfer, damals wie heute, sind keine Gabe und Hingabe, sondern die Aufgabe des Lebens. Mit ihnen wird das Leben nicht gestärkt, sondern verletzt und geschwächt.

In der Kirche erinnert das Kreuz Jesu daran, wie Menschen zu Opfern gemacht werden, bis heute. Es ruft uns auf, dagegen anzugehen. Wir sind, wie es der Pfarrer Christoph Blumhardt der Jüngere einmal formuliert hat, »Protestleute gegen den Tod«. Ganz vornweg im Protestmarsch läuft Gott selbst. Denn Gott hat den gewaltsamen Tod Jesu gerade nicht als Opfer angenommen wie Früchte und Opfertiere. Die Osterbotschaft von der Auferstehung ist der göttliche Widerspruch gegen dieses Gewaltopfer und den Tod. Aus diesem Grund wäre die Krippe unvollständig als Zeichen der Erlösung geblieben. Denn die Auflehnung und die Überwindung des gewaltsamen Todes nimmt die dunkelsten menschlichen Erfahrungen im Diesseits ernst. Nein, Gott hätte für sich kein Blutopfer und kein Kreuz gebraucht; doch weil sie Kennzeichen der Welt sind, Zeichen menschlicher Machtauswüchse und lebenszerstörerischer Gewalt, unter denen Menschen bis heute leiden, darum hat Gott sich ihnen gestellt.

Ich habe am Ende mit der Gemeinde »Wenn meine Sünd mich kränken« gesungen, aber eben nicht, ohne über das alte Problem von Leidensverherrlichungen durch verzerrte Opfervorstellungen zu sprechen. Denn damit gilt es endlich aufzuräumen. Doch als stetige Er-Innerung der lebensstärkenden Hingabe Jesu und als Aufruf, sich dem Protest gegen das Leiden anzuschließen, verlangt das Kreuz in unseren Kirchen und in unserer Theologie zu Recht seinen Platz: unbequem und unverrückbar.   *Stefanie Schardien*

Revolution der Liebe

Jesus starb am Kreuz, das gilt auch vielen Historikern als geschichtliche Tatsache. Doch was geschah danach? Erzählt die Bibel hier ein Märchen? Wie die Auferweckung Jesu vor sich ging, wird in der Bibel nicht berichtet. Aber das umrahmende Geschehen lässt einige Schlüsse zu.

Zwei Menschen begegnen sich vor dem Gottesdienst an Ostern. Der eine ruft: »Der Herr ist auferstanden!«, und die andere Person antwortet: »Er ist wahrhaftig auferstanden!« Freude strahlt aus ihren Augen, weil die Auferstehungsfreude Grundimpuls ihrer Lebensfreude ist. Aber stimmt das denn: Ist Jesus »wahrhaftig auferstanden«? Wie kommen Christen dazu, dies zu bekennen? Und was ist mit den Menschen, die daran zweifeln?

Zweifler an der Auferstehungsbotschaft sind in guter Gesellschaft. Es ist in keiner Weise selbstverständlich, die Auferstehung Jesu zu glauben. Das Markusevangelium, das älteste der vier biblischen Evangelien, endete ursprünglich mit der Schilderung des leeren Grabs und dem Entsetzen der drei Frauen: »Und sie gingen hinaus und flohen vor dem Grab; denn Zittern und Entsetzen hatte sie ergriffen. Und sie sagten niemandem etwas; denn sie fürchteten sich.« Erst einige Jahrzehnte später wurde ein die Ostererscheinungen zusammenfassender Schluss ergänzt.

Das Lukasevangelium erzählt diese Geschichte etwas anders: Die Frauen finden das leere Grab und sind ratlos. Als ihnen dann zwei Männer in glänzenden Kleidern begegnen, sind sie entsetzt, zumal sie die Botschaft hören: »Was sucht ihr den Lebenden bei den Toten. Er ist nicht hier, er ist auferstanden.« Die Frauen laufen zu den Jüngern und verkünden, was sie gehört haben. Aber deren Reaktion ist ernüchternd: »Und es erschienen ihnen diese Worte, als wär's Geschwätz, und sie glaubten ihnen nicht.«

Die Evangelien erzählen je auf ihre Weise, dass die Auferstehung Jesu zuerst nicht geglaubt wird. Zweifler sind also in bester Gesellschaft mit den Jüngerinnen und Jüngern. Und die Bibel erzählt im 20. Kapitel des Johannesevangeliums sogar eine eigene Geschichte für alle Zweifler: Die Jünger hatten den Frauen nicht geglaubt, bis der Auferstandene ihnen selbst erschienen war. Aber Thomas war nicht dabei – und glaubte auch den Jüngern nicht, als die nun erzählten: »Wir haben den Herrn gesehen.« Thomas hält entgegen: »Wenn ich nicht in seinen Händen die Nägelmale sehe und lege meine Finger in seine Seite, kann ich's nicht glauben.«

Jesus war durch die Auferstehung bestätigt

Acht Tage gehen ins Land. Dann kommt Jesus – als alle Türen verschlossen waren – und tritt in ihre Mitte und spricht: »Friede sei mit euch!« Danach sagt er zu Thomas: »Reiche … deine Hand her und lege sie in meine Seite und sei nicht ungläubig, sondern gläubig!« Es ist dann ausgerechnet der kritisch zweifelnde Thomas, dem unwillkürlich ein tiefes Glaubensbekenntnis entfährt: »Mein Herr und mein Gott« – ein Lebensbund ist geschlossen.

Die Geschichte von Thomas ist tiefsinnig. Offensichtlich war ja der Auferstandene schon unsichtbar im Raum, als Thomas seine Zweifel äußerte. Die hat Jesus gehört. Darum erscheint er gerade Thomas und fordert ihn auf, zu tun, was für ihn die Voraussetzung ist zu glauben: Die Wundmale berühren. Jesus geht auf Thomas und seine Zweifel ein, um sie zu überwinden. Gegen Zweifel helfen Erfahrungen – und manchmal auch gute Argumente.

Es gibt gute Gründe und triftige Argumente für die Glaubwürdigkeit der Auferstehung Jesu Christi.

Zum einen: Versetzen wir uns einmal in die Lage der Jünger und Jüngerinnen. Die Grundstimmung nach Jesu schrecklichem Kreuzestod muss völlig trostlos gewesen sein – und zwar bei allen. Nicht nur, dass Jesus gestorben war: Er galt durch diesen Kreuzestod als verflucht. Der, den sie immer mehr für den Messias, den von Gott Gesandten und Erwählten hielten, war vernichtet – auch moralisch; mit Mördern hingerichtet.

Alle Hoffnungen auf Erlösung für die Welt waren völlig weg. Sie stellten sich auf das Scheitern ein: Die Frauen wollten den Leichnam einbalsamieren, und die Männer verschanzten sich aus Angst, dass auch sie hingerichtet werden sollten. In dieser Situation steckte in sich selbst keine Kraft zum Neubeginn. Die Jesusbewegung wäre mit dem Kreuzestod zu Ende gewesen, wären nicht ungeheuer starke Impulse von außen gekommen. Andere Impulse aber als die Erscheinungen des Auferstandenen sind nirgendwo berichtet.

Zum anderen: Die Auferstehung selbst wird nicht erzählt. Die Bibel hat kein Interesse am Ausmalen eines Mirakels. Was nicht erlebt wurde, wird auch nicht berichtet. Darüber wird redlich geschwiegen.

Vor allem: Was die Bibel dann erzählt, ist so sehr neben der Spur gesellschaftlicher Konvention, dass die Männer, die dann auch die Evangelien geschrieben haben, sich diese Geschichte kaum ersonnen hätten: Ausgerechnet Frauen bekommen die Ehre, durch die Engel am Grab zuerst die Botschaft der Auferstehung zu hören; und vor allem werden sie zu den ersten Verkündigerinnen dieser alles verändernden Botschaft. Kein Mensch der damaligen Zeit wäre auf diesen Gedanken gekommen.

Und diese Unmöglichkeit wird sogar noch auf die Spitze getrieben. Einer Frau wird die Ehre der ersten Erscheinung des Auferstandenen zuteil. Das Johannesevangelium erzählt in Kapitel 20: Maria Magdalena weint. Jesus ist gestorben,

Bild: Jozef Klopacka / 123rf.com

und nun ist sogar zu allem Überfluss des Schrecklichen auch noch die Leiche fort. Mit keiner Faser denkt sie an seine Auferstehung. Als der Auferstandene ihr begegnet, hält sie ihn für den Gärtner, den sie nach Auskunft über den Verbleib der sterblichen Überreste fragt. Sie erkennt Jesus nicht, bis er sie beim Namen nennt: »Maria.« Nach dem kurzen Gespräch zwischen den beiden erzählt die Bibel die Ungeheuerlichkeit, dass Maria Magdalena zur *apostola apostolorum* – zur Apostelin der Apostel – wird: »Maria Magdalena geht und verkündigt den Jüngern: ›Ich habe den Herrn gesehen‹ und was er zu ihr gesagt habe.«

Das war so wider die Etikette der Geschlechterrollen, dass es fast 2000 Jahre gebraucht hat, bis die Kirchen umsetzen konnten, was der Auferstandene in der ersten Erscheinung grundgelegt hat – dass Frauen auch einer versammelten Männerschar das Evangelium verkündigen dürfen.

Und schließlich ist der erste Brief des Paulus an die Korinther ein untrüglicher Beleg dafür, dass es tatsächlich außergewöhnlich viele Erscheinungen des Auferstandenen gegeben haben muss. (Er lässt schon die Frauen beiseite!) Paulus schreibt etwa um das Jahr 50 – also etwa 15 Jahre nach Jesu Tod –, dass »Christus gestorben ist für unsere Sünden … Und dass er auferweckt worden ist am dritten Tage … Und dass er gesehen worden ist von Kephas (also Petrus), danach von den Zwölfen. Danach ist er gesehen wor-

den von mehr als fünfhundert Brüdern auf einmal, von denen die meisten heute noch leben«, und schließlich sei er auch ihm selbst erschienen.

Die Geschichte, in der Paulus durch die Erscheinung Jesu geblendet zu Boden stürzt und vom Christenverfolger zum Christusbekenner wird, wird in der Apostelgeschichte ausführlich erzählt. Hier an dieser Stelle erscheint aber bedeutsamer, dass Paulus in seinem Brief auf Hunderte von Menschen verweist, die in der Gegenwart noch befragt werden können zu ihren Begegnungen mit dem Auferstandenen. Das täte er nicht, wäre er selbst nicht davon überzeugt.

Die Christen von heute sind »Wirkung« der Kraft, die die Erscheinungen des Auferstandenen von damals auf die Menschen gehabt haben musste. Der Theologe Martin Karrer schreibt: »Wer den Auferstandenen sah, wurde

GESPRÄCHSIMPULSE

■ Jesus wurde nicht von Menschen gesehen, die glauben, sondern von denen, die sich von ihm abgewandt hatten.

■ Der Liedermacher Wolf Biermann war schon zu DDR-Zeiten überzeugt: »Die Auferstehung ist die härteste Währung auf dem Markt, wo Hoffnungen gehandelt werden.« Warum wird dann so wenig daran geglaubt?

von ihm personal beansprucht.« Diese Menschen, denen der Auferstandene begegnet war, wussten sich gesandt, weiterzusagen, dass Jesus auferstanden ist. Anders ist die Geschwindigkeit, in der sich der Glaube an Jesus ausbreitete, nicht zu erklären. Man bedenke, bereits im Jahr 301 wurde ganz Armenien christliche Nation – noch vor der Konstantinischen Wende im Römischen Reich (313 n. Chr.).

Ohne die Erscheinungen des Auferstandenen hätte den verzweifelten Jüngern nach Jesu Tod jede Kraft zur Verkündigung gefehlt. So aber wussten sie: Er lebt! Sie trugen seine Botschaft weiter. Denn all das, was Jesus erzählt und getan hatte, war durch die Auferstehung bestätigt. Der Weg der Liebe war bestätigt – und Jesus als Vorbild und Retter.

Rudi Dutschke, der spätere Studentenführer – von dem viele eine solche Aussage nicht erwarten würden –, notierte an Ostern 1963 in sein Tagebuch: »Jesus ist auferstanden, Freude und Dankbarkeit sind die Begleiter des Tages; die Revolution, die entscheidende Revolution der Weltgeschichte ist geschehen, die Revolution der Welt durch die alles überwindende Liebe.« Er proklamierte die Tod und Hass besiegende Kraft dieses Schlüsselereignisses der Auferstehung Jesu. Durch die Auferstehung Jesu ändert sich der Blick auf alles in der Welt. Wir sind immer in der Hand dessen, der sagt: »Ich lebe, und ihr sollt auch leben!« *Dorothea Greiner*

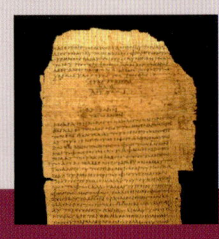
Das Lebensbuch

Wer hat die Bibel geschrieben? Ist sie Gottes Wort oder das Werk von Menschen?

Über die Bibel kann man viel sagen: Sie ist das am meisten verbreitete Buch der Welt, das Buch mit der größten Wirkungsgeschichte – und vermutlich in unseren Breiten das im Verhältnis zu seiner Auflage aktuell am wenigsten gelesene Buch. Und über die Bibel wurde auch schon viel gesagt. Bertolt Brecht schätzte sie als »mein Lieblingsbuch«, Friedrich Nietzsche stellte fest: »Unser letztes Ereignis ist immer noch Luther, unser einziges Buch ist immer noch die Bibel.«

Das beste Zitat zum Wert der Bibel stammt jedoch vom Schweizer Theologen Adolf Schlatter (1852-1938): »Ohne Bibel wird der evangelische Pfarrer zum Schwätzer und der katholische Priester zum Zauberer.« Was macht also dieses einzigartige Buch aus? Und wie ist es geworden?

Die Bibel wurde nicht von einer höheren Macht eingeflüstert, wie das andere Religionen von ihren heiligen Schriften im übertragenen Sinne behaupten. Sie ist auch kein gewöhnliches Buch, das ein Verfasser in einigen Monaten oder Jahren geschrieben hat. Die Bibel ist vielmehr eine kleine Bibliothek aus 66 Büchern. Das Wort »Bibel« kommt aus dem Griechischen, *ta biblia* bedeutet dort »die Bücher«. Das Alte Testament umfasst 39 Bücher, das Neue Testament enthält 27 Schriften – verfasst von 40 verschiedenen Autoren: Könige, Hirten, Fischer, ein Arzt, ein Zeltmacher.

Die Bibel erzählt die Geschichte Gottes mit dem Menschen. Und Menschen erzählen darin ihre Geschichte mit Gott. Am Anfang geschah dies mündlich. So kann man die Bibel als Ergebnis einer jahrtausendealten Erzähltradition sehen. Lange bevor die Schriftkultur entstand, wurden von einer Generation zur nächsten wesentliche Erfahrungen mit Gott und der Welt mündlich weitergegeben. Im Zelt, am Lagerfeuer in der Steppe, beim Stammestreffen an der Quelle.

Ab dem 9. Jahrhundert v. Chr. wurden die Texte dann auf Papyrus fixiert. Menschen sammelten Worte, Erzählungen, Dichtungen und Sprüche, aber auch amtliche Mitteilungen. Es war die Zeit, als die Israeliten, ein Volk von Wandernomaden, sesshaft wurden. Sie begannen, die alten Geschichten aufzuschreiben. Besonders am Tempel Salomos (965-926 v. Chr.) in Jerusalem wurden Texte aufgeschrieben, gesammelt und aufbewahrt.

Die Bibel erzählt die Geschichte Gottes mit dem Menschen

Die Könige nach Salomon ließen eine Geschichte Gottes mit seinem Volk Israel schreiben. Es entstanden Gesetzestexte, Gottesdienstordnungen und Psalmgebete. Ab dem 8. Jahrhundert v. Chr. hielten Propheten und deren Schüler ihre Worte schriftlich fest und ermöglichten dadurch eine größere Verbreitung. Daneben entstanden kleine Sammlungen von Volkstraditionen mit Geschichten, Fabeln, Liedern und Lebensregeln.

Im 7. Jahrhundert bestand Israel nur noch aus einem kleinen Territorium im Süden und versuchte, sich auf seine Fundamente zu besinnen. Dies war Anlass, viele bisher getrennt überlieferte Schriften zusammenzufassen. Der massivste Einschnitt in die Geschichte Israels war das 50 Jahre während babylonische Exil von 587 bis 538 v. Chr. In der Verbannung entstand das Judentum als organisierte Religion. Die jüdischen Theologen sahen es unter dem Druck des Exils als Hauptaufgabe, die religiöse Identität ihres Volkes festzuschreiben. Nach der Zerstörung des ersten Jerusalemer Tempels bekam die Heiligung des Sabbats große Bedeutung – und eben die heiligen Texte. Neue Texte entstanden, zum Beispiel der erste Schöpfungsbericht, der heute am Beginn der Bibel steht.

Ein Leitmotiv bei der Entstehung der Hebräischen Bibel war die Darstellung der Geschichte des jüdischen Volks. Ab dem 5. Jahrhundert v. Chr. haben jüdische Gelehrte die heiligen Schriften dann zu größeren Einheiten zusammengefügt, beginnend mit der Thora, den fünf Büchern Mose. Bis zum 2. Jahrhundert wurden die Bücher und Texte immer wieder überarbeitet. Bestehende Texte wurden dabei mit neuen kombiniert. Darum gibt es zum Beispiel zwei Schöpfungserzählungen am Anfang der Bibel.

Die Texte hatten noch keine Buchform. Papyrus- oder Pergamentseiten wurden wie bei einer Zeitung in mehreren Spalten beschrieben und dann aneinandergeklebt oder -genäht. So entstanden lange Streifen, die man aufrollte und bequem lesen und lagern konnte. Die einzelnen Bücher der Bibel existierten einst in Form solcher Rollen.

Vermutlich stand der genaue Umfang der hebräischen heiligen Schriften gegen Ende des 1. Jahrhunderts n. Chr. fest. Jüdische Gelehrte schlossen die Sammlung mit 36 Schriften ab. Wieder war es die Sorge um die religiöse Identität des Volks Israel, die der hebräischen Bibel den Weg ebnete.

Auch das Neue Testament fußt auf einer mündlichen Erzähltradition, die allerdings nur wenige Jahrzehnte dauerte. Nach der Auferstehung Jesu begannen seine Jünger und Anhänger in Palästina, Syrien und in Ägypten, von seinem Leben und seiner Botschaft zu erzählen. Zunächst waren dies Zeugnisse von seinem Tod und seiner Auferstehung. Sehr bald wurde dies als »Urbekenntnis« der neuen Gemeinschaft formuliert. Dieses ursprüngliche Zeugnis ist in 1. Korinther 15,3 erhalten. Daneben gab es mündliche Überlieferungen von Worten Jesu, von Wundertaten und Erinnerungen an Begegnungen mit ihm.

Zwei Jahrzehnte lang schrieben die »Nazoräer«, wie man die Christen erst nannte (Apostelgeschichte 24, 5), nichts über Jesus auf. Sie erwarteten das baldige Ende der Welt und seine Wiederkunft, dauerhafte Aufzeichnungen brauchte man da nicht. Als Bibel hatte man – wie der Jude Jesus – die Texte Israels.

Obwohl die Wiederkunft Jesu ausblieb, breitete sich das Christentum in großer Geschwindigkeit aus – trotz der großen Verfolgungen unter den römischen Kaisern. Die Mission der Jünger war erfolgreich, vor allem die des spät berufenen Apostels Paulus. Nicht nur in Rom, sondern auch in Griechenland, Kleinasien und Ägypten bestand Bedarf nach den schriftlichen Grundlagen des neuen Glaubens.

Fotos: Sergey Nivens / Adobe Stock (Bibel); Sebastian Pons Arnau / 123rf (Wolken), PD (Michelangelo); Montage: Halke

Der früheste Text des Neuen Testaments stammt aus dem Jahr 50. Es ist der Brief des Paulus an die Gemeinde in Thessalonich in Griechenland. Paulus schrieb ihn auf seiner zweiten Missionsreise in Korinth, nachdem er von Timotheus und Silas über die Gemeinde gute Nachrichten erhalten hatte, aber auch Meldungen über Spekulationen über die Wiederkunft Christi, Neigungen zu Müßiggang und unsittlichem Wandel. Die Gemeinde wollte vor allem eine Antwort, was mit den gestorbenen Christen geschieht, die die ausstehende Wiederkunft Christi nicht mehr erleben konnten (4, 13-18). Paulus musste – vermutlich erstmalig – von der Auferstehung der Christen sprechen.

Die Briefe des Paulus entstanden als Instrumente der Gemeindebildung und fungierten als Wegweiser in theologischen Auseinandersetzungen. Sie sind die frühesten Schriften des Neuen Testaments. Etwa zur gleichen Zeit – um die Mitte des 1. Jahrhunderts – hat man auch damit begonnen, die Berichte von den Worten und Taten Jesu schriftlich festzuhalten, ein Prozess, der in der redaktionellen Komposition der Evangelien seinen Abschluss fand. Die Verfasser der Evangelien haben zusammengetragen, was sie über das Leben und Wirken des Jesus von Nazareth in Erfahrung bringen konnten.

Von den vier Evangelien ist das Markusevangelium das älteste. Abgesehen

vom Passionsbericht legt Markus keinen Wert auf eine chronologische Darstellung des Lebens Jesu. Die Abschnitte sind oft nur lose verbunden, das Ganze hat eher den Charakter »Gesammelte Erzählungen über Jesus«. Mehr redaktionelle Arbeit ist bei Matthäus und Lukas zu erkennen, sie benutzten das Markusevangelium als Vorlage. Die beiden hatten jedoch vermutlich noch eine weitere gemeinsame Vorlage zur Verfügung, eine Sammlung von Sprüchen und Reden Jesu. Matthäus und Lukas hatten außerdem einen Bericht über die Kindheitsgeschichte Jesu vorliegen, den sie auf unterschiedliche Weise an den Anfang stellten. Eventuell hat Lukas außerdem das fertige Matthäusevangelium gekannt. Johannes wiederum hatte wohl alle drei Evangelien vorliegen und daraus ein neuartiges Werk mit eigenem theologischen Charakter geschaffen.

GESPRÄCHSIMPULSE

■ »Ihr Christen habt in eurer Obhut ein Dokument mit genug Dynamit in sich, die gesamte Zivilisation in Stücke zu blasen, die Welt auf den Kopf zu stellen, dieser kriegszerrissenen Welt Frieden zu bringen. Aber ihr geht damit so um, als ob es bloß ein Stück guter Literatur ist, sonst weiter nichts.« *(Mahatma Gandhi)*

Auch von den neutestamentlichen Texten ist kein Original erhalten. Sie wurden zunächst noch auf Papyrus abgeschrieben und zu einem sogenannten Codex zusammengeheftet. Diesen versah man zum Schutz mit Holzdeckeln. Berühmte alte Handschriften, wie der Codex Sinaiticus, der beinahe den ganzen Bibeltext enthält, oder der Papyrus 46 (um 200 n. Chr.), eine der ältesten Abschriften der Paulusbriefe, wurden in Klosterbibliotheken oder im Wüstensand gefunden. Sie bezeugen die hervorragende Überlieferung des ursprünglichen Texts.

In der noch jungen Gemeinde Jesu Christi gab es noch eine Vielzahl weiterer Texte: die Petrus-Apokalypse, das Thomasevangelium, das Judasevangelium, die beiden Clemensbriefe und viele weitere apokryphe Schriften. Deshalb musste die frühe Kirche eine Entscheidung fällen, welche Schriften als verbindlich gelten. Die Pastoralbriefe (zwei Timotheusbriefe, Titusbrief), die katholischen Briefe (zwei Petrusbriefe, Jakobusbrief, drei Johannesbriefe, Judasbrief) und der Hebräerbrief wurden mit aufgenommen, die um 150 n. Chr. entstandene Offenbarung des Johannes kam erst nach langen Diskussionen in den Kanon. Am Ende des 2. Jahrhunderts n. Chr. stand das Neue Testament im Wesentlichen in seinem heutigen Umfang fest. In der Geschichte ihrer Entstehung wird also der menschliche Faktor der Bibel deutlich. Doch inwiefern ist sie Wort Gottes?

Die Bibel erzählt die Geschichten von Menschen, die an ihrem Tiefpunkt noch eine Zukunft haben. In den Abgründen des Lebens, im Scheitern, in Schuld und Versagen ist Gott dem Menschen nahe. Von Abraham über Mose bis Hiob zieht sich eine Linie der Hoffnung und Verheißung bis zu Jesus, den Gott aus dem absoluten Tiefpunkt, dem gänzlichen Scheitern im Tod, zum Leben erweckt.

Die Bibel ist ein lebendiges Zeugnis der Erfahrung mit Gott. Weil in der Bibel menschliche Erfahrung und göttliche Offenbarung eng verwoben sind, ist sie Lebensbuch und Heilige Schrift in einem.
Helmut Frank

Auf gutem Grund

Stimmt alles, was in der Bibel steht? Kann man heute noch an die Bibel glauben? Und wie können wir sie ehrlich und vernunftgemäß verwenden?

Ist die Bibel verlässlich? Eine berechtigte Frage. Und eine wichtige! Wer einen Zugang zum christlichen Glauben sucht oder kritisch prüft, ob der christliche Glaube etwas für ihn wäre, der wird von dieser Frage nicht absehen können. Denn das Christentum gehört zu den »Buchreligionen«. Das heißt: Das, was Christen glauben, gründet in diesen »heiligen Schriften«. Das wird unter anderem daran sichtbar, dass in den christlichen Gottesdiensten rund um die Welt die Bibel vorgelesen und erklärt wird.

Christen glauben zwar nicht an die Bibel, sondern sie glauben durch das Geschenk des Heiligen Geistes an Gott, der sich in Jesus Christus offenbart hat; aber wer und wie Gott ist und was Jesus gesagt und getan hat, das ist eben in der Bibel überliefert. Darum formt die Bibel wesentlich den Glauben und die Weltanschauung der Christen – freilich immer in einer bestimmten Auslegungstradition und vermittelt durch bestimmte Mitchristen. Aber völlig andere religiöse Ansätze wären es zum Beispiel, wenn der Glaube auf Gefühl und Intuition, auf Naturphänomenen oder auf der Autorität einzelner charismatischer Führer beruhen würde.

Die Frage ist auch deshalb berechtigt und wichtig, weil jeder Mensch etwas Verlässliches braucht. Jeden Tag verlassen wir uns auf andere Menschen und auf Dinge. Übrigens bei Weitem nicht immer erst, nachdem wir die Verlässlichkeit überprüft oder nachvollzogen und verstanden haben. Sollte nun die Religion ein Gebiet sein, bei dem es nichts Verlässliches gibt? Nein, im Gegenteil: Nach christlichem Verständnis heißt glauben gerade, sich ganz und gar auf Gott zu verlassen und ihm voll und ganz zu vertrauen. Gerade die Religion ist eine zutiefst existenzielle Angelegenheit. Und darum bedarf es hier verlässlicher Grundlagen. Also: Warum kann man sich mit guten Gründen auf Gott verlassen, wie ihn uns die Bibel verkündet?

Diese Frage hat zunächst einen geschichtlichen Aspekt. Bei Schriften, die von Personen und Ereignissen erzählen, die zwei- oder dreitausend Jahre oder noch länger her sind, stellt sich unwillkürlich die Frage: Wie kam es denn zu diesen Berichten? Und wie ist dann dieser Bericht bis zu uns gekommen? Es geht also zum einen um die Entstehung der biblischen Bücher: Wer hat sie wann geschrieben? Und zum anderen um ihre Überlieferung: Wie und auf welchen Wegen sind sie weitergegeben und verbreitet worden?

Es braucht Interesse, ein Entscheidung – und Geduld

Zu diesen Fragen haben unzählige Wissenschaftler geforscht und Bücher verfasst. Leider ist es hier wie bei allen Wissenschaften so, dass man keine einmütigen Antworten bekommt, sondern sogar eine irritierende, breite und widersprüchliche Palette von Antworten. Das hängt auch damit zusammen, dass man im Bereich der Geschichtswissenschaft schnell in das Terrain von Vermutungen und hypothetischen Rekonstruktionen kommt. So werden wir im Blick auf diesen geschichtlichen Aspekt des Themas mit vielen offenen Fragen leben müssen.

Wenn das schon die Geschichtswissenschaftler so tun – und die allermeisten Theologen unter ihnen geben darum ihren Glauben an Gott nicht auf –, dann können wir es wohl auch tun. Ich denke, dass die Tatsache allein, dass viele historische Antworten ausstehen und dass etliche widersprüchliche Antworten zur Entstehung und Überlieferung der Bibel gegeben werden, noch nicht zur Schlussfolgerung berechtigt: Dann ist die Bibel wohl nicht glaubwürdig!

Machen wir uns Reichweite und Grenze der Geschichtswissenschaft deutlich. Auf der einen Seite ist die historische Forschung wichtig, weil ihre Methoden dazu dienen, ein belastbares Gesamtbild der Vergangenheit zu erhalten. Dabei kann es vorkommen, dass bisherige Verständnisse oder auch einzelne Überlieferungen von historischen Ereignissen korrigiert werden müssen. Insofern kann der geschichtliche Aspekt der Frage nach der Zuverlässigkeit der Bibel nicht einfach abgetan werden, gründet doch der Glaubensinhalt auf geschichtlichen Ereignissen. Doch selbst wenn die Quellenlage so gut ist wie z. B. beim Neuen Testament, werden sich bei der rein historischen Betrachtungsweise immer nur Plausibilitäten und Wahrscheinlichkeitsurteile einstellen. Hinzu kommt der Interpretationsspielraum, der gerade bei der historischen Forschung größer ist als etwa im naturwissenschaftlichen Bereich.

So hat z. B. die Leben-Jesu-Forschung trotz der vielen alten und zuverlässigen Quellen kein einheitliches Verständnis von Jesus hervorgebracht, sondern viele, sich teilweise widersprechende »Jesusbilder«. Hier wird deutlich, dass die Anwendung der historischen Methoden nicht automatisch zu einem klaren, einheitlichen Ergebnis führt. Vielmehr beeinflussen die Vorverständnisse und Interpretationen der Forscher das Ergebnis. Auch von daher werden wir im Blick auf die Frage der geschichtlichen Zuverlässigkeit der Bibel mit vielen ungelösten Problemen leben müssen. Damit sind die Grenzen geschichtswissenschaftlicher Möglichkeiten aufgezeigt. Einen Beweis im strengen Sinn wird man nicht führen können.

Darum ist der zweite Aspekt bezüglich der Zuverlässigkeit der Bibel min-

destens ebenso wichtig. Man könnte ihn den inhaltlichen oder auch den theologischen oder philosophischen nennen. Er hängt zwar mit dem ersten Aspekt zusammen, aber liegt doch auf einer anderen Ebene. Angenommen, man würde die Auferstehung Jesu von den Toten mittels belastbarer Indizienlage als geschichtliches Ereignis relativ plausibel machen können: Würde man dann automatisch an Jesus glauben und alle Folgerungen, die sich aus seiner Auferstehung ergeben, vertreten und entsprechend leben? Wohl nicht!

An diesem Beispiel wird deutlich, dass die Frage nach der Zuverlässigkeit der Bibel noch eine größere Dimension hat als die rein historische: Kann und will ich mich in meinem Leben auf das verlassen, was – laut der Bibel – Gott durch bestimmte Vermittler, »Propheten und Apostel«, sagt? An dieser Stelle wird es nicht anders gehen können, als dass sich jeder auf einen Weg begibt. Dabei braucht es zunächst ein ernsthaftes Interesse. Dann braucht es die Entscheidung, etwas für sich akzeptieren zu wollen, zumindest probeweise. Im Gefolge braucht es wohl auch eine gewisse Geduld, um nicht zu schnell aufzugeben. Jedenfalls wird sich nur im »Ausprobieren«, im testweisen Annehmen des Glaubens, herausstellen, ob er auch trägt – und damit auch, ob die Bibel zuverlässig ist.

Psalm 33, 4 bringt unser Thema auf den Punkt, wenn der Beter dort bekennt: »Das Wort des Herrn ist wahrhaftig, und was er zusagt, das hält er gewiss.« Ziel der Frage nach der Zu-

verlässigkeit der Bibel kann nicht sein, nur eine Einschätzung ihrer geschichtlichen Glaubwürdigkeit zu gewinnen. Auf diese Weise könnte man sich gerade den Glauben an Gott vom Leibe halten, indem man immer nur feststellt: »Ich habe noch keine ausreichende Klarheit von der Zuverlässigkeit der Bibel.« Interessanterweise wird diese Frage ja kaum bei anderer antiker Literatur gestellt. Nein, Ziel muss sein, sich letztlich Gott zu öffnen und sich ganz auf ihn verlassen zu können.

Auch Jesus leitet quasi zu einem Praxisversuch an: »Wenn jemand Gottes Willen tun will, wird er innewerden, ob meine Lehre von Gott ist oder ob ich aus mir selbst rede.« Erst im Tun des Willens Gottes – damit sind nicht nur seine Gebote gemeint, sondern auch seine Verheißungen – stellt sich heraus, dass dieser Wille trägt, also verlässlich ist. Erst im Annehmen und Tun des Willens Gottes, wie ihn auch Jesus laut den Evangelien erklärte, wird sich auch ein Verständnis und ein stimmiges Bild der Lehre Jesu ergeben. Zu all dem kann die Geschichtswissenschaft an sich nicht führen. Denn die Frage nach der

Zuverlässigkeit der Bibel ist letztlich eine existenzielle.

Sie wird auch daran deutlich, was vielen evangelischen Christen ihr Konfirmations-, ihr Tauf- oder Trauspruch bedeutet. Er vermittelt ihnen, obwohl er in einer anderen geschichtlichen Situation an andere Menschen gerichtet war, heute Kraft, Hoffnung und Trost. So mache auch ich immer wieder die beglückende Erfahrung, dass mich Worte aus der Bibel ansprechen, ja berühren und verändern. So habe ich in meinem Leben mehr und mehr Mut und Freude daran gewonnen, mich auf die Bibel zu verlassen. Und wenn ich darüber nachdenke und zurückschaue, dann stelle ich fest, dass es nicht nur einzelne, Mut machende Sprüche sind – die könnte man wohl auch auf Kalenderblättern mit Weisheiten großer Dichter und Denker lesen –, sondern eben das ganze Verständnis vom Menschen, von der Welt und von Gott, das sich mir beim Lesen der Bibel darstellt. Ich lerne, mich mehr und mehr darauf zu verlassen, dass Gott mein Leben segnen, führen und retten will.

Wenn Christen bekennen, dass Gottes Worte, die nach christlichem Verständnis im Kanon der biblischen Schriften gesammelt wurden, zuverlässig, also »Wahrheit«, sind, dann ist das kein Ausdruck eines starren, dogmatischen Glaubens, sondern Ausdruck der Freude, verlässlichen Grund gefunden zu haben, Einladung zum Gespräch über diese Ansicht und Anreiz für andere, es selbst zu testen. *Till Roth*

GESPRÄCHSIMPULSE

■ Wo gründet Ihr Glaube auf geschichtlichen Ereignissen?

■ Wo gründet Ihr Glaube auf Erfahrungen mit Gott?

■ Was bedeutet Ihnen Ihr Konfirmations-, Ihr Tauf- oder Trauspruch?

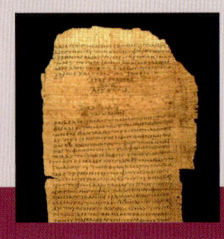

Fünf Fallen, fünf Chancen

Welche Rolle spielt die Bibel für unseren Glauben? Welche Bedeutung hat die Bibel für uns – auch im Unterschied zum Koran?

In meiner Erfahrung gibt es unter Christen in unserer Kirche verschiedene »Fallen«, in die man im Umgang mit der Bibel tappen kann. Zu fünf ausgewählten »Fallen« versuche ich Chancen aufzuzeigen, wie wir mit den Fallen umgehen könnten; darauf folgen einige Impulse und Impulsfragen.

Falle 1: »Die Pfarrerin hat das doch studiert«

Viele Menschen wissen, dass Martin Luther die Bibel übersetzt hat, damit jeder die Bibel lesen und verstehen kann. Außerdem kennen viele in der evangelischen Kirche im Gegensatz zu einem priesterlichen Verständnis das evangelische Prinzip des »Priestertums aller Getauften«, also das Wissen um den direkten Zugang zu Gott. Und doch gibt es unter evangelischen Christen nicht selten die Haltung, dass man die Bibel doch nicht lesen kann oder muss, weil man den Sinn ohnehin nicht wirklich versteht, wenn man nicht – wie Pfarrerinnen und Pfarrer – Theologie studiert hat. Wirklich verstehen kann man die Bibel nur, wenn man die Originalsprachen Hebräisch und Griechisch kann, so könnte man denken. Das Bibellesen wird dann den Theologen überlassen: der Pfarrer und die Pfarrerin als professionelle Bibelleser, die das für alle anderen übernehmen. Und schon sind wir wieder bei einem un-evangelisch priesterlichen Verständnis.

Chance 1: Der unmittelbare Zugang

Natürlich ist es gut, an manchen Stellen tiefer zu bohren und mit theologischem Hintergrundwissen genau hinzuschauen. Und es ist gut, dass wir gut ausgebildete Pfarrerinnen und Pfarrer in unserer Kirche haben. Das darf aber nicht dazu führen, dass evangelische Christen es sich nicht zutrauen, selber die Bibel zu lesen. Die Chance des unmittelbaren

Zugangs ist, dass der Blick nicht verstellt ist. Viele Menschen haben schon erlebt, dass ein Wort wohltuend in ihr Leben hineinspricht. Wer an der ein oder anderen Stelle mehr wissen will, kann sich durch gute Literatur oder Informationen im Internet anregen lassen.

Falle 2: »Die Bibel ist ein historisches Weisheitsbuch«

Natürlich: Die Bibel war und ist prägend für unsere Kultur, Sprache und Gesellschaft. Aber wenn die Bibel nur ein bedeutendes literarisches Werk ist, aber eben nicht mehr: Warum sollten Christen dann immer wieder in der Bibel lesen? Die oft hilfreichen Ergebnisse historischer Bibelforschung haben manche Gläubige verunsichert und haben Zweifel gesät, weil nicht immer aufgezeigt wurde, wie man im Glauben damit umgehen kann. Die Bibel ist für viele so zu einem gewöhnlichen Buch geworden.

Chance 2: Die Bibel als inspiriertes und inspirierendes Buch

Die Bibel ist kein Buch, das vom Himmel gefallen ist, sondern das in einer bestimmten Zeit, einem bestimmten Kontext von bestimmten Menschen aufgeschrieben wurde. Was es aber dennoch zu einem Inspirationsbuch für uns Christen macht, ist das Vertrauen, dass Menschen, die Erfahrungen mit Gott gemacht haben, dies aufgeschrieben haben. Außerdem dürfen wir darauf vertrauen, dass Gott durch sein Wort auch heute spricht. – Wenn wir also die Bibel lesen, können die alten Worte zu persönlichen Worten für unser Leben werden.

Falle 3: »Ich benutze die Bibel als Unterstützung für meine Meinung«

Man kann manchmal erleben, dass das gemeinsame Gespräch über einen Text in der Bibel kein Gespräch eröffnet, sondern dass dabei lediglich feststehende Meinungen benannt werden. Die Bibel wird als Argumentationshilfe miss-

braucht. Jeder meint schon zu wissen, was gemeint ist, und man benutzt den Bibeltext nur als Sprungbrett, um persönliche Lieblingsthemen oder auch die eigene Meinung und Haltung zu untermauern und zu unterstreichen.

Der US-amerikanische Trappist und Mystiker Thomas Merton schreibt: »Wir müssen im Gegenteil erkennen, dass jene, für die die Bibel zur Gewohnheit geworden ist, sich selbst eines tieferen Verständnisses berauben, indem sie im Voraus entscheiden, was sie von der Bibel erwarten und was die Bibel von ihnen erwartet. Sie gehen an die Bibel heran im Wissen, auf welche Weise sie zu ihnen passt. Sie graben in ihr, um ihre eigene Bedürfnisse zu befriedigen – und das ist natürlich auch nicht falsch. Aber die Bibel ist nicht ausschließlich dazu da, unsere Bedürfnisse zu befriedigen oder uns zu geben, was uns passt.« (Thomas Merton, »Die Bibel öffnen«, 1967)

Chance 3: Vom Schlusspunkt zum Doppelpunkt

Ein entscheidender Wendepunkt im Leben Martin Luthers war seine sogenannte reformatorische Wende. Als er den Römerbrief gelesen hat, ist ihm eines Tages klar geworden, dass die Gerechtigkeit Gottes nicht eine ist, die wir erreichen müssen, sondern dass Gott uns aus Gnade gerecht macht. Diese Begegnung mit dem Wort der Bibel hat Martin Luthers Sicht der Dinge völlig verändert. Diese Erkenntnis eines gnädigen und barmherzigen Gottes war für Luther so überraschend und befreiend, dass er von da an mit einem neuen Blick und großer Leidenschaft an das Werk der Reformation gegangen ist. Selbst im hohen Alter sagte der Bibelgelehrte Martin Luther: »Ich bin ein Schüler der Bibel, ich lerne jeden Tag neu.«

Evangelisches Bibellesen müsste also eigentlich bedeuten, dass wir offen sind für Überraschungen und neue Erkenntnisse. Das beinhaltet, sich und bisherige

Meinungen infrage stellen zu lassen, aber auch der Bibel etwas zuzutrauen als Wort, das sagt, was es tut, und tut, was es sagt.

Falle 4: »Die Bibel steht im Gegensatz zum Zeitgeist«

Es gibt Christen, die über den sogenannten Zeitgeist schimpfen und Worte der Bibel dagegenhalten. Es wird ein Gegensatz zwischen Zeitgeist und der Bibel konstruiert. Auseinandersetzung mit anderen Schriften, anderen Religionen, mit wissenschaftlichen Erkenntnissen oder mit Fragen und Themen der Zeit wird abgelehnt, weil unter der Überschrift des reformatorischen Prinzips »sola scriptura« die Bibel als alleinige Quelle der Wahrheit ernst genommen wird. Man will »nicht von dieser Welt sein« und lehnt deswegen alles Weltliche ab.

Chance 4: Bibel und Zeitung lesen

Hans de Boer sagte in einem Vortrag auf dem Landesjugendkonvent der Evangelischen Jugend in Bayern in den 90er-Jahren einen Satz, der mich seitdem nicht losgelassen hat: »Ein Christ muss jeden Tag 15 Minuten Bibel lesen und 15 Minuten Zeitung lesen.« Die Bibel zu lesen ist die Verbindung zur Quelle des Glaubens, hier spricht der lebendige Gott in mein Leben hinein. Aber nur die Bibel zu lesen ohne einen Blick für die Menschen, für die Welt, für das, was in der Welt geschieht – das macht

mich engstirnig und abgehoben. Wir brauchen die beiden Achsen: die göttliche Verbindung »nach oben« und das Geerdet-Sein im Hier und Jetzt mit einem Blick für unseren Auftrag in dieser Welt.

Falle 5: »Die Bibel steht an höchster Stelle«

GESPRÄCHSIMPULSE

■ Nehmen Sie sich z. B. das Markusevangelium vor und beginnen Sie zu lesen – im Vertrauen darauf, dass Gott durch die Bibel zu uns spricht.

■ Wie hat Sie ein Wort der Bibel bisher in Ihrem Leben inspiriert? Wenn Sie die Chance dazu haben, erzählen Sie einem anderen Menschen davon.

■ Suchen Sie sich Menschen, die auch Interesse haben, gemeinsam in der Bibel zu lesen, und die vielleicht gerade anders ihren Glauben leben oder anders geprägt sind als Sie. Dann genießen Sie den offenen Austausch als bereichernd und lassen sich überraschen!

■ Lesen Sie Bibel und Zeitung miteinander und suchen Sie Bezüge aufeinander. Überlegen Sie, zu welchem Handeln Sie der biblische Text inspiriert, um Gottes Reich in dieser Welt zu bauen, und nehmen Sie die Welt ins Gebet.

Oft zieht man die Parallele: Im Islam ist der Koran das heilige Buch und Mohammed die zentrale Figur der Religion, und im Christentum ist die Bibel das heilige Buch und Jesus die zentrale Figur. Viele denken, die Bibel und der Koran stehen auf einer Stufe, und Jesus und Mohammed sind auf einer Ebene. Dadurch steht die Bibel quasi auf einer göttlichen Ebene.

Chance 5: Die Bibel auf der richtigen Ebene

Wenn man genauer hinsieht, erkennt man, dass es im Christentum genau umgekehrt ist wie im Islam.

Für Muslime ist der Koran Gottes unveränderliches und buchgewordenes Wort, und Mohammed ist der Prophet, der auf das göttliche Buch hinweist. Im Christentum ist Jesus das fleischgewordene Wort Gottes, und die Bibel weist auf Gott / das Neue Testament auf den menschgewordenen Gott.

Die Bibel spielt im Christentum also eher eine Rolle wie der Prophet Mohammed. Sie verweist auf Gott und auf Jesus Christus. Die Bibel ist nicht göttlich in dem Sinn, dass Menschen dazu da sind, für die Bibel zu leben, sondern die Bibel in ihrer Vielfalt will uns helfen, einen Zugang zu Gott zu ermöglichen. Deswegen ist auch ein Vergleichen verschiedener Übersetzungen der Bibel und ein gemeinsames Ringen um das richtige Verständnis ein lohnendes und geistliches Geschehen. *Michael Wolf*

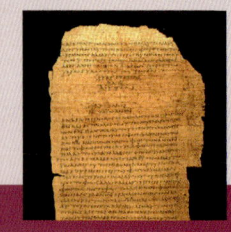
Rätselhafter Gott

In vielen biblischen Geschichten erscheint Gott ungerecht. Ist Fairness keine göttliche Eigenschaft? Schon die Geschichte von Kain und Abel wirft Fragen auf.

Von Beginn an zeichnet die Bibel ein schlechtes Bild des Menschen. Die Urgeschichte in den ersten Kapiteln ab 1. Mose 3 kann man auch als Eskalation der Auflehnung gegen Gott lesen. Dem Sündenfall, »sein zu wollen wie Gott«, mit der Vertreibung aus dem Paradies folgt der erste Brudermord. Vom ersten Menschenpaar weitet sich die Sünde auf die Familie und schließlich auf die gesamte Menschheit aus. Die Sintflut ist Gottes Antwort auf die Bösartigkeit der Welt.

Aber auch das überlieferte Gottesbild wirft Fragen auf: Warum erschafft er einen so unvollkommenen Menschen, warum führt Gott Kriege, warum befiehlt er Grausamkeiten, warum verblendet, verstockt und bestraft er Menschen wann und wo er will? Bereits die Geschichte von Kain und Abel in 1. Mose 4 wirft die Frage auf: Ist Gott ungerecht? Warum wird Abels Tieropfer angenommen; und warum wird Kains Opfer von seinen Feldfrüchten nicht angenommen? Sollte die Geschichte vielleicht nicht besser als Ausgangspunkt der Ungerechtigkeit in der Welt verstanden werden?

»Abel ward ein Schäfer, Kain aber ward ein Ackermann«, heißt es in 1. Mose 4 lapidar. In diesem zweigliedrigen Satz ist der Konflikt programmiert, der hernach folgt und der sich im Laufe der Menschheitsgeschichte in millionenfacher Neuauflage wiederholt. Menschen halten es nicht aus, dass andere Menschen anders sind. »A war Nomade, B aber war Bewohner des Kulturlandes.« »C kam vom Dorf, D aber war Bürger der Stadt.« »E war Eingeborener, F aber war Einwanderer.« »G war Deutscher, H aber war Ausländer«, »I war Palästinenser, J aber war Jude«, und wie die Konflikte alle heißen mögen. Alle beginnen sie damit, dass Menschen das Anders-

sein anderer nicht aushalten, und allemal suchen sie gewaltsame Lösungen für dieses Problem.

So gesehen sind Kain und Abel wie so oft in der Bibel keine historischen Figuren. Sie müssen nicht zu einem bestimmten Zeitpunkt der Weltgeschichte nachweisbar gelebt haben, damit die Geschichte »wahr« ist. Kain und Abel sind »Mensch an sich«, »typisch Mensch«. Die Geschichte ist »wahr«, weil sie damals geschehen konnte, wie sie heute geschieht. Die Geschichte von Kain und Abel. Ein Minimum an Wörtern. Keine schmückenden Beigaben. Keine Adjektive. Keine Nebensätze. Der unbekannte Autor dieser und anderer Urgeschichten aus dem Buch 1. Mose beherrscht die hohe Kunst der kurzen Sätze. Holzschnittartig sind seine Figuren. Mithilfe solcher scharf geschnittener Figuren kommt er auf die markantesten Probleme des Menschen, ja der Menschheit zu sprechen.

Satan wirkte zunächst als Diener Gottes

So wie bei Kain und Abel, so ist es mit den Menschen. Zwischen den Zeilen aber bleibt viel freier Raum, den Vorgängen nachzudenken und sie zu deuten. »Und der Herr sah gnädig an Abel und sein Opfer, aber Kain und sein Opfer sah er nicht gnädig an.« Noch so ein Satz. Auch ohne Erläuterungen, ohne theologische Anmerkungen, ohne psychologische Erklärungen. Wieder kann der Leser zwischen die Zeilen des Satzes eigene Deutungen hinein- und herauslesen. Der Satz ist und bleibt trotzdem ein Rätsel. Und Gott ist in diesem Satz ein Rätsel, und er bleibt es bis zum heutigen Tage.

Ein dunkler, rätselhafter Gott, den alle Erklärungsversuche nicht verständlicher machen. »Wem ich gnädig bin,

dem bin ich gnädig«, heißt es etliche Kapitel weiter in 2. Mose 33, und damit: »Wem ich nicht gnädig bin, dem bin ich nicht gnädig«. Gott ist, der er ist. Punktum. »Ich bin, der ich bin« heißt es in 2. Mose 3. Und es folgt daraus auch für die unverständlichen Vorgänge unseres Lebens: Es ist, wie es ist. Rätselhaft. Heute könnte es etwa heißen: »A führte ein wüstes Leben und starb in hohem Alter einen sanften friedlichen Tod. B aber lebte sein Leben sorgfältig und musste in jungen Jahren nach langem Leiden qualvoll sterben.«

Im Falle von Kain und Abel bietet die Bibel auch keine moralische Verstehenshilfe. Nichts ist erwähnt, was auf eine wie immer geartete Schuld im Vorleben des Kain hinweist. Das wäre die einleuchtendste Lösung. Er muss ja wohl irgendetwas Unrechtes getan haben. Hat er aber nicht. Sonst stünde es da. Zu unserer Entlastung beim Rätseln. Zur Entlastung Gottes, den wir doch gerne gegen den Vorwurf, er sei ungerecht, in Schutz nähmen.

Im Grunde enthält die Geschichte von Kain und Abel eine Variation über die Frage, die sich schon in der Geschichte vom Sündenfall stellt. Die ungelöste Frage, wie das Böse in die Welt kam. Wenn doch Gott gut ist und seine Schöpfung gut ist. »Und Gott sah, dass es gut war« heißt es mehrfach in der Schöpfungsgeschichte. Aber es gibt auf die Frage nach der Herkunft des Bösen keine schlüssigen Antworten. Die Schlange aus der Geschichte vom Sündenfall wird erst von späteren Generationen mit dem Teufel identifiziert. Die Figur des Satans, zunächst als Diener, später als Gegenspieler Gottes, taucht erst in späteren Texten des Alten Testaments auf.

Im Urgestein der biblischen Überlieferung überrascht freilich eine Aussage beim Propheten Amos im 3. Kapitel, wenn auch in völlig anderer Situation gesprochen: »Ist auch ein Unglück in der Stadt, das der Herr nicht tue?« Es

Adam und Eva finden den Leichnam Abels, William Blake, ca. 1825.

muss demnach Zeiten gegeben haben, in denen unsere Vorväter im Glauben auch das Böse aus der Hand Gottes zu nehmen wussten.

Eine logische Erklärung für die Annahme des einen und die Ablehnung des anderen Opfers gibt es nicht. Der rätselhafte Gott dieser Geschichte bleibt rätselhaft.

Die Frage nach Gottes Gerechtigkeit wird – eigentlich unerhört! – in der Bibel immer wieder thematisiert. Hiobs nicht allzu mitfühlender Freund Bildad glaubte, dass Gott »fair« handelte, indem er seinen Diener Hiob strafte, und dass er für ein rechtschaffenes Leben »fairen« Lohn geben würde. (Hiob 8, 1-7). Der Prophet Habakuk stellte Gottes »Fairness« infrage, als Gott die bösen Chaldäer dazu gebrauchte, die Rechtschaffeneren zu strafen (Habakuk 1, 12-13).

Warum ist Gott in unseren Augen unfair, vielleicht sogar blind oder taub unseren täglichen Anstrengungen gegenüber? Die Israeliten schrien zu ihm in ihrer Knechtschaft in Ägypten. Der treue Hiob erlitt den Verlust seines Besitzes, seiner Familie, seiner Gesundheit – mit Gottes Zustimmung.

Wie Gottes »Fairness« zu verstehen ist, wird in Jesu Gleichnis von den Arbeitern im Weinberg deutlich. Die Arbeiter, die den ganzen Tag arbeiteten, erhielten den gleichen Lohn wie die, die nur die letzte Stunde arbeiteten (Matthäus 20, 1-13).

GESPRÄCHSIMPULSE

■ Kennen Sie noch weitere biblische Erzählungen, die Gottes Gerechtigkeit in einem dunklen Licht erscheinen lassen?

■ Wie erklären Sie sich die Herkunft des Bösen?

■ Wo haben Sie in Ihrem Leben Gottes Gnade erlebt?

Einige der Arbeiter beklagten sich über diese schwer erträgliche »Ungerechtigkeit«. Jesus erwiderte: »Genauso ist es bei Gott: Viele, die jetzt die Ersten sind, werden die Letzten sein, und die, die jetzt die Letzten sind, werden dann die Ersten sein.« (Matthäus 20, 16) Die Gerechtigkeit sieht aus dem Blickwinkel des himmlischen Königreichs etwas anders aus als aus dem irdischen Blickwinkel.

Die Auflösung der Frage nach der Gerechtigkeit Gottes liegt im Leiden und Sterben Jesu. Schaut man auf die Passionsgeschichte, ist es schlicht unfair, dass mit Jesus ein unschuldiger Mensch sterben musste. (Markus 15, 7). Es war nicht »fair«, dass der Aufrührer und Mörder Barabbas begnadigt wurde, während Jesus, der Sohn Gottes, unschuldig und ohne Sünde hingerichtet wurde. Dass Jesus sein Leben lassen musste, war nicht fair – dass er aber sein Leben am Ende für alle hingab, war Gnade.

Helmut Frank

57

Verborgene Stärke

Was bringt der Glaube? Was habe ich vom Glauben? Was bringt das im Leben ganz konkret? Christen werden verfolgt: Wo sind da die Vorteile?

Und was habe ich davon?« ist eine Fragestellung, die im *Sonntagsblatt* eher selten vorkommt. Sie kommt aus dem Marketing. Selbstständige müssen diese Frage für ihre Produkte beantworten – wie bringe ich die Kundin dazu, mein Produkt oder meine Leistung einzukaufen? Für meine Überlegungen zum Nutzen des christlichen Glaubens gehe ich in vier Richtungen.

1. Jeder Mensch braucht Orientierung

Zu den schönsten Erfahrungen meines beruflichen Lebens gehört der Umbau eines alten Schulhauses in ein Gemeinde- und Jugendhaus. Die Renovierungskosten waren wegen der mittelalterlichen Bausubstanz eigentlich zu hoch. Wir haben es trotzdem gewagt. Glückserlebnisse hatte ich bei den »Hand- und Spanndiensten«: Weit über 200 Menschen aus der Gemeinde haben sich ehrenamtlich engagiert. Samstag war Gemeindehausumbautag. Bei der Brotzeit entstanden die schönsten Gespräche. Ein mir völlig Unbekannter sagte: Pfarrer, ich bin gerne dabei – das ist meine Kirche, das ist meine Heimat, meine Vergangenheit und meine Zukunft. Ohne diese Kirche will ich nicht leben.

Für den christlichen Glauben ist das Engagement für andere Kernaufgabe. Wer sich aber für andere einsetzt und im Team Dinge voranbringt, bekommt Feedback und Resonanz. Der christliche Glaube kann einem Menschen den Weg durch das Leben weisen. Ich mag es, wenn ich mir vor einer Reise auf der Landkarte genau überlegt habe, wie ich gut ans Ziel komme. Mir persönlich gibt mein Glaube eine Gewichtung für die Wertigkeiten in meinem Leben. Schätze anzusammeln hat für mich zum Beispiel wenig Wert. Gute Menschen zu treffen ist mir sehr viel wert. Durch meinen Glauben weiß ich, was wichtig ist für mich und auch für die Menschen um mich und die Erde allgemein. Ich möchte meinen Teil dazu beitragen, dass das Ganze hier einen guten, gelassenen, friedlichen und glücklichen Lauf nimmt. Für mich ist der Glaube an Gott eine Hilfe, mich auch immer wieder zu sortieren. Was hilft mir und anderen für ein gutes und friedliches Leben, und was hindert daran? Christen setzen sich ein für andere – hier bei uns und auch für die, die in anderen Ländern der Erde kein menschenwürdiges Leben haben.

2. Gelernt ist gelernt

Was ein Mensch einmal wirklich gelernt hat, bleibt als Schatz für das ganze Leben. Wer einmal Fahrrad fahren konnte, kann auch nach Jahren ohne Übung noch ziemlich problemlos drauflosradeln. Wer als Kind tiefe und gute Erlebnisse mit dem christlichen Glauben gehabt hat, behält diese als Kraftquelle für das ganze Leben. Viele meiner tiefen persönlichen Prägungen gehen auf Vorbilder zurück. Bewusst oder auch unbewusst habe ich mich an ihnen orientiert – oder auch an ihnen abgearbeitet. Ich habe etwa in der Evangelischen Jugend einfach gute Menschen kennengelernt. Menschen, die an mir interessiert waren, an meiner Person, an meinen Meinungen, an meinem Beitrag zum Ganzen.

Im Bereich der christlichen Kirchen gibt es solche und solche Personen. Überproportional sind da aus meiner Sicht aber gute, interessante, am Gemeinwohl interessierte Menschen zu finden. Wer also gute Menschen sucht, wird bei uns im Bereich der christlichen Kirchen schnell fündig. Kirchen sind wie Vereinsheime, hat Jürgen Klopp einmal gesagt – ich treffe dort die richtigen Leute. Wer solche Erfahrungen als Kind oder Jugendlicher aber nicht gemacht hat, tut sich viel schwerer mit der Annäherung an Inhalte und Haltungen des christlichen Glaubens.

Mir persönlich bringt mein Glaube einen unendlichen Reichtum an Bildern, Geschichten und Kultur, in die ich mich hineingeben und hineinlegen kann. Ich wäre so viel ärmer ohne die Musik, die Bilder, die Geschichten, die Kultur, die Lieder und Choräle. Mein Leben bekommt von einer ganz anderen Seite einen Glanz. Ich kann staunen, die Welt und der Himmel öffnen sich für mich.

Ich möchte nicht leben ohne die Lieder von Paul Gerhardt, ohne »Nun ruhen alle Wälder« oder ohne »Geh aus, mein Herz, und suche Freud«. Oder ohne das »Jauchzet, frohlocket« aus dem Weihnachtsoratorium und überhaupt ohne die himmlische Musik von Johann Sebastian Bach. Wenn ich durch eine der kunstvoll errichteten christlichen Kirchen gehe, erkenne ich die biblischen Geschichten, die zu den vielen Kunstwerken geführt haben. Diese Horizonterweiterung meines oft engen Blickes hilft mir. Meine Begrenztheit löst sich. Ich bekomme Hoffnungspunkte und Trost – jetzt im Leben und hoffentlich auch dann, wenn es ans Sterben geht.

3. Ohne andere möchte ich nicht leben

Die Corona-Krise ist für unsere evangelische Kirche ein tiefer, grundlegender Einschnitt. In unserer westlichen Kultur ist das Händeschütteln zur Begrüßung eine vertrauensschaffende Geste – gewesen –, ich bin am Austausch interessiert und bin friedlich hier. Ein Arzt hat mir kürzlich leidenschaftlich erklärt, seine Kunst heiße »Be-Hand-lung«. Der Händedruck am Anfang dieser »Be-Hand-lung« gebe ihm schon ganz wichtige Eindrücke von der Gestimmtheit und dem gesundheitlichen Allgemeinzustand der Patienten. Er vermisst ihn in Corona-Zeiten schrecklich.

Eine evangelische Kirchengemeinde lebt von Kontakt und den direkten, unmittelbaren Begegnungen. Desinfektion, Abstand halten und die Mund-Na-

Foto: yanik88 / Adobe Stock.com

se-Bedeckung sind entfremdende und trennende Verhaltensweisen, die nötig sind für die Pandemiebekämpfung. Die Krise werden wir – so Gott will – einigermaßen überstehen. Wir brauchen in der Nach-Corona-Zeit aber unbedingt wieder mehr unmittelbare und direkte menschliche Begegnungen.

Menschen sind Gemeinschaftswesen. Religiöse Gemeinschaften organisieren eine feine, qualitätsvolle Form von Begegnung und Zu-Hause-Sein. Jeder Mensch stammt aus einer Gemeinschaft. Diese sehr unterschiedlichen Formen von Gemeinschaft und Gemeinschaftserleben sind dann für die Zukunft auch prägend. Ich gehe sehr gerne in einen Gottesdienst: freier Eintritt, oft freundliche Gesichter, meist tolle Musik und interessante und weiterführende Gedanken, fast immer eine hohe Freundlichkeit um mich herum. Ich mag das – ich bin aber mit der Sprache und den Abläufen auch gut vertraut. Für Ungeübte ist ein Gottesdienst eine Begegnung mit »voll abgefahrenen« Abläufen – so hat ein Freund einmal einen von mir gehaltenen Gottesdienst genannt.

4. Gottvertrauen schafft Selbstvertrauen

Kein Mensch muss glauben. Ein Mensch muss essen und trinken, und braucht einen sicheren Ort, um ruhig schlafen zu können. Religion braucht ein Mensch zum Überleben nicht unbedingt. Der christliche Glaube bietet aber etwas, was ich durch Essen und Trinken allein nicht bekommen kann – Vertrauen und Grundvertrauen in das Leben, in die Menschen und in Gott.

Genau dieses starke Vertrauen hilft dann auch, wenn Christen verfolgt werden – wie es in anderen Ländern der Erde passiert. In unserem Land erleben wir das seit Jahrhunderten zum Glück nicht mehr. Ich kenne aus Erzählungen zahlreiche Menschen, die auch in schwieriger Situation dem christlichen Glauben sehr treu geblieben sind – politischem Druck und sozialen Repressionen haben diese Leute aufgrund ihrer persönlichen Überzeugung und wegen ihres starken sozialen Netzwerks standgehalten.

Gottvertrauen bezieht sich auf etwas, das sich naturwissenschaftlich nicht beweisen lässt. Christen spüren aber, dass sie einer hält und trägt. Da ist einer, der ist größer als ich und doch ganz für mich da. Dieses Vertrauen lässt glaubende Menschen leichter mit dem Ungewissen umgehen. Gerade in dieser Corona-Zeit spüren Menschen, wie unsicher das Leben ist. Es geht darum, diese Ungewissheit anzunehmen und vertrauensvoll zu leben. Es gibt ein Leben nach Corona.

Glaube kann wie ein Stabilisator sein. Ich kann mich darauf verlassen, dass Gott an meiner Seite ist. Es ist eine durch und durch verlässliche Partnerschaft. Gott liebt mich so wie ich bin. Das ganze Leben ist ein Geschenk, mit dem ich sorgsam umgehen will. Jeder Tag ein neues Geschenk. Wer dieses Vertrauen lebt, bekommt dann auch das nötige Selbstvertrauen, um das Leben gut zu bestehen.

Religion ist eine besondere Form von Beziehung, in der Liebe und Lebenssinn wichtig sind. Es gibt das große Versprechen des Glaubens, dass dich da einer hört und versteht, der Mittel und Wege findet, dich zu erreichen. Nicht zu überschätzen ist hier die Bedeutung von Meditation und Gebet: Durch das Aussprechen meiner Anliegen werden diese schon ein Stück bearbeitet. Religiöse Menschen verbinden sich mit anderen Menschen, die ähnliche Erfahrungen finden und suchen. Sie bekommen aber auch Kontakt mit erfüllenden Dingen wie einem Gebäude oder einem Kunstwerk oder einer Hostie.

Der christliche Glaube bringt also im Produktsinn nichts. Er ist zweckfrei und lässt sich nicht verzwecken. Er muss nichts bringen – und wirkt deshalb so stark. *Christian Kopp*

GESPRÄCHSIMPULSE

■ Was bringt Ihnen der christliche Glaube in Ihrem Leben?

■ Wo haben Sie durch Ihren Glauben Nachteile im Leben?

■ Wie sind Sie zum christlichen Glauben gekommen? Wer hat Sie geprägt? Was hatte dieser Mensch vom Glauben?

Keine Heilige

Hat Jesus das Christentum gegründet, oder ist das ein Werk der Kirche? Ist die jetzige Kirche im Sinne Jesu?

Es war in Hongkong, 15 Jahre her und Tausende Kilometer von zu Hause weg. Ich seh' noch die Skyline am Meer vor mir, mit den unzähligen Wolkenkratzern, von denen einige eine Grundfläche zu haben schienen, so groß wie ein Schuhkarton. Das Meer der Lichter. Für sechs Wochen war ich damals am dortigen lutherischen Seminar für eine Lehrveranstaltung. Und am anderen Ende der Welt habe ich gelernt, Kirche neu zu verstehen.

Ganz neu. Ich war da in einer völlig anderen Welt, die mir half, meine eigene Welt besser zu verstehen. Wer Hongkong kennt, weiß um die faszinierende Natur rund um die Millionenstadt und die Geschichte und Kultur. Leckeres Essen, imponierende Freundlichkeit und ein Maß an organisiertem Chaos, wie ich es nie erlebt habe. Ich genoss vieles, litt aber an schrecklichem Heimweh. Dieses Heimweh schmerzte bis in die Haarspitzen und war der Anstoß zu meiner Neuentdeckung.

Zwischen den Wolkenkratzern versteckte sich eine kleine, gelb angestrichene, mit weißen Fensterrahmen versehene anglikanische Kirche. So eine mit abgeschnittenem Turm, der ausschaut wie der Bergfried einer Burg mit Zinnen. Die Briten hatten sie wohl da auf dem gepflegten englischen Rasen zurückgelassen. Ich fand sie auf der Suche nach einem Ort, wo ich beten kann in meiner Not. Und in der Tat: Diese kleine Kirche wurde mir zur Burg. Ich hab zwar in den Gottesdiensten kein Wort verstanden, es war alles auf Chinesisch. Aber ich hab von vorne bis hinten mitbekommen, was geschieht und fühlte mich in der fremden Liturgie verstanden. Ich konnte der Predigt nie folgen, aber mir folgte das Gefühl, angesprochen worden zu sein. Dazu roch es noch so, wie es in Kirchen halt riecht. Es riecht nach einer

Mischung aus Wachs, Zeit und Wundern. Es war gut, Teil dieses geheimnisvollen Orts zu sein.

In den sechs Wochen lernte ich die vier Kennzeichen der Kirche, die sogenannten notae ecclesiae, jenseits ihrer abstrakten theologischen Richtigkeit kennen. Die »notae«, die im Großen Glaubensbekenntnis die Kirche beschreiben, füllten sich mit Sinn und Leben. Im dritten Artikel des Glaubensbekenntnisses von Nicäa-Konstantinopel heißt es: »Wir glauben die eine, heilige, katholische und apostolische Kirche.« Wir glauben an sie – und wir sehen sie. Das ist das Herausfordernde. Denn die Kirche ist und bleibt bei aller Zählbarkeit und sogar nach fünf Mitgliedschaftsstudien ein Geheimnis.

»Jesus verkündete das Reich Gottes. Gekommen ist die Kirche«

Von dem (katholischen) Theologen Alfred Loisy (1857-1940) gibt es ein berühmt gewordenes Zitat: »Jesus verkündete einst das Reich Gottes – gekommen ist die Kirche.« Dieses Zitat hat seine Wirkung nicht verfehlt – nicht zuletzt weil es doppeldeutig ist. Meistens wird es so verstanden, dass man zwar auf das Reich Gottes hoffen könne, aber die Kirche mit ihren Strukturen, Hierarchien, Synoden, ihrem Personal, den Skandalen und anderen Unglaubwürdigkeiten halt nur eine Verfallserscheinung dessen sein kann, was Jesus gemeint haben könnte.

Ja, es stimmt: Die Kirche ist keine Heilige, ohne Fehl und Makel. Die Kirche ist Sünderin. Sie macht Fehler. Sowohl als ganze, in ihren Abläufen und Entscheidungen, wie auch im Einzelnen. Natürlich! Sie besteht ja auch aus Sünderinnen und Sündern. Und den-

noch ist sie im Sinne Jesu – er wollte sie so. Und eben nicht anders – und in diesem Sinne ist sie auch heilig.

Nimmt man das ernst, kann man das Zitat von Loisy auch anders deuten – eben nicht als Verfall, sondern als Vorzeichen des Kommenden. Die göttliche Verheißung ist schon jetzt ein Teil der Wirklichkeit. Nämlich dann, wenn man darauf verzichtet, die Kirche als die bessere oder heilere Welt behaupten oder haben zu wollen. Es ist ein Kennzeichen der Kirche, dass sie ihre Heiligkeit immer nur gebrochen leben kann. Genauso wie ihre Einheit. Sie darf getrost als die existieren, in der die Heimat und Frieden finden, die so sind, wie man halt ist. In das Reich Gottes haben die Unperfekten Einlass. Die, die wissen, was Gebrochenheit ist und Schmerz. Die, die wissen, wie Sünde das Leben vergiften und echte Vergebung einen Neuanfang ermöglichen kann. Die, denen nicht alles mit links gelingt und die keine Lieblinge der Götter sind. Denn Gott kann den Sünder erretten, der man ist – aber nicht den Heiligen, für den man sich hält.

Wie kann es sein, dass wir an die »Eine« Kirche glauben? An ihrer gebrochenen Einheit kann man sehen, was es bedeutet, dass die Kirche als ein Glaubensgegenstand im christlichen Bekenntnis selbst steht. Weil die Kirche gleichzeitig Subjekt und Objekt des Glaubens ist, wird die Spannung zwischen Einheit und Vieldeutigkeit spürbar. Wir glauben an die eine Kirche, erleben uns aber bis in unsere Beziehungen hinein kirchlich vereinzelt.

Die »Eine« Kirche gibt es nur in unterschiedlichen Konfessionsgemeinschaften. Diese Trennungen gehen auf unterschiedliche Überzeugungen zurück, im Blick auf das Verständnis des Evangeliums. Denn was ist das Evangelium? Was meinen wir, wenn wir Evangelium sagen? Manch einer sieht den Kern des Evangeliums in biblischen Erzählungen wie etwa die vom verlorenen

Sohn (Lukas 15), für andere ist der kleine Satz aus dem ersten Johannesbrief »Gott ist die Liebe« (1. Johannes 4, 16) die kürzeste Zusammenfassung, die ausdrucksstärkste Zuspitzung des christlichen Gottesbegriffs. Kaum ein Theologe aus der evangelischen, katholischen, freikirchlichen oder orthodoxen Kirche würde dem widersprechen.

Aber leider wurde genau dieses Wort der Streitpunkt: »Gott ist die Liebe« ist die Bruchstelle der kirchlichen Einheit! In der Vergangenheit brachen an diesem Punkt die großen Differenzen auf. Denn mit diesen wenigen Worten sind die großen Fragen noch nicht beantwortet: »Wie verhält sich Gottes Liebe zu seiner Gerechtigkeit? Liebt Gott in jeder Hinsicht bedingungslos? Oder ist Gottes Liebe an ein bestimmtes Maß menschlicher Liebenswürdigkeit oder ›Leitungsfähigkeit‹ gebunden?« Wenn man es genau nimmt, hat sich die Kirchenspaltung in Europa an dieser Frage entzündet: Wie intensiv und vorbehaltlos kann Gott den Sünder lieben?

»Es reicht aus, sein ganzes Vertrauen auf Gottes erlösendes Handeln zu setzen, wenn man von Gott geliebt sein will« – so sagten die Wittenberger im Gefolge Luthers. »Nein!«, rief es aus Rom zurück, »der Glaube muss sich durch Werke der Liebe bewähren, damit sich die Liebe Gottes zum Sünder richtig entfalten kann.« Ein donnerndes »Nein!« war auch aus Genf zu hören: »Gott liebt weder einfach die einen noch verdientermaßen die anderen, sondern er liebt nur jene, die er zuvor, ja vor Anbeginn der Welt, erwählt hat.« Der christliche Osten hörte diesem Rufen etwas ratlos und kopfschüttelnd zu und fragte zaghaft, wie denn die Liebe Gottes in der Menschwerdung Jesu mit dem eigenartigen Wort »Rechtfertigungslehre« erfasst werden könnte. So entstanden in der einen Kirche unterschiedliche Konfessionen.

Aber: Auch wenn die sichtbare, strukturelle Einheit der Kirche gegenwärtig nicht gelebt werden kann, ist sie Wirklichkeit. Schon allein im Ringen um die Wahrheit konstituiert sie sich. Und wenn auch die Spaltungen und Streite-

Die anglikanische Kirche St. John in Hongkong. Foto: Alexandre Tziripouloff / 123rf.com

reien untereinander quälend und ausgrenzend sind, ist die Kirche Jesu eins. Das Bild vom Leib aus vielen Gliedern, das Paulus im 1. Korintherbrief heranzieht, um das Wesen der Gemeinde zu beschreiben, bleibt unübertroffen. Natürlich – eine hinkende Analogie, aber eine freundliche Ahnung davon, wie die Konfessionskirchen miteinander verbunden sind und als Ganzes den Leib Christi bilden.

Dass die Kirche als apostolisch und katholisch bekannt wird, zeigt ihre zeitliche und räumliche Bedeutung. Die Kirche gibt es nicht erst seit 1517 (Veröffentlichung von Luthers 95 Thesen) oder 1920 (erste bayerische Kirchenverfassung), sondern ihre Wurzeln reichen in die Zeit der Apostel. Es ist sicher einen Gedanken wert, sich mal zu überlegen, wann die Kirche eigentlich entstanden sein könnte. War es Pfingsten, wie es oft gesagt wird? Oder war

GESPRÄCHSIMPULSE

■ Jüngerberufung, Ostern, Pfingsten: Worin sehen Sie den Gründungsakt der Kirche?

■ Ist für Sie ein Christentum ohne Kirche vorstellbar?

■ Wo täte weniger Kirche gut? Wo wünschten Sie sich mehr Kirche?

es schon am Ostersonntag, am Gründonnerstag oder in der Berufung der ersten Jünger? Wann hat Jesus begonnen, seine Kirche zu bauen? Wollte er überhaupt eine?

Das Bekenntnis zur Apostolizität der Kirche kommt dieser Frage auf die Spur und drückt aus, dass man sich diesbezüglich weniger auf einen konkreten Anlass im Handeln Jesu beruft, sondern auf ein Phänomen, das bis heute wichtig ist: Das Erzählen über Jesus – im Kirchensprech: das Verkündigen der Apostel – ist der Gründungsakt der Kirche. Wann das genau beginnt, ist mit Datum und Uhrzeit nicht festzumachen. Aber dass es begonnen hat und Jesus selbst der Gegenstand der Verkündigung wurde, ist die Wurzel der Kirche. Und um sich auf das Erzählte auch verlassen zu können, gelten die Apostel als glaubwürdige und authentische Zeugen von dem, was mit, durch und wegen Jesus geschehen ist. Ihre Erzählung ist wahr und verlässlich. Was nicht unerheblich ist, bei einer Botschaft, in der es um Leben und Tod und Ewigkeit geht.

In der kleinen Kirche in Hongkong standen die zwölf Apostel an den Säulen. Genauso, wie ich sie aus einer Kirche in meiner fränkischen Heimat kenne. Dort am anderen Ende der Welt wird vom selben Jesus erzählt wie hier bei uns. Womöglich mit anderen Worten und anderen Bildern – aber derselbe Christus. Vom anderen Ende der Welt kann man Glauben lernen. Das ist die Katholizität der Kirche.

Was ist gut für die Kirche? Was macht sie attraktiv? Wie kommt sie aus der Krise? Es gilt, vorsichtig mit der Versuchung umzugehen, andere »notae ecclesiae« finden zu wollen, die die Kirche vermeintlich besser und somit anziehender für Außenstehende machen. Das Erste und Wichtigste, was die Kirche attraktiv macht, ist die Gegenwart Gottes. Wo diese gefeiert und verkündigt wird, wo sie Menschen hineinnimmt in diese Gegenwart und sie aus ihren physischen und emotionalen Bindungen löst, dort ist Kirche im Sinne Jesu. Weil sie das Heimweh stillt. *Norbert Roth*

Was an Jesus besonders ist

»Ich bin der Weg, die Wahrheit und das Leben« – was heißt das? Oder glauben alle an denselben Gott? Warum sind die Religionen verfeindet?

Bei der Frage, ob die Religionen, wenn sie von Gott reden, letztlich ein und denselben Gott meinen – vielleicht sogar unbewusst oder gegen ihr eigenes Verständnis –, gehen die Meinungen stark auseinander. Ja, es ist eine Streitfrage, die oft heftig und emotional ausgetragen wird. Es könnte aber sein, dass die zahlenmäßig größte Gruppe die Meinung vertritt, dass diese Frage völlig überflüssig ist. In säkularisierten, individualisierten und pluralistischen Gesellschaften gehen immer mehr Menschen selbstverständlich davon aus: »Was Gott ist, bestimmt jeder für sich selbst; und keiner hat hier einem anderen etwas vorzuschreiben.« Die Frage nach möglichen Konkurrenzen von Wahrheitsansprüchen und nach Wegen zu ihrer Überwindung ist für viele gar nicht verständlich und stellt für sie kein Problem dar.

Bei dieser sehr grundlegenden Frage treffen wir also ein extrem breites Feld von Antworten an. Können Sie sich hier eigentlich einer bestimmten Position zuordnen? Wir machen alle unsere Erfahrungen mit Andersgläubigen – in unserem Land wahrscheinlich am meisten mit Muslimen und mit Religionslosen bzw. Atheisten, vielleicht auch mit Juden oder mit Hindus. Ich habe mittlerweile etwas Übung darin, mich mit Muslimen zu unterhalten; und ich tue das gern, weil man oft über Gott und religiöse Themen spricht – jedenfalls öfter als mit den Nachbarn und Arbeitskollegen, von denen man weiß oder annimmt, dass sie auch getauft sind und einer Kirche angehören. Wer sich Zeit nimmt und offen auf Mitbürger zugeht, die z. B. aus der Türkei stammen, der wird, auch ohne dass er wie ich ein kirchliches Amt innehat, bald über die kulturellen und religiösen Unterschiede ins Gespräch kommen.

Begegnungen mit Angehörigen anderer Religionen prägen uns mehr, als wenn wir den Koran, die Bhagavad Gita oder andere religiöse Schriften lesen. Dabei vermischt sich oft ein Gefühl von Verunsicherung angesichts einer anderen, fremden Weltbetrachtung mit dem Gefühl von Faszination durch das Fremde. Wenn man nicht der Angst vor dem Fremden nachgibt, sondern versucht, sich dem Fremden anzunähern und es zu verstehen, dann sucht man im Vollzug des Verstehens unwillkürlich nach Anknüpfungspunkten und somit nach Ähnlichkeiten mit dem Eigenen, in diesem Fall mit der eigenen Religion. Auf diese Weise besteht eine gewisse Gefahr der Vereinnahmung und der gewaltsamen Interpretation bzw. Harmonisierung. Es ist nie leicht, Gegensätze auszuhalten. Zwar geschieht es auch, dass manche an den Unterschieden hängen bleiben und Gemeinsamkeiten zwischen Religionen und somit Anknüpfungspunkte für die Begegnung übersehen; aber es kann ebenso passieren, dass man nur die Gemeinsamkeiten betont, besonders wenn man das zwischenmenschliche Band stärken will oder gar eine ausgesprochene Sympathie oder Freundschaft besteht.

Warum Jesus sein Konto nicht überzieht

Wenn man nun noch die Frage miteinbezieht, warum es zwischen verschiedenen Religionen so viele Feindseligkeiten, ja kriegerische Auseinandersetzungen gibt, dann kommt noch ein kräftiger Impuls hinzu, eher die Gemeinsamkeiten zu unterstreichen. Es besteht die Sorge, dass ansonsten Feindseligkeiten verstärkt werden. Noch mehr Gewalt und Kriege kann niemand vernünftigerweise gut finden; und wenn im Namen von Religionen, d. h. letztlich im Namen eines göttlich legitimierten Wahrheitsanspruchs, Gewalt ausgeübt wird, dann schadet das nicht nur dem Image von Religion allgemein, sondern dann werden viele schlussfolgern, dass grundsätzlich etwas falsch sein müsse mit diesen Religionen.

So ist es eine echte Herausforderung, einer gewissen politischen Instrumentalisierung von Religion zu wehren, wonach ihr Sinn und Zweck vor allem danach bemessen wird, wie sie dem gesellschaftlichen Frieden dient, sowie das persönliche Bestreben, möglichst mit allen Menschen gut auszukommen, nicht in der Weise absolut zu setzen, dass dabei sachliche Differenzen verdrängt oder gar geleugnet werden. Wohlgemerkt: Im Unterschied zu bestimmten politischen Einstellungen ist uns als Christen geboten, unseren Nächsten zu lieben, ganz unabhängig davon, welche Sprache er spricht, welchen Glauben er hat und was ihn sonst ausmacht. Aber zugleich sind wir als Christen aufgefordert, alles zu prüfen, auch die Geister unterscheiden zu lernen und immer mehr »in der Erkenntnis des Herrn und Retters Jesus Christus« zu wachsen. Das ist kein Widerspruch; es gehört zusammen.

Aus theoretischer Sicht empfiehlt es sich, von der Annahme, alle Religionen würden denselben Gott verehren, Abstand zu nehmen und stattdessen die Eigenständigkeit jeder Religion mit ihren Besonderheiten, mit ihren Überlieferungen, Lehren und Riten und auch mit ihren Wahrheitsansprüchen ernst zu nehmen. Wer behauptet, dass alle an denselben Gott glauben, weil keine Religion Gott ganz erkannt habe oder erkennen könne, sondern jede nur ein Stück der Wahrheit hätte, der setzt voraus, einen Standpunkt über allen Religionen, quasi einen Gottesstandpunkt einnehmen und so urteilen zu können. Was tolerant klingt, wird dem Selbstverständnis der Religionen in keiner Weise gerecht. Ja, es ist im Grunde intolerant und überheblich den Gläubigen gegenüber, die je in der ihrer Religion gemäßen Weise gerade von Herzen bekennen, dass Gott sich ihnen offenbart hat und sie nicht im Ungewissen lässt.

Darum braucht sich kein Christ dessen zu schämen, dass er gewiss glaubt, dass Jesus Christus »der Weg, die Wahrheit und das Leben« ist (Johannes 14, 6). Recht verstanden ist das auch kein Hindernis in der Begegnung mit Andersgläubigen, auch dann nicht, wenn man diesen Satz als für alle Menschen gültige Wahrheit betrachtet, wie er sicher dem klaren Christusverständnis des Neuen Testaments nach gemeint ist, und ihn nicht subjektivistisch oder anders relativiert.

Christen glauben nicht an Jesus als einen Religionsstifter oder großen Weisen neben anderen. Nein, er ist – und das ist keine Weihnachtsschnulze – der Mensch gewordene Gott höchstpersönlich. Nur wenn das so ist, überzieht Jesus mit diesem gewaltigen Ich-bin-Wort nicht sein Konto. Wenn es aber so ist, dann muss es universale Gültigkeit besitzen. Denn unbestreitbar ist Gott, der Schöpfer aller Menschen, für alle seine Menschen Weg, Wahrheit und Leben – und nicht nur für einige, etwa nur für Christen.

Überhaupt sollten diejenigen, die in Jesus den Weg zu Gott gefunden, die Wahrheit erfahren und das Leben empfangen haben, jedes Gefühl von Überlegenheit im Keim ersticken und nicht das Bewusstsein aufkommen lassen, zu einer »besseren« Religion zu gehören und im Unterschied zu anderen Religionen im Besitz der Wahrheit zu sein. Vielmehr kann es in einem Bewusstsein tiefer Dankbarkeit nur darum gehen, anderen Jesus Christus als Weg, Wahrheit und Leben zu bezeugen – und dabei nach dem Vorbild und dem Gebot Jesu tunlichst auf jede Verquickung mit Mitteln äußerer Macht zu verzichten.

Dieses christliche Bekenntnis, das einen allgemeingültigen Wahrheitsanspruch beinhaltet, bedeutet nicht zwingend einen mangelnden Respekt vor den anderen Religionen. Der Respekt vor den Menschen, gleich welcher Religion sie angehören, ergibt sich aus einer christlichen Ethik eindeutig. Aber auch die Religionen als solche müssen nicht als Konsequenz dieses universalen Wahrheitsanspruchs pauschal als *religiones falsae* (falsche Religionen) angesehen werden, wie es lange in der Kirchengeschichte der Fall war. Auch wenn der christliche Glaube beim

Foto: Bakhur Nick / shutterstock.com

Verständnis von Sünde und Erlösung den anderen Religionen widersprechen wird und sie korrigiert, so gibt es beim Schöpfungsverständnis, der Ethik und anderen Themen Gemeinsamkeiten und Anknüpfungspunkte.

Außerhalb des Christentums gibt es nicht nur Unwissende, Verblendete und – freilich eine starke Linie im Alten Testament – Götzendiener, sondern auch Gottsuchende in aller Vorläufigkeit. Und es stimmt mit dem Zeugnis der Bibel überein, wenn man damit rechnet, dass der Heilige Geist vorbereitend unter allen Menschen – Andersgläubigen, Agnostikern und Gottesleugnern – wirkt, auch wenn er Gewissheit

GESPRÄCHSIMPULSE

■ Waren Sie schon einmal von einer anderen Religion fasziniert? Wenn ja, was hat Ihnen daran gefallen?

■ Wo sehen Sie Berührungspunkte des christlichen Glaubens zu anderen Religionen?

■ Worin hat Sie der christliche Glaube überzeugt?

des Heils nur denen schenkt, die durch Taufe und Glauben mit Christus verbunden sind.

Es mag Christen geben, die in ihrem Glauben schwach oder noch am Anfang sind. Angesichts der verschiedenen Religionen und Weltanschauungen fühlen sie sich unsicher und tun sich schwer, klare Standpunkte einzunehmen. Oder sie tun sich schwer, ihren Glauben auszudrücken, oder trauen sich in bestimmten Situationen nicht, ihn zu bekennen. Keiner sollte auf sie verächtlich herabsehen; sie brauchen geeignete Unterstützung und Fortbildung in der Kirche.

Es braucht immer etwas Mut, Jesus Christus als Weg, Wahrheit und Leben für alle zu bekennen. Andererseits: Wer es ist nicht wagt, dem entgehen – freilich neben ablehnenden Reaktionen – viele beglückende Erfahrungen, bei denen er Menschen anderen Glaubens näher kennenlernt, sein Verständnis über andere Religionen erweitert, seinem Glauben an Jesus zu größerer Mündigkeit verhilft und schließlich auch sein Gesamtbild davon verfeinert, wie das Vorhandensein vieler Religionen im Welthandeln des dreieinigen Gottes verstanden werden kann. *Till Roth*

Schwert statt Frieden

Religion bewirkt nur Machtausübung, Missbrauch und Krieg. Die Religionen sind schuld am Leid der Welt – stimmt das?

Im Namen der Religion sind unzählige Menschen gestorben: einst unter den Schwertern der Kreuzritter, die ihr blutiges Geschäft mit dem Kampfschrei »Deus lo vult – Gott will es!« verrichteten; heute unter den Messern islamistischer Krieger, die ihren Opfern mit dem frommen Ruf »Allahu akbar – Gott ist größer!« die Hälse abschneiden, gerne auch vor laufender Kamera. »Ihr liebt das Leben, wir lieben den Tod«: Es ist auch dieses Bekenntnis muslimischer Extremisten, von dem für moderne (oder westliche) Zeitgenossen etwas tief Verstörendes, Terrorisierendes ausgeht.

Was ist es, das Menschen dazu bringt, im Namen ihrer Glaubensüberzeugungen zu morden, zu foltern, zu verstümmeln? Wie verhält es sich mit der Gretchenfrage der Gegenwart: Religion, wie hältst du es mit der Gewalt? Steckt in der Religion selbst die Gewalt? Müssen die Religionen überwunden werden, um die Gewalt zu überwinden? Oder ist das genaue Gegenteil der Fall? Oder sind manche Religionen einfach gewalthaltiger, andere friedfertiger?

Man muss es vorweg sagen: Eine »richtige« Antwort auf diese Frage gibt es nicht. Die Sache ist komplex, wie fast immer, wo es richtig wichtig wird.

Die Kreuzzüge gelten heute – nicht nur in der muslimischen Welt oder unter säkularen Zeitgenossen – als Beweis für den brutalen Missionierungsdrang des Christentums und dessen verheerende Folgen. Weniger bekannt ist, dass es die Zerstörung des Jerusalemer Felsengrabs Christi durch den gewissermaßen radikal-muslimischen Kalifen Abu Ali al-Mansur al-Hakim (geb. 985, Herrschaft 996-1021) war, die im Europa der ersten Jahrtausendwende für so viel Wut und Empörung sorgte, dass man zu den Waffen griff. Man stelle sich zum Vergleich vor, was heute in der islamischen

Welt los wäre, käme die israelische Regierung auf die Idee, den Felsendom und die Al-Aksa-Moschee abzureißen.

Umgekehrt übersehen oft jene, die aus den mörderischen »Schwertversen« im Koran ein grundsätzliches Gewaltpotenzial des Islams ableiten, dass es sich bei der übergroßen Mehrheit der Muslime um friedfertige Menschen handelt.

Ein ganz anderer Ruf eilt hierzulande dem Buddhismus voraus. Aber auch der besteht nicht nur aus reiner Güte, Friedfertigkeit und dem freundlichen Dalai Lama. Die muslimischen Rohingya im südostasiatischen Myanmar können ein leidvolles Lied davon singen. Und im blutigen Bürgerkrieg auf Sri Lanka (1983-2009) spielte die Berufung auf religiöse Gegensätze zwischen Hindus und Buddhisten eine Rolle. Kurz: Von Nordirland bis Nigeria, von Biafra bis zum Balkan – ein Blick auf die gewalttätigen Konflikte, in denen die Religion eine Rolle spielte oder spielt, zeigt: Gefährlich scheint es immer dann zu werden, wo sich politische Interessen mit ethnisch-religiösen Grenzen vermengen.

Wirkt Religion also wie ein Brandbeschleuniger?

Wirkt Religion also wie ein Brandbeschleuniger? Und wohnt den monotheistischen Religionen ein besonders großes Gewaltpotenzial inne, weil sie scharf zwischen Gläubigen und Ungläubigen unterscheiden und so Grenzziehungen begünstigen? Diese These hat der Ägyptologe und Kulturwissenschaftler Jan Assmann 1998 in seinem viel beachteten Buch »Moses der Ägypter« aufgestellt.

Polytheistische Kulturen wie die des Alten Ägyptens zeichnet aus, dass für die unterschiedlichen Erscheinungen in der Natur oder die verschiedensten Zusammenhänge des Lebens unterschiedliche Götter »zuständig« sind. Assmanns

These: Das erleichtere das wechselseitige Verständnis über Kultur- und Religionsgrenzen hinweg. Zur menschlichen Erfahrung gehören beispielsweise Liebe und sexuelles Begehren. Ob dafür nun die Göttin Aphrodite zuständig ist (wie bei den Griechen), die Göttin Venus (bei den Römern), die Göttin Astarte (bei den Phöniziern), die Göttin Ishtar (bei den Babyloniern) oder die Göttin Anat (bei den Ägyptern), bedeutet letztlich nur eine graduelle Erfahrung von Differenz. Man »versteht sich« – zumal, wenn vielen dieser Gottheiten auch noch das gleiche Gestirn am Himmelszelt zugeordnet wird wie Ishtar-Aphrodite-Venus. Streiten konnte man höchstens darüber, warum die letzten drei Gottheiten neben der Liebe auch noch für den Krieg zuständig sein sollten.

Der ägyptische Pharao Echnaton hat im 14. Jahrhundert vor Christus dagegen als Erster dieses Credo formuliert: Es gibt nur einen wahren Gott (bei ihm: der Sonnengott Aton), dem gegenüber alle anderen Götter falsch sind und ihre Anbetung verwerflich. Damit war eine radikale Intoleranz in der Welt, deren Echo bis heute weiterwirkt.

Der »Exodus« der Hebräer aus Ägypten unter ihrem Anführer Moses war dann nicht nur Auszug in die Freiheit. Als solcher, als Akt der Befreiung, war die Erinnerung an den Exodus ja seither wieder und wieder wirksam in der Geschichte – auch über das Judentum hinaus, wie das Beispiel der schwarzen Sklaven Amerikas zeigt. Die mit dem Exodus verbundene »mosaische Unterscheidung« (Assmann) zwischen den Anhängern der »wahren Religion« und allen »Anderen«, war dann auch eine neue Quelle von Intoleranz, Gewalt, Hass und Ausgrenzung.

»Denn ich, der HERR, dein Gott, bin ein eifernder Gott, der die Missetat der Väter heimsucht bis ins dritte und vierte Glied an den Kindern derer, die mich hassen«, heißt es an einer einschlägigen Bibelstelle (2. Mose 20, 5) – ausgerech-

net am Beginn der Zehn Gebote, die dann einen höchst universalen Katalog formulieren, was ethisches menschliches Handeln ausmacht.

Man hat Jan Assmann Antisemitismus vorgeworfen (womöglich nicht einmal zu Unrecht, wie jüngst sein Kampf gegen die Antisemitismusdefinition der Bundesregierung zeigte) oder dass er das Toleranzpotenzial polytheistischer Kulturen stark überschätze. Einige der größten Massaker der menschlichen Geschichte wurden von nichtmonotheistischen Völkern wie den Mongolen unter Dschingis Khan begangen. Dazu kommt: Die größten Völkermorde wurden im 20. Jahrhundert im Namen von säkularen politischen Ideologien verübt. Aber Assmanns Verdienst bleibt, darauf hingewiesen zu haben, dass die monotheistischen Religionen vielleicht doch nicht die Krone der Religionsentwicklung sind, wie deren Anhänger gerne meinen, sondern dass sie im Blick auf die im Menschen vorhandene Gewalt als Fluch und Segen gleichzeitig gewirkt haben.

»Islam« bedeute Frieden, ist immer wieder zu hören. Betrachtet man die Bedeutung des arabischen Worts genauer, geht es aber um jenen Frieden, wie er mit Begriffen wie »Pax Romana« oder »Pax Americana« bezeichnet wird: der Friedensordnung nämlich, die herrscht, wo man sich persönlich-individuell oder kollektiv-staatlich der Religion des Islam unterwirft. Von Muslimen eroberte Gebiete sind aus dieser Sicht »befriedete« Gebiete.

»Ich bin nicht gekommen, um Frieden zu bringen, sondern das Schwert«, sagt dagegen Jesus im Matthäusevangelium (10, 34). Ist dieses rätselhafte Wort ein Eingeständnis? Spricht es für Assmanns These?

Die christliche Intoleranz in der Ausübung des eigenen Glaubens hat sich – jedenfalls am Anfang – nicht gegen andere ausgedrückt, sondern in der Entschlossenheit, Gewalt zu erdulden, und in der Bereitschaft, eher zu sterben, als sich zu Handlungen oder Überzeugungen zwingen zu lassen, die mit der Wahrheit des eigenen Glaubens unvereinbar sind. Das änderte sich, als die Christen selbst an die Macht kamen.

Viele Exegeten verstehen das Schwert, von dem Jesus spricht, als ein Bild für Trennung, Gegensatz und Feindschaft. Also statt Eintracht (Frieden) Zwietracht (Schwert), denn auch die Wahrheit der Liebe kann trennen. An ihm scheiden sich die Geister, das war Jesus offensichtlich klar. Aber das bedeutet keinen Aufruf zur Gewalt – im Gegenteil. Spaltung, Verfolgung und Gewalt gehören unentrinnbar zur unerlösten Welt, und keine »Religion« kann vor dieser Tatsache bewahren. Was Jesus aber ebenfalls sagt: Wir sollen die Gewalt nicht mutwillig befördern, sondern sie einhegen, begrenzen und so das Leid verringern.

Die Gefahr, die von einem zur »Religion« formalisierten Gottesglauben ausgeht, hat auch Jesus erkannt. Er hat keine neue Religion verkündet, keine neue Offenbarung verlesen. Er hat im Gegenteil die Religion und deren Verwalter, deren Vertreter, die Macht kritisiert – durch die Liebe und mit der Wahrheit.

Man kann sagen, dass ein Gutteil seiner Predigt aus »Religionskritik«, sicher aber aus Kritik des religiösen Establishments seiner Zeit besteht. Wo nicht mehr der Geist weht, aus dem heraus eine Praxis, ein Tun, eine Regel ihren Sinn hat, wird diese Regel zur toten Form, die – wenn sie mit Macht durchgesetzt wird – terrorisierend wirkt. Ob Heilung am Sabbat oder Speisegesetze: Immer wieder hat Jesus darauf hingewiesen, dass das Entscheidende für den Menschen und den Glauben die innere Beziehung zu Gott ist. Aus ihr heraus erwächst dann sichtbares Handeln: im Zusammenleben von uns Menschen, das so zu einer ganzheitlichen »Religionsausübung« der Liebe wird.

Dietrich Bonhoeffer hat sein Nachdenken darüber dazu geführt, dass er 1944 in zwei Briefen aus dem Gefängnis die Nachfolge als »Religionsloses Christentum« skizziert hat. Denn das ist das Subversive und Einzigartige an der Jesus-Predigt: Wer ihm nachfolgt, soll nicht einer Religion folgen, sondern in der Bindung an Gott durch die Liebe frei werden. *Markus Springer*

GESPRÄCHSIMPULSE

■ Ist Christentum als »Nachfolge Christi« überhaupt eine Religion? Was unterscheidet das Evangelium und die Jesus-Predigt von allen anderen Religionen?

■ Welche Rolle spielt die Trennung von religiöser und politischer Ordnung, um das Gewaltpotenzial von Religionen einzuhegen? Ist es ein Zufall, dass die moderne »Trennung von Kirche und Staat« im christlich geprägten Kulturraum stattgefunden hat?

■ Gibt es gerechtfertigte Kriege? Müssen Christen radikale Pazifisten sein? Oder ist das unverantwortlich, wenn man an Völkermorde und den Holocaust denkt?

Der heilsame Johannes

Paulus kontra Petrus – und der heilsame Johannes: Die Ausbildung der Konfessionen ist bereits in den theologischen Entwürfen des Neuen Testaments angelegt. Johannes könnte dabei eine integrierende und versöhnende Funktion einnehmen.

Petrus, Paulus und Johannes haben eines gemeinsam: Sie erzählen von Jesus. Aber sie deuten das Christusgeschehen auf ihre jeweils eigene Weise. Petrinisches, paulinisches und johanneisches Christentum stehen in einer Spannung zueinander, die bereits in der jungen Kirche zu Zerreißproben geführt hat.

Der Neutestamentler Ernst Käsemann hat 1951 in einem Vortrag darauf hingewiesen, dass es von Anfang an keine einheitliche Gestalt des christlichen Glaubens gegeben hat, sondern dass schon in den ersten christlichen Generationen unterschiedliche Akzente, Strömungen und Kirchenbilder miteinander konkurriert haben. Deshalb lautet Käsemanns These: »Der neutestamentliche Kanon (d.h. die Sammlung der neutestamentlichen Schriften) begründet ... nicht die Einheit der Kirche. Er begründet ... dagegen die Vielzahl der Konfessionen.«

Pointiert könnte man sagen, dass sich innerhalb des Neuen Testaments mindestens drei Deutungen des Christusgeschehens finden, die zu markant abweichenden Glaubensauffassungen und Kirchenmodellen führen. Sie lassen sich an den Gestalten des Petrus, des Paulus und des Johannes festmachen. »Petrinisches«, »paulinisches« und »johanneisches« Christentum stehen in einer Spannung zueinander, die bereits in der jungen Kirche zu Zerreißproben geführt hat und die sich Jahrhunderte später in den großen Kirchenspaltungen (Abspaltung der Orthodoxie von der römischen Kirche im Jahr 1054 und protestantische Reformation nach 1517) niederschlägt.

Der Gegensatz zwischen Petrus und Paulus manifestiert sich besonders eklatant in einer Begebenheit, die wir leider nur aus der Sichtweise des Paulus kennen. Paulus schildert diesen Vorfall in Galater 2: »*Als Kephas (=Petrus) nach Antiochia kam, widerstand ich ihm ins Angesicht, denn es war Grund zur Klage gegen ihn: Bevor einige Leute des Jakobus kamen, aß er mit den Heiden; als sie aber kamen, zog er sich zurück ..., weil er die aus dem Judentum fürchtete. Und mit ihm heuchelten auch die andern Juden, sodass selbst Barnabas verführt wurde, mit ihnen zu heucheln. Als ich aber sah, dass sie nicht richtig handelten nach der Wahrheit des Evangeliums, sprach ich zu Kephas öffentlich vor allen: Wenn du, der du ein Jude bist, heidnisch lebst und nicht jüdisch, warum zwingst du dann die Heiden, jüdisch zu leben? Wir sind von Geburt Juden und nicht heidnische Sünder. Doch weil wir wissen, dass der Mensch durch Werke des Gesetzes nicht gerecht wird, sondern durch den Glauben an Jesus Christus, sind auch wir zum Glauben an Christus Jesus gekommen.*«

Für die Mission des Paulus gab es ein großes Hindernis

Was ist der Hintergrund dieses Zwistes? Zunächst einmal ein Blick auf die Kontrahenten:

Paulus war in Kleinasien in einer multikulturellen Umgebung aufgewachsen, sprach mehrere Sprachen, war hochgebildet und hatte in Jerusalem bei den renommiertesten Lehrern Theologie studiert. Als sich nach Ostern die junge christliche Gemeinde auszubreiten begann, wurde er einer ihrer brillantesten und erbittertsten Verfolger. Jesus von Nazareth hatte er nie getroffen. Christ war er durch eine »mystische« und buchstäblich umwerfende Erfahrung geworden: Vor Damaskus begegnete ihm in einer Vision der auferstandene Christus. Diese Erfahrung stellte sein bisheriges Weltbild auf den Kopf.

In jahrelanger Einkehr in Arabien (vermutlich als Wüsten-Eremit) versuchte er, die Bedeutung dieses Erlebnisses zu verarbeiten. Dabei verdichtete sich seine innere Berufung, als Apostel die ganze bekannte Welt zu bereisen und das Evangelium zu verkündigen. Zu den Jerusalemer Aposteln Petrus und dem mächtigen Jakobus, einem leiblichen Bruder Jesu, nahm er lange Zeit keinen Kontakt auf. Er achtete zwar ihre Stellung als Zeugen der Auferstehung (1. Korinther 15), aber er holte sich nicht ihre Erlaubnis oder ihren Segen ab. Er fühlte sich als einer, der von Christus unmittelbar beauftragt worden war, und deshalb den anderen Aposteln ebenbürtig.

Paulus war klar, dass das größte Missionshindernis das jüdische Gesetz mit seinen zahlreichen Bestimmungen wie Beschneidung, Reinheitsgeboten und Schlachtvorschriften ist. Weil er selbst erlebt hatte, dass Christus ihn, den Verfolger der Gemeinde, aus purer Gnade erwählt und berufen hat, wurde ihm immer klarer: Um Christ zu werden, muss man nicht erst Jude werden und das »Gesetz« erfüllen. Und auch für Juden stellt das Gesetz keinen Heilsweg mehr dar. Im Glauben bekommt jeder Mensch direkt Anteil an Christus, er lebt fortan »in Christus« und Christus »in ihm«. Religiöse und gesellschaftliche Unterschiede (Rasse, Klasse, Geschlecht) werden bedeutungslos. In Christus sind alle eins.

Das hat unmittelbare Folgen für das Gemeindeleben. Alle Glieder sind zwar unterschiedliche, aber doch gleichwertige Glieder des einen Christusleibes, der Ortsgemeinde. Deswegen kann es keine hierarchische Struktur, kein Priestertum und keine Dauerämter geben. Die Gabe der Gemeindeleitung ist eine Gabe unter anderen. Die Gemeinde wird nicht durch eine starke menschliche Hand zusammengehalten, sondern allein durch die Verbundenheit der Mitglieder mit Jesus Christus und die gegenseitige Liebe und Wertschätzung. Paulinisches Christentum bedeutet letztlich »heilige Anarchie« (Dietrich Koller) und »Kirche von unten« statt Hierarchie.

Petrus war ursprünglich ein ungebildeter Fischer aus der galiläischen Provinz. Er war jahrelang Jesus nachgefolgt, war grandios gescheitert (indem er Jesus in entscheidender Stunde verleugnet hat) und war doch nach Ostern von Jesus neu beauftragt worden, als Felsenmann und Hirte die christliche Herde zu »weiden«. Diese Führungsautorität wird ihm aber schon bald von Jakobus, dem ältesten Bruder Jesu, streitig gemacht. Der hatte zu Lebzeiten seinen Bruder bekämpft, war aber nach Ostern zur obersten »Säule« der Jerusalemer Gemeinde geworden, der auch Petrus sich beugte.

Im scharfen Gegensatz zu Paulus vertritt Jakobus ein judaisierendes Christentum. Christ kann nur werden, wer zunächst Jude wird. Petrus scheint zunächst zwischen beiden Positionen unentschieden zu lavieren. Genau das wirft Paulus ihm vor. Er, der schon einmal feige umgefallen war und Jesus verraten hatte, wird in den Augen des Paulus abermals zum feigen Umfaller und Heuchler, der vor den Spionen des Jakobus den Schwanz einzieht. Statt dem Gewissen zu folgen, kuscht er vor selbst ernannten »Autoritäten«.

Die petrinische Kirche ist eine hierarchische Kirche. In ihr gibt es eine fixe Kirchenleitung: ganz oben Jakobus, dann Petrus und die anderen Apostel, dann eine Schar von Diakonen, die die Apostel entlasten. Unten schließlich die zu versorgende »Herde«, die auf die ständige Leitung durch das Hirtenamt angewiesen ist. In der hierarchischen Kirche gibt es zahlreiche kultische und moralische Regeln, Gebote und Verbote, deren Nichtachtung fatale Folgen haben kann.

Entscheidungen werden nicht demokratisch getroffen, sondern von der Leitungselite, die ihre Autorität auf den Kontakt mit dem irdischen Jesus zurückführt und sie per Handauflegung an ausgewählte Nachfolger weitergibt. Deshalb ist klar, dass man in Jerusalem einem Quereinsteiger wie Paulus den Titel »Apostel« verweigerte.

Der Konflikt zwischen Paulus und Petrus war unausweichlich. Es ist ein Wunder, dass er nicht schon damals zur Kirchenspaltung geführt hat. Das Beben kam sozusagen 1500 Jahre später. Es ist kein Zufall, dass Martin Luther bei Paulus den Ausweg aus der eigenen Glaubenskrise fand. Er hatte versucht, ein perfekter Mönch zu sein, und war doch am »Gesetz« gescheitert, nicht am jüdischen zwar, aber am gesetzlich-petrinischen

System Rom. In Paulus fand er den Kronzeugen für den Triumph der göttlichen Gnade, die jede Gesetzlichkeit als Heilsweg ausschaltet und ausschließt.

Wie müsste eine Kirche aussehen, die auf die Unmittelbarkeit der Gnade baut und konsequent auf Zwischeninstanzen zwischen Gott und Mensch verzichtet? Das Gemeindebild des Paulus hätte sich angeboten; aber vor der »heiligen Anarchie«, wie sie parallel zu Luther die »Täufer« predigten und zu verwirklichen suchten, hatte Luther Angst. So schaffte er zwar die Priesterweihe ab und verkündigte das »allgemeine Priestertum aller Gläubigen«. Aber an die Stelle der römischen Priester trat nicht die Gemeindeversammlung aller Getauften, sondern das »Predigtamt«. Dadurch entstand eine neue Hierarchie: hier die »lehrende« Kirche, dort die »hörende« Kirche – de facto ein *Katholizismus light*. Die Kluft zwischen gebildeter Pfarrerschaft und ungebildetem Kirchenvolk wurde eigentlich nicht überbrückt. Eine echte geistliche Emanzipation der Laien fand nicht statt. Luther verbindet die paulinische Gnadenlehre mit einer letztlich doch petrinischen Kirchenstruktur.

»Paulinischer« Protestantismus hat nur eine Zukunft, wenn er das »allgemeine Priestertum aller Gläubigen« ernst nimmt und mit Fleisch füllt, wenn mündige Ortsgemeinden mit mündigen, erwachsenen Christinnen und Christen entstehen. Die Tendenz, sich dem Katholizismus immer mehr anzupassen, das Bischofsamt aufzublähen oder darum zu buhlen, dass Rom die evangelische Ordination zum Pfarrer »anerkennt«, führt in die Irre. Als Evangelische müssten wir noch mehr als bisher das eigene Profil schärfen: die Freiheit des Einzelnen, die Allgenügsamkeit der Gnade, das allgemeine Priestertum (nicht nur auf dem Papier!). Dann könnten wir Rom auf Augenhöhe begegnen und im Zweifelsfall »ins Angesicht widerstehen«. Gründe dafür gäbe es einige.

Weshalb haben sich die petrinische und die paulinische Kirche nicht schon im ersten Jahrhundert gespalten? Ein Grund dafür war, dass Paulus trotz aller Kritik an Jerusalem die Einheit des

Johannes der Evangelist, Sandro Botticelli, 1485, Bardi-Altar, Gemäldegalerie Berlin. Bild: PD

Leibs Christi wahren wollte. Er tat dies aber nicht, indem er sich Jerusalem unterwarf, sondern indem er Kompromisse einging, die ihm erlaubten, »gesetzesfrei« zu missionieren, ohne seine Gemeinden zur Übernahme von Beschneidung und jüdischen Ritualen zu nötigen. Er sprach den Autoritäten in Jerusalem nicht die Legitimation ab, sondern nannte auch den Herrenbruder Jakobus – kein Jesusjünger, sondern ein Spätberufener wie Paulus – »Apostel«. Vor allem aber ließ er sich von der materiellen Not der Jerusalemer Muttergemeinde berühren. Der Eifer, mit dem er in seinen Gemeinden eine Kollekte für die Brüder und Schwestern in Jerusalem einsammelte, stand seinem Missionseifer in nichts nach.

Es war der »johanneische« Impuls, der den Riss verhinderte. Das Johannesevangelium und die Johannesbriefe verstehen die Kirche in erster Linie als Gemeinschaft geschwisterlicher Liebe. Freilich: Wahrheit und Liebe lassen sich nicht gegeneinander ausspielen. Wir müssen auch im ökumenischen Gespräch in Liebe um die Wahrheit ringen. Paulus hat beides geschafft: Petrus ins Angesicht zu widerstehen und gleichzeitig voller Hingabe und Leidenschaft der materiellen Not der Jerusalemer Gemeinde zu begegnen. Als hätte er Luthers berühmte Schrift »Von der Freiheit eines Christenmenschen« vorweggenommen: »Ein Christ ist ein freier Mensch und niemandem untertan durch den Glauben. Ein Christ ist ein unfreier Mensch und jedermann untertan durch die Liebe.«

Andreas Ebert

GESPRÄCHSIMPULSE

■ Paulus und Petrus haben sich öffentlich gestritten. Fehlt heute in der Ökumene die harte Auseinandersetzung?

Ein Stein wird zu Gold

Gläubig, aber nicht kirchlich – ist das ein Problem? Kann man auch in der Natur Gott begegnen?

Ich nehme einen großen Schluck von der abgestandenen Cola, die ich heute Morgen noch schnell in meinen Rucksack gesteckt habe. Wenn ich zu wenig trinke, wird mir schwarz vor Augen – ich kenne mich. Die Sonne brennt auf meinen Kopf, den ich notdürftig mit einem zu klein geratenen Käppi bedeckt halte. Ich brauche keine Kopfbedeckung, hatte ich mir vor der Abreise gesagt. Jetzt, am Südzipfel der Judäischen Wüste, unter der Mittagssonne, bin ich froh, tief in meinem Rucksack noch eine alte zerbeulte Kappe gefunden zu haben. An den Fersen bilden sich die ersten Blasen. Und ich merke: Auf eine Wüstenwanderung durch den Süden Israels muss man sich besser vorbereiten als auf einen Ausflug zum Baggersee. Es ist Frühling im Jahr 2009, und ich bin auf meiner ersten Reise durch Israel. Rückblickend werde ich irgendwann sagen: Hier hat sich für meinen Glauben vieles geklärt.

Mit meinem Fuß kicke ich einen Kieselstein in die Ferne. Für einen Moment fliegt er durch die Luft, frei und ungebunden, um einen Moment später, als er auf den Wüstenboden fällt, wieder zu dem zu werden, was er war: Politikum, spirituelles Objekt, Bedeutungsträger. Ein Stein ist in Israel – und in den Palästinensischen Gebieten – nicht einfach ein Stein. Der Boden zwischen den Bergen des Libanon und der Sinai-Halbinsel: Im Theologiestudium haben wir ihn so oft erkundet und abgeschritten. Im Geiste, nicht mit den eigenen Füßen, diesen Landstrich, an dem sich Weltgeschichte konzentriert, um den die Großmächte des Mittelmeerraums schon mehr als tausend Jahre vor Christus kämpften, wo die Religion eines kleinen Volks den wirkmächtigen Schritt hin zum Monotheismus machte und wo schließlich ein einfacher Galiläer dieser Religion einen Twist verlieh, der Milliarden in den Bann ziehen würde.

Ich gehe zu dem Stein, der eben noch durch die Luft geflogen ist, und entferne mich dabei einige Meter von meiner Reisegruppe. Auf dem staubigen Boden sitzend blicke ich von einer Anhöhe aus über die bergige Landschaft. Der Horizont flirrt, die Sonne steht hoch, mein Kopf brummt, ein hellblauer Himmel umspannt die Szenerie. Ich spüre meinen Körper und meine Umgebung. In meinen Händen reibe ich den Stein und bete ein schlichtes Gebet. Ich danke, ich bitte, ich klage, ich hoffe. Das Evangelium erscheint mir an diesem Ort besonders einfach und besonders gut: den Menschen Mensch sein lassen und Gott Gott. Barmherzigkeit, Vergebung, Schmerz und Linderung. Das Ganze biblisch illustriert mit verlorenen und wiedergefundenen Schafen, mit Weinbergen und dem entsprechenden Personal, geteiltem und gebrochenem Brot, sorglosen Lilien und Maulbeerbäumen, auf denen Zöllner sitzen. Alles so elementar, dass schon Grundschulkinder darüber ihren Zugang zur Liebe Gottes finden können. Der unscheinbare judäische Stein, Sinnbild für das Einfache und Ursprüngliche: In meinen Händen wird er mir plötzlich zu Gold.

Für die Mission des Paulus gab es ein großes Hindernis

Nach einer Weile stehe ich auf und kehre zurück zur Reisegruppe, die sich inzwischen um eine Steintafel mit altgriechischer Inschrift versammelt hat. Ich blicke in Gesichter, die ein bisschen aussehen wie meines. Da sind Ohren, durch deren Gehörgang schon so manches Paul-Gerhardt-Lied gedrungen ist. Nasen, die unter hundert Kaffeesorten ihren Kirchenkaffee immer wieder herausriechen könnten. Münder, die wissen, was sie zu antworten haben, wenn der Mensch in dem schwar-zen Gewand vorne am Altar »Der Herr sei mit euch« sagt oder singt. Wangen, die sich rot färben, wenn in einer gut beheizten Kirche am Heiligen Abend die versammelte Gemeinde »O du fröhliche« anstimmt. Zu Hause haben wir uns eingerichtet. Und nun stehen wir da mit unserem festen Schuhwerk und unserer Funktionskleidung, an dem Ort, wo alles begann, und ich frage mich: Wer oder was ist hier eigentlich fremdartig? Mein Glaubensbiotop, meine Kirche – ist das dieses fromme Grüppchen oder doch eher der staubige Platz dort hinten? Und: Welche Umgebung brauche ich für meinen Glauben? Brauche ich dafür Kirche – sowohl im Sinne eines Kirchengebäudes als auch im Sinne der Kirchengemeinschaft? Hat nicht ein zufälliger Steinwurf gereicht, um mir eine ganze Welt aufzuschließen und mich mit Gott in Berührung zu bringen? Diese Fragen sind zugespitzt, aber für mich nicht nur rhetorisch. Ich meine sie ernst.

»Ich glaube schon irgendwie an Gott, aber na ja, die Kirche …« Ich kann nicht mehr zählen, wie oft ich diesen oder einen ähnlichen Satzanfang schon gehört habe, wenn ich mich als angehender Pfarrer »oute« und mein Gegenüber sofort in eine Art Rechtfertigungshaltung geht – nicht selten, um ein paar Sätze später seinen oder ihren Kirchenaustritt zu bekennen. Gott, ja – aber die Kirche verstehe ich nicht und brauche ich nicht. Haben wir uns eine Art Exklusivkultur erschaffen, die mehr vom Kirchlichen erzählt als vom Göttlichen, sodass es überhaupt zu einer solchen getrennten Wahrnehmung kommen konnte? Ich kann das nicht beurteilen. Aber ich beobachte: Glaube ohne Kirche, für viele ist das längst Realität. Vielleicht aber nur auf den ersten Blick. Martin Luther gibt uns dazu eine wichtige Unterscheidung an die Hand: die zwischen der sichtbaren und der unsichtbaren Kirche.

Die sichtbare ist das (Zwischen-)Ergebnis einer bewussten Verbindung von Menschen, die gemeinsam ihren Glau-

ben leben, einander und anderen im besten Fall von Jesus Christus erzählen, zusammen das Mahl feiern und in der Taufe Gottes Ruf in diese Gemeinschaft erfahren. Davon zu unterscheiden ist die – ebenfalls sehr sichtbare – Institution Kirche mit ihren Gremien und Ämtern. Schon Luther selbst betonte, dass es notwendig sei, verschiedene Dienste und Zuständigkeiten einzuführen, damit die Kirche nicht im Chaos versinkt, auch wenn davon unberührt ist, dass jeder und jede Gläubige im Besitz geistlicher Vollmacht ist – Stichwort: Priestertum aller Gläubigen. Eine Blüte dieser frühneuzeitlichen Überlegungen ist letztlich also auch eine Einrichtung wie das Bayerische Landeskirchenamt in München samt allen darin befindlichen Kopier- und Faxgeräten, die auf ihre Weise Dienst am Evangelium tun.

Der reformatorische Clou ist nun, dass alle Formen der sichtbaren Kirche eine dienende Funktion haben (die antirömische Stoßrichtung lässt sich kaum übersehen). Sie dienen dem Glauben. Oder besser: Sie dienen den Glaubenden. Und wer hier dazugehört und wer nicht: Das weiß nur Gott. Darum spricht Luther auch von der unsichtbaren Kirche – und es bleibt zu hoffen, dass es zwischen der sichtbaren und der unsichtbaren gewisse Überschneidungen gibt.

Wenn nun immer mehr Leute behaupten, an Gott zu glauben, die Kirche dafür aber nicht zu brauchen: Wird dann nur die sichtbare Kirche mit ihren zählbaren Mitgliedern kleiner, die unsichtbare aber vielleicht nicht? Möglich ist es. Und doch wäre es nicht nur schade um den sonntäglichen Kirchenkaffee, wenn plötzlich alle bloß noch ver-

klärt in der Wüste sitzen, einen Stein zwischen den Fingern drehen und Gottes Liebe spüren, so wie ich vor einigen Jahren. Denn die biblischen Geschichten, die in mir eine Beziehung zu Gott haben entstehen lassen, sind mir nicht einfach zugefallen. Es gab Menschen – und ich könnte die für mich prägenden alle namentlich benennen –, die mir von Gott erzählt haben, die mit mir gesungen haben, gebetet, gefeiert, geschwiegen. Manche von ihnen tun das heute noch mit mir. Auch das ist Kirche. Das Evangelium ist eben eine Botschaft, keine theoretische Abhandlung und auch kein spirituelles Handbuch. Eine Botschaft, die ich auch in der einsamen Stille der Wüste wahrnehme. Und manchmal habe ich das Gefühl, ich höre dort eigentlich den Widerhall eines Wortes, das mir Gott durch einen Menschen irgendwann ins Herz gelegt hat.

Geht das also, Glaube ohne Kirche? Ich würde mit einem entschiedenen »Jein« antworten. Kirche muss der Gemeinschaft der Glaubenden dienen. Sie tut das für viele, indem sie wertvolle Traditionen bewahrt, lieb gewonnene Worte, Riten und Lieder bereithält, die einen Menschen durch das ganze Leben begleiten können. Sie tut es, indem sie die Relevanz des Evangeliums sieht und kommuniziert. Sie tut es

GESPRÄCHSIMPULSE

◼ Welche kirchlichen Strukturen sehen Sie als notwendig, und welche sehen Sie als verzichtbar?

◼ Ein Stein in der Wüste: Welche spirituellen Erlebnisse haben Ihren Glauben geprägt?

nicht, wenn ihre Mitglieder, ihre Vertreterinnen und Vertreter jenen Individualismus pauschal als Unart, als Zeitgeist abtun, der heute unsere Gesellschaft zusehends prägt. Sie sollte Räume schaffen für jene, die Gott nicht zuerst in der Gemeinschaft suchen. Wüstenorte, mit Steinen zum Sammeln, zum Wegwerfen und zum Wiederaufheben, im übertragenen und vielleicht sogar konkreten Sinn. Kirchliche Gemeinschaft kennt viele Formen, sie erträgt auch momentane Vereinzelung. Wie schillernd individuell – und eben darin gemeinschaftlich – Kirche sein kann, zeigt sich derzeit auch in den zarten Knospen einer digitalen Kirche, die zunehmend an Größe und Struktur gewinnt. Ein Haufen Single Player auf Selbstdarstellungsplattformen wie Instagram und YouTube. Und doch entwickeln sie immer öfter auch gemeinsam mit anderen breit genutzte Andachtsformen, interkonfessionelle Diskussionsformate und seelsorgerliche Angebote. Die unsichtbare Kirche, sie ist schon da. Die sichtbare folgt gerade.

Trotzdem wartet hier kaum jemand auf Antworten aus der Kirche. Ein anderer Modus ist gefragt: der des Fragens und des Irritierens. Nicht nur reflexhaft den durch die digitale Wüste Wandernden eine säuberlich abgefüllte Wasserflasche voller Trost und Hoffnung entgegenstrecken, sondern vielleicht mal einen staubigen Stein. Und voller Gottvertrauen warten, was daraus wird. Das Evangelium Jesu Christi ist eine große Irritation. Vielleicht sollte die Kirche es wieder mehr werden, wenn sie für die Glaubenden ein relevanter Ort bleiben will. Gerade die digitale Wüste bietet dazu genug unbehauene Steine. *Alexander Brandl*

Der Mensch als Reittier

Treibt uns das Schicksal, oder ist alles vorherbestimmt? Erwählt Gott, oder hat der Mensch eine freie Wahl?

Martin Luthers großes Thema war die Freiheit. Auch ein halbes Jahrtausend nach dem Reformator klingt »Freiheit« in unseren Ohren alles andere als angestaubt (oder nach Kirche), sondern sexy und modern. Mit dem Impulspapier »Kirche der Freiheit« wollte die evangelische Kirche zu Beginn der Reformationsdekade vor 15 Jahren sich fürs 21. Jahrhundert positionieren.

Dabei könnte – jedenfalls auf den ersten Blick – widersprüchlicher nicht sein, was Martin Luther über die menschliche Freiheit zu sagen hatte: »Von der Freiheit eines Christenmenschen« (1520) lautet der eine Titel seiner zentralen Schriften dazu, »De servo arbitrio« (»Dass der freie Wille nichts sei« oder »Vom unfreien Willen«, 1525) der andere.

Wie jetzt? Gibt es ihn nun, oder gibt es ihn nicht, den freien menschlichen Willen? Man muss dafür weiter ausholen und kann es dennoch ganz kurz sagen: Die Sache ist kompliziert. Der Platz hier reicht nicht aus, um eine sehr lange Abfolge philosophischer, theologischer und naturwissenschaftlicher Debatten auch nur ansatzweise wiederzugeben, die schon seit der Antike um das Problem des freien Willens kreist.

»Die Frage nach der Willensfreiheit ist wirklich ein Probierstein, an welchem man die tiefdenkenden Geister von den oberflächlichen unterscheiden kann, oder ein Grenzstein, wo beide auseinandergehn, indem die ersteren sämtlich das notwendige Erfolgen der Handlung bei gegebenem Charakter und Motiv behaupten, die letztern hingegen mit dem großen Haufen der Willensfreiheit anhängen. Sodann gibt es noch einen Mittelschlag, welcher sich verlegen fühlend, hin und her laviert, sich und andern den Zielpunkt verrückt, sich hinter Worte und Phrasen flüchtet oder die Frage so lange dreht und verdreht, bis man nicht mehr weiß, worauf sie hinauslief.« Damit brachte der Philosoph Arthur Schopenhauer schon 1837 die Sache so ziemlich auf den Punkt.

In der Reformationszeit löste die Frage einen Intellektuellenzoff aus, der in ganz Europa zur Kenntnis genommen wurde. Erst griff 1524 der Rotterdamer Humanist Erasmus an: In seiner Schrift »De libero arbitrio« (»Von der freien Willensentscheidung«) kritisierte er – teils polemisch – Luthers Rechtfertigungslehre und dessen Betonung der göttlichen Gnade für das Heil (»sola gratia«). Und Luther schlug – teils noch polemischer – mit »De servo arbitrio« zurück.

Wir haben das Gefühl, im Sattel unseres Lebens zu sitzen

Die Sache mit dem freien Willen war für Christen von Anfang an eine zentrale Frage. Denn anders als im Judentum, wo die Grundlage der Gottesbeziehung gewissermaßen biologisch durch die Geburt hinein in das Volk Israel gelegt ist, wird nun die Frage entscheidend, in welchem universellen Verhältnis der Mensch zu Gott steht: ob er sich im Glauben an Jesus Christus frei für das Heil entscheiden kann. Wenn er das kann, wie ist es dann um die Gnade in der Rechtfertigung vor Gott bestellt?

Erasmus' Argument gegen Luther: Wenn der Mensch keinen freien Willen hat, wieso stehen dann so viele Ermahnungen, Gebote, Verbote und Gesetze in der Bibel?

Luther antwortet mit seiner berühmten Unterscheidung zwischen Gesetz und Evangelium: Das Gesetz hat die Funktion von Aufklärung und »Diagnose«, aber es ist nicht die heilende Therapie. Die liegt im Wort des Evangeliums, durch das der Mensch befreit ist zu neuem Leben und zur christlichen Freiheit. Im existenziellen Sinn frei wird der Mensch Luther zufolge erst durch den Glauben an Jesus Christus: Nur er kann den Menschen gerecht machen. Doch diesen Glauben erfährt er nur durch die Gnade Gottes. Erst jetzt wird auch der »äußere« Mensch frei zur Liebe zu seinen Mitmenschen, der wahren Nächstenliebe, die dem Glauben entspringt.

Auch das Böse ist für Luther letztlich in der Hand Gottes. Luther schreckt nicht davor zurück zu sagen: Gott wirkt auch in den Bösen, wenn auch nicht als Urheber des Bösen, aber immerhin so, dass er ihnen die Freiheit einräumt, Sünder zu sein und sündhaft zu handeln. »Jenseits seiner Offenbarung ist Gott verborgen«, war Luthers Erkenntnis, er bleibt der ganz Andere, er bleibt der Rätselhafte, der »verborgene Gott« (deus absconditus).

Luther hat den Menschen mit einem Reittier verglichen: Wir werden geritten, wir sind »besessen« – entweder von Gott oder vom Teufel. Wir können uns unseren Reiter aber nicht frei aussuchen; diese selbst kämpfen um uns, nehmen uns in Besitz. Trotzdem spüren wir dabei keinen Zwang, sondern erfahren uns selbst als frei, als willentlich Handelnde.

Luthers Gedankengang wirkt einerseits verstörend: Was ist das für ein rücksichtsloser, grausamer, willkürlich agierender Gott, dieser »deus absconditus«, in den all das universale Geschehen eingebettet ist und der so gar nichts mit dem »lieben Gott« zu tun hat, den wir uns wünschen?

Andererseits ist er überraschend modern. Es wirkt fast wie eine Vorwegnahme der psychoanalytischen Einsichten Sigmund Freuds, wenn Luther hellsichtig zwischen unserem Alltagsbewusstsein einerseits unterscheidet und den Tiefen des Unbewussten andererseits. An der Oberfläche haben wir das Gefühl, im Sattel unseres Lebens zu sitzen, glauben, vernünftig zu handeln und freie Entscheidungen treffen zu können. Andererseits sind da die seelischen, oft unbewussten Konflikte, Abgründe und

Affekte, die unser Verhalten wesentlich bestimmen.

Als folgenreich wird sich Luthers Unterscheidung zwischen Gesetz und Evangelium auch insofern erweisen, als er eine Unterscheidung des Gesetzes in einem theologischen und in einem politischen Sinn anschließt (usus spiritalis legis und usus civilis): Vor Gottes Gerechtigkeit, seinem Gesetz, ist der Mensch völlig ohnmächtig. Vor Gott kann es menschlichen »freien Willen« nicht geben.

In der Welt haben Gesetze aber die Aufgabe, für Regeln und eine bürgerliche Ordnung zu sorgen – in einem höheren Sinn: dem Bösen Grenzen zu setzen. Vor Gott zählt allein die Gerechtigkeit aus Glauben; »coram mundo«, in der politisch-weltlichen Sphäre (und nur dort), zählt allein die Gerechtigkeit der Werke, des Handelns.

Luthers Vorstellung vom allwissenden, allwirksamen Gott zwingt ihn dazu: »Denn wenn wir glauben, es sei wahr, dass Gott alles vorherweiß und vorherordnet, dann kann er in seinem Vorherwissen und in seiner Vorherbestimmung weder getäuscht noch gehindert werden, dann kann auch nichts geschehen, wenn er es nicht selbst will. Das ist die Vernunft selbst gezwungen zuzugeben, die zugleich selbst bezeugt, dass es einen freien Willen weder im Menschen noch im Engel, noch in sonst einer Kreatur geben kann.« (»De servo arbitrio«)

Ist die Welt aber nichts weiter als ein vorherbestimmter, unveränderlicher Ablauf, ergibt sich ein gruseliger Determinismus. Es gibt dann keine Schuld mehr und keinen Sinn. Denn wer nicht frei handeln kann, müsste für den nicht der Grundsatz der Schuldunfähigkeit gelten wie im Strafprozess für psychisch Kranke, denen Schuld nicht »zugerechnet« werden kann?

Luther hält dennoch hartnäckig daran fest, dem Menschen trotz Unfreiheit Schuld und trotz Schuld Unfreiheit zuzuschreiben. Der innere Widerspruch in seiner Argumentation war Luther bewusst.

Weil man trefflich darüber streiten kann, was Freiheit eigentlich ist, noch besser darüber, was »Wille« eigentlich sein soll, und weil Willens- und Handlungsfreiheit leicht zu verwechseln sind, ergeben sich zahllose Folgefragen und Widersprüche. Die Sache mit dem »Willen« führt jedenfalls unweigerlich in eine andere große Frage: das Leib-Seele-Problem. Vereinfacht gesagt geht es darum, ob es »Geist« unabhängig von der Materie gibt.

In welchem Verhältnis steht das denkende Ich zu der Materie, aus der es besteht? Wie hängen mentale Zustände, unsere Psyche, unser Bewusstsein zusammen mit unserem Leib, unserem Gehirn, mit der Materie, aus der wir bestehen? Ist alles Materie? Auch ein Gedicht oder ein Gebet? Und wie ist es in einer rein materiellen Weltmaschine um unseren Willen und dessen Freiheit bestellt?

Man muss sagen: Diejenigen, die einen von der Materie unabhängigen Geist und einen von dieser unabhängigen freien Willen verfechten, haben angesichts dessen, was die Naturwissenschaften und insbesondere die Neurobiologie über Welt und Mensch herausfinden, einen immer schwereren Stand. Nichts, wirklich gar nichts deutet darauf hin, dass sich geistige Prozesse getrennt oder unabhängig von der Materie ereignen.

In Sachen freier Wille kommt dazu: Schon 1979 konnte der US-Physiologe Benjamin Libet mit der Messung von Hirnströmen und Erregungspotenzialen nachweisen, dass unser Gehirn bereits entschieden hat, bevor wir uns »bewusst« zu einer Handlung entscheiden. 2013 konnten Berliner Neurowissenschaftler zeigen, dass das nicht nur für Handbewegungen gilt, sondern auch für Entscheidungen bei abstrakten Denkaufgaben. Die Gehirnaktivität zeigt, dass mit überzufälliger Häufigkeit bestimmte Erregungsmuster etwa vier Sekunden vor dem Moment auf-

treten, in dem die Versuchspersonen selbst sich über ihre Entscheidung bewusst sein können. Wir haben das Gefühl, »Ich entscheide mich jetzt«. Doch da hat irgendetwas in unserem Gehirn für uns unbewusst schon längst entschieden.

Auch wo wir meinen, frei zu entscheiden, sind wir also offenkundig nicht frei. Und doch haben wir innerhalb gewisser Grenzen Handlungsspielräume, können Handlungen noch abbrechen. Sklaven unserer Hirnprozesse scheinen wir nicht zu sein.

Auch die moderne Physik arbeitet sich am Problem des Determinismus ab. Denn in einem klassischen physikalischen System läuft tatsächlich alles gesetzmäßig ab nach dem Prinzip von Ursache und Wirkung. Erst auf der Quantenebene kommt mit Wahrscheinlichkeit und Zufall wieder die Unbestimmtheit, also das Äquivalent der Freiheit ins Spiel des universalen Geschehens.

Was aber, wenn man diese Unschärfe mit einem Supercomputer aus der Gleichung herausrechnen könnte? Dieser Frage geht die neue Sky-Fernsehserie »Devs« nach. Das Markenzeichen ihres Machers Alex Garland ist es, immer wieder große philosophische Menschheitsfragen unterhaltsam auszuloten. Wir hätten dann, behauptet »Devs«, Einblick in die endlose, verzweigte Kette von Ursache und Wirkung, Vergangenheit und Zukunft, alles wäre klar. Es gäbe keinen Zufall und keinen freien Willen. Wir Menschen würden erkennen, dass wir wie Zugreisende auf Schienen unterwegs sind, als Zuschauer unseres eigenen Schicksals, das wir nicht wenden oder verändern können.

So viel sei verraten: Der Titel der Serie lässt sich nicht nur englisch-technologisch als »Computerentwickler« (Developer) übersetzen, sondern in klassischen Lettern auch lateinisch-theologisch als »Deus« (Gott) lesen.

Wenn aber der »Wille« selbst in der Materie stecken sollte? Wenn Geist und Materie am Ende dasselbe wären? Dem christlichen Glauben nähme das nichts – im Gegenteil. Der Geist, das zeigt die Evolution, erwächst aus der Materie. Noch mehr: Er scheint von Anfang an wesentlich in sie eingewoben. Die Bibel hat das schon immer gewusst: »Das Wort ward Fleisch und wohnte unter uns, und wir sahen seine Herrlichkeit«, heißt es im Johannesevangelium (1, 14) über die Inkarnation Gottes in Jesus Christus. *Markus Springer*

Wenn der Glaube wankt

Was ist, wenn der Glaube ins Wanken gerät, wenn Zweifel langsam an den Gewissheiten nagen. Wo kann man dann noch Halt finden?

Ich bin aus der Kirche ausgetreten. Gerade war ich 20 Jahre alt geworden, da reichte es mir. Nicht weil mein Glaube mir abhandengekommen wäre oder für mich bedeutungslos geworden war – im Gegenteil. So wichtig und wertvoll war mir meine jugendliche Vorstellung von Jesus, von diesem Galiläer mit seiner umstürzlerischen Botschaft der Liebe und Vergebung, dass mir alles, was ihn in ein bürgerliches Korsett aus frommen Gesängen und erstarrten Riten presste, grundverkehrt vorkam. Ein kurzer Termin im Rathaus, eine Unterschrift, das war's. Bye-bye, katholische Kirche. Als ich auf die Straße trat, erfasste mich kein Gefühl von Freiheit, aber auch kein Gedanke des Bedauerns oder ein schlechtes Gewissen. Es war mehr so, als hätte ich die Spielregeln gebrochen, um mich frühzeitig aus dem Gefecht zu ziehen. Irgendetwas war offen geblieben. Der Zweifel hatte gesiegt, aber mir war klar: Das alles ist nur ein Zwischenergebnis, nicht der Endstand.

Mein Zweifel im Glauben, er war zunächst ein Zweifeln an einer Institution. Anfangs mit dem Elan und den Idealen eines Heranwachsenden, der sich vom römischen Machtapparat absetzen wollte; es sollte aber nicht lange dauern, bis die zweite Stufe einsetzte: eine echte, umfassende Infragestellung Gottes. Nicht nur ein Gedankenspiel war das, eine fixe Idee, sondern die tiefe Überzeugung: Es gibt ihn nicht, diesen Gott. Man hatte mich gewarnt: Mein Weg könnte mich ins Dunkel stürzen. Und es kam so. Nur hätte ich nicht erwartet, dass mich als Oberpfälzer das Dunkle ausgerechnet in Mittelfranken erwartet, genauer gesagt: in Erlangen. Dorthin war ich gegangen, um zu einer Entscheidung zu gelangen: Will ich ein Leben als Kirchenferner verbringen, als Atheist womöglich – oder studiere ich Evangelische Theologie? Wobei zu ergänzen ist: Für manche Mitglieder meiner früheren Kirchengemeinde kam das gewissermaßen auf dasselbe hinaus.

Evangelische Theologie sollte es werden. Ich hatte es bisher nur aus dem Fernsehen gekannt, das Evangelische. Direkten Kontakt hatte ich keinen. Mein Vater hatte mir immer erzählt, dass er als Sternsinger die Häuser der Lutherischen großräumig umgehen musste. In diesem Geist wuchs ich auf. Irgendwann in meiner Jugend hatte ich eine Fernsehshow gesehen, da wurden die größten Deutschen aller Zeiten gesucht. Martin Luther stand zur Auswahl. Ein Reformator soll er gewesen sein. Und ich fragte mich zu dieser Zeit ernsthaft: Was für ein Beruf ist das eigentlich, Reformator?

Nach zwei Semestern Theologie wurde es dunkel

Kurz nach meinem Abitur begann ich, mich erstmals in Luthers Gedanken einzulesen, nachdem mir auf dem Wühltisch eines Buchladens eine Luther-Biografie im Sonderangebot in die Hände gefallen war. Ich verstand wenig davon, aber ich spürte: Reformation, das schien aus demselben Unbehagen entstanden zu sein, wie ich es selbst gerade so intensiv erlebte. Ein paar Wochen später schrieb ich mich an der Uni in Erlangen ein, mehr aus einer Laune heraus. Jetzt werde ich evangelischer Pfarrer. Am Anfang dieses Weges stand nicht fröhliches Gottvertrauen, sondern Abgrenzung und Zweifel. Und bald sollte ich merken, welche Ausmaße dieser Zweifel noch annehmen konnte. Nach zwei Semestern wurde es dunkel.

Höchstwahrscheinlich ist Jesus nicht in Bethlehem geboren. Es waren Aussagen wie diese, die mich ins Strucheln brachten. Nüchtern wurde doziert, dass die Evangelisten Matthäus und Lukas Jesu Geburt nur deshalb im kleinen Bethlehem verorten, damit sich eine alttestamentliche Weissagung erfüllt. Der Prophet Micha hatte vorhergesagt, dass der Messias eines Tages aus dieser Stadt kommen würde. Für mich ging eine Welt zu Bruch. Waren die biblischen Texte nichts als Augenwischerei? Das Neue Testament – ein einziger Versuch, Jesus, den Menschen, zu etwas zu machen, was er womöglich gar nicht war? Haben wir es doch nur mit einem einfachen Wanderprediger zu tun, dessen Anhänger der Nachwelt unbedingt vermitteln wollten, dass in ihm Gott selbst Mensch wurde, weil sie es nicht ertragen konnten, dass ihr großes Idol getötet wurde wie ein einfacher Gauner? Ich kann nicht behaupten, dass mich diese Fragen nicht immer noch beschäftigen würden. Sie haben nur heute einen anderen Stellenwert. Aber der Reihe nach.

Was passiert eigentlich, wenn ein Mensch zweifelt? Das wurde im Lauf der Geschichte auf sehr unterschiedliche Weise beantwortet. Eine Art Urform des Zweifels findet sich in einem berühmten Satz, der Sokrates zugeschrieben wird: »*Ich weiß, dass ich nichts weiß.*« Im Grunde liegt hier eine unmögliche Aussage vor, denn wer nichts weiß, kann auch nicht wissen, dass er nichts weiß. Dieser paradoxe Satz trägt den Kern jedes Zweifels in sich: Man stellt fest, dass die Fähigkeit des Menschen zur Erkenntnis begrenzt ist. Und weil sie es ist, zweifelt man – an anderen und an sich selbst.

Im 17. Jahrhundert kommt ein großer Skeptiker zu einem fast gegensätzlichen Schluss: René Descartes zweifelt an fast allem. Am Ende seines Lebens litt er wohl sogar an Wahnvorstellungen, so sehr war er davon überzeugt, dass man nie wissen könne, dass die Welt, wie man sie erlebt, auch die wirkliche Welt sei – und nicht etwa ein Traum. Allein auf eines war für Descartes Verlass: die eigene Erkenntnis. Nur die Gedanken sind für ihn überprüfbar und damit echt.

Foto: olly / Adobe Stock

Alles aber, was außerhalb des Kopfes stattfindet, könnte ein Trugbild sein.

Descartes läutet damit ein neues Zeitalter ein: Wissen ist nichts Universelles. Es ist vielmehr an einen Menschen, an ein Subjekt gebunden. Eine derart bedeutsame Rolle hatte der einzelne Mensch in der Philosophie zuvor nie gespielt. Ähnlich Bahnbrechendes hatte sich einige Jahrzehnte zuvor schon in der Theologie abgespielt: Martin Luther nimmt in seinen Schriften ebenso den einzelnen Menschen in den Blick. Nicht das Menschengeschlecht an sich, eine abstrakte Größe, interessiert ihn, sondern der Einzelne, der vor einem gnädigen Gott sein darf, mit seiner ganzen Biografie, mit seinen Stärken und Schwächen.

Was hat das alles mit der Krippe in Bethlehem zu tun? Und wenn es die großen universellen Wahrheiten vielleicht gar nicht gibt: Ist die Botschaft des Engels an die Hirten letztlich auch nur Fake News? Es mag wie ein Widerspruch klingen, aber für mich ist im Kind in der Krippe zu Bethlehem der Heiland geboren, Christus, der Herr, auch wenn ich nicht glaube, dass vor rund 2020 Jahren ein Kind in einer Krippe zu Bethlehem lag. Entscheidend ist für mich nicht, ob es so war, sondern dass es gut so hätte sein können. Diese Geschichte passt einfach. Sie passt zu dem, was Menschen in Jesus erfahren haben: das Göttliche, den Christus, der nicht selbstgerecht herrscht, sondern in Demut. Die Möglichkeit eines gnädigen Gottes: Offenbar konnten sie durch Jesus daran glauben. Ist das alles wahr? Ja. Für die, die daran glauben. Ich zähle mich, bei allem Zweifel, dazu. Und ich kann dabei dankbar auf die Zweifler Descartes und Luther zurückblicken: Mein Glaube ist für mich persönlich bedeutsam. Ich muss keine allgemeingültige Lehre vertreten. Es reicht, dass Gott mich anschaut aus der Krippe. Und wenn ich am Heiligen Abend die Weihnachtgeschichte höre, grüble ich nicht, sondern bin ganz in Bethlehem – der Zweifel wird währenddessen unterm Christbaum geparkt und später wieder abgeholt.

GESPRÄCHSIMPULSE

■ Haben Sie einmal am Inhalt des christlichen Glaubens gezweifelt? Was hat Ihnen dann Halt gegeben?

■ Für Martin Luther gehört Zweifel untrennbar zum Glauben. Wo hält die evangelische Kirche ihre Türen weit offen für die Zweifelnden und Suchenden? Wo könnte sie es noch mehr tun?

Für Martin Luther gehört Zweifel untrennbar zum Glauben. Es stimmt ja: Blinde Gewissheit führt letztlich nur zur Selbstgewissheit. Und wer könnte weiter von Gott entfernt sein als der allzu Selbstgewisse? Wer zweifelt, hat also nicht automatisch einen schwachen Glauben, im Gegenteil.

Vielleicht ist der Zweifel vielmehr eine Frucht der Liebe zu Gott: So sehr interessiere ich mich für ihn, dass ich mich nicht ohne Weiteres abspeisen lasse. Zweifel ist nicht Rückschritt, sondern ein Schritt nach vorne auf dem Weg mit Gott. Kein Zeichen von Stillstand, sondern von Entwicklung. In dieser tiefen Gewissheit kann Luther notieren: »Das Leben ist nicht ein Frommsein, sondern ein Frommwerden, nicht eine Gesundheit, sondern ein Gesundwerden, nicht ein Sein, sondern ein Werden, nicht eine Ruhe, sondern eine Übung. Wir sind's noch nicht, wir werden's aber. Es ist noch nicht getan oder geschehen, es ist aber im Gang und im Schwang. Es ist nicht das Ende, es ist aber der Weg.«

Man hatte mich gewarnt: Ein Theologiestudium befördert den Zweifel und kann die eigene Gottesbeziehung verfinstern. Allerdings: Es wurde für mich auch wieder hell in Erlangen. Zumindest vorerst. Inzwischen wohne ich in München – und meinen Zweifel habe ich natürlich mitgenommen … *Alexander Brandl*

Furor der Hypermoral

Es ist ein Dilemma: Wenn Gott ein guter Gott ist – warum gibt es dann das Böse? Hat Gott das Böse geschaffen – und wozu? Was hat der Teufel mit alldem zu tun? Ja, gibt es ihn überhaupt?

Wenn Gott durch und durch gut ist, dann kann er nicht böse sein und nichts Böses wollen. Doch wenn das Böse vom Willen des Menschen herrührt und aus seiner Freiheit resultiert, sich so oder anders entscheiden zu können, ist dann nicht doch wieder das Böse Teil der Schöpfung und damit von Gott? Oder noch abgründiger, perfider, noch böser gefragt: Ist Gott ein Sadist? Stiftet der allmächtige Gott die Menschen an, Böses zu tun – um sie dann dafür zu bestrafen?

Dass dieser Gedanke bereits die Autoren der hebräischen Bibel beschäftigt hat, zeigt eine Geschichte aus dem 2. Samuelbuch (Kapitel 24): Gott persönlich beauftragt darin König David mit einer Volkszählung und Heerschau. David führt sie durch. Doch statt ihn dafür zu loben, bestraft ihn Gott dafür! Denn David hat damit bewiesen, dass er, statt im Konfliktfall auf Gottes eingreifende Macht zu vertrauen, auf weltliche Kräfte setzt. Vor die Wahl der Strafe gestellt, lässt David dann zwar auch noch wenig couragiert lieber sein ganzes Volk an der Pest leiden, statt die Sache auf die eigene Person zu nehmen: Doch das Unfaire, Rätselhafte und Abgründige an dieser Versuchungsgeschichte hat auch die Autoren des ersten Chronik-Buchs beschäftigt, das in späterer Zeit um das 4. Jahrhundert v. Chr. herum entstand. Im 21. Kapitel taucht dort die Geschichte nahezu wortgleich erneut auf. Nur heißt es jetzt gleich zu Beginn: »Und der Satan stellte sich gegen Israel und reizte David, dass er Israel zählen ließe.«

Der Teufel hat nun also den Job zu übernehmen, die finstere, unverständliche Seite der Gott-Mensch-Beziehung zu verkörpern. Psychologen würden sagen: zu externalisieren und abzuspalten.

Schon immer haben die Menschen das, was sie ängstigte und was sie nicht verstanden, personifiziert. Doch das Böse ist real. Der Teufel als das personifizierte Böse lässt sich nicht so einfach auf das Format einer Märchengestalt reduzieren, wie wir es heute gerne tun. Er ist auch nicht nur popkulturelle Provokation oder Spleen religiöser Randgruppen. Der Teufel steckt nicht nur im Detail, er steckt auch in uns selbst. Er kommt, wie Hannah Arendt (1906-1975) gezeigt hat, im Gewand des Banalen daher.

Es geht um die Überwindung des Bösen

Das Johannesevangelium flicht an einer entscheidenden Stelle (13. Kapitel) das Wirken des Bösen und die Heilsgeschichte ineinander. Johannes hat keine »echte« Abendmahlsszene mit den berühmten Einsetzungsworten, wie sie die synoptischen Evangelien Matthäus, Markus und Lukas wiedergeben. Aber auch bei Johannes gibt es ein Brotmotiv. Es rückt Judas in den Blick: »Der mein Brot aß, tritt mich mit Füßen«, zitiert Jesus aus den Ketuvim, der heiligen Schrift, die sich nun erfülle (Psalm 41). Mit Brot und Wein identifiziert Jesus denjenigen, der ihn verraten und ausliefern wird – aber ohne den es nie Ostern geworden wäre, für keinen von uns.

In der romanischen Basilika Sainte-Marie-Madeleine im nordfranzösischen Vézelay gibt es ein Kapitell, das, hoch oben in der Kirche und schwer zu sehen, wenn nicht Sympathie, so doch Mitleid mit Judas zeigt. Es zeigt ihn erhängt am Baum mit heraushängender Zunge, das kennt man. Aber die Geschichte ist hier nicht zu Ende. In der nächsten Szene hat der Gute Hirte Judas vom Strick genommen und trägt seinen Leib, den er liebevoll wie ein Lamm über die Schultern gelegt hat, nach Hause.

Jesus muss am Kreuz sterben, um aufzuerstehen für uns alle, er muss zerbrechen, damit die ganze gebrochene Schöpfung heil werden kann. Doch was da wirkt, ist keine eigenständige Gegenmacht, kein Gegengott, der gegen den Schöpfer von Allem rebelliert. Das Böse, der Bruch selbst, ist eine gleichzeitig rätselhafte, fremde und alltägliche, in Alles eingewobene Kraft, selbst erlösungsbedürftig und nicht von der Erlösungsverheißung ausgeschlossen.

Bei Johannes kehrt Judas nie mehr an den Tisch des Herrn zurück. Auf dem Kapitell in Vézelay aber wohl doch. Und Jesus selbst sorgt dafür.

Das Evangelium, die frohe Botschaft, hat einen konkreten Bezug: die Überwindung des Bösen. Das Evangelium ist also nicht die Erklärung irgendeines »guten Willens«, sondern existenzielle Antwort, das hat der evangelisch-katholische Theologe Klaus Berger (1940-2020) betont. Es lohne sich, das Neue Testament gerade »von den Erfahrungen mit der Gegenseite her« zu lesen, regte Berger in seinem Buch »Wozu ist der Teufel da?« an. Die christliche Botschaft wirke deswegen heute oft so »frei schwebend« und beliebig, weil dies zu wenig getan werde.

Der »Teufel«, so fasste es Berger zusammen, »ist jene erfahrbare Macht, in der sich die Intelligenz des Hasses konzentriert«, letztlich die Inspiration zum Mord. Den Teufel sollte man also in keinem Fall von sich Besitz ergreifen lassen. Denn Teufel, das ist nicht nur das personifizierte Zentrum von Hass und Neid. Beides, Hass und Neid und ihre Folgen, kennt ja vermutlich jeder – im Kleinen, aus dem persönlichen Leben oder aus dem großen Weltgeschehen.

Doch auch die haltlose Angst vor ihm ist eine Art der Besessenheit vom Teufel. Dualistisches Denken macht es sich zu einfach. Es hat auf der einen Seite stets Hybris, auf der anderen Seite stets

Angst hervorgerufen. Christlicher Glaube ist im besten Sinn aufklärend genau dort, wo er sich dem Hass auf den Teufel versagt – denn das hieße, dessen Spiel zu spielen.

Interessant ist das Böse also zunächst und vor allem im Verhältnis zu mir selbst, meinem Ort in der Welt, meiner Perspektive auf sie. Darauf hat auf brillante Weise der Philosoph Georg Wilhelm Friedrich Hegel in seinem Hauptwerk »Phänomenologie des Geistes« (1807) hingewiesen.

In seinem Nachdenken über die Welt und das, was wir von ihr wissen können, beschreibt Hegel Gott als »absoluten Geist«, der in der Welt und in uns wirksam ist. Im dialektischen Dreiklang aus These, Antithese und aus ihnen folgender Synthese kommt in Hegels optimistischer Geschichtstheologie der Geist als Weltgeist fortschreitend zum Bewusstsein seiner selbst.

Unter der Überschrift »Das Gewissen, die schöne Seele, das Böse und seine Verzeihung« führt Hegel aus, was für ihn dem »absoluten Bösen« am nächsten kommt: Er nennt es die »schöne reine Seele« und meint damit moralischen Hochmut, eine Selbsterkenntnis verweigernde »Heuchelei, die das Urteilen für wirkliche Tat genommen wissen will, und statt durch Handlung durch das Aussprechen vortrefflicher Gesinnungen die Rechtschaffenheit beweist«.

Hegel beschreibt, wie die »schöne Seele« die Schlechtigkeit der Welt eben gerade nicht überwinden möchte, sondern diese im Gegenteil braucht, um die eigene Reinheit und Überlegenheit auszustellen.

In Hegels Geist-Dialektik ist die Vergebung die Synthese, also die Auflösung des Widerspruchs von böser Handlung und moralischem Urteil. In der Versöhnung zeigt sich der Geist (Gottes). Seine marxistischen Erben haben sich nicht zuletzt deswegen von dem im Grunde christlich denkenden Hegel distanziert.

Aber Hegels Abrechnung mit der Gesinnungsethik sitzt. Sie ist für ihn »selbst niederträchtig« und »Heuchelei, weil es solches Beurteilen nicht für eine andre Manier, böse zu sein, sondern für das rechte Bewusstsein der Handlung ausgibt, in dieser seiner Unwirklichkeit und Eitelkeit des Gut- und Besserwissens sich selbst über die heruntergemachten Taten hinaufsetzt, und sein tatloses Reden für eine vortreffliche Wirklichkeit genommen wissen will«.

Wie zu allen Zeiten haben böse Reinheitsvorstellungen »schöner Seelen«,

Das romanische Judas-Kapitell aus dem 12. Jahrhundert in der Basilika Sainte-Marie-Madeleine im nordfranzösischen Vézelay.   Foto: PD

an denen Hegel seine finstere Freude gehabt hätte, auch in unseren Tagen Konjunktur. Zum Beispiel in der Meinung, mit Sprachregelungen die Welt verbessern zu können, wie sie gendernden Sprachvorschriften und den zugehörigen Empörungsmechaniken bei Verstößen gegen sie zugrunde liegen. Oder im Furor der »woken« Hypermoral an Universitäten, in den vielfältigen Erscheinungsformen der Identitätspolitik und der Cancel Culture mit ihren Ächtungsprozessen im digitalen und politischen Raum.

Das Böse ist immer auch in uns selbst am Werk. Dort, wo wir uns für besser als die anderen halten, über ihre Gesinnung urteilen, überhaupt, wenn wir über andere urteilen. Dass Jesus kein Gesinnungsethiker war, hat er nicht nur mit seinem Wort vom Splitter im Auge des anderen und dem Balken im eigenen zum Ausdruck gebracht, das mit dem Satz beginnt: »Richtet nicht, damit ihr nicht gerichtet werdet.« (Matthäus 7, 1-5)

Für Christen ist das ein guter, wenn auch nicht immer beachteter Kompass: dass die gute Tat wichtiger ist als gutes Meinen und frommes Reden; dass die Diakonie wichtiger ist als die Dogmatik; dass wir alle Anteil haben am Bösen (aber auch am Guten); dass die Ursünde, die in Adams und Evas Apfel steckte, die Heuchelei über das eigene Verhältnis zum Bösen war und ist.

Wirklich im Sinne von wirksam, wirkmächtig sind in dieser Welt Geist und Ungeist. Wir sollten mehr Leidenschaft darauf verwenden zu lieben, als zu hassen, auch wenn es das betrifft, was die Liebe hindert. Bis über allen Hass, über allen Neid in der Welt die Herrlichkeit Gottes triumphiert, ist ein hoher Preis erforderlich: meine persönliche Entscheidung zur Geduld, zum Verzicht auf Möglichkeiten, zum Ausharren in Versuchungen. Ertragen lässt sich das am besten, wenn der Glaube selbst schon Freude ist.

Wer also dem »Vater der Lüge« im klaren Bewusstsein dieser »Wirklichkeit« eine Absage erteilt, in dessen Leben ist auch Platz für befreites Lachen. Denn das ist der Kern dessen, was Christen wissen: Der Teufel wird nicht siegen!   *Markus Springer*

GESPRÄCHSIMPULSE

■ Bosheit und Geldgier hat die christliche Tradition Judas unterstellt und mit dem Hass auf die »verstockten Juden« verbunden, die Jesus nicht als Messias anerkannten und anerkennen. Die Dämonisierung hat eine fürchterliche Rolle gespielt in der Geschichte des christlichen Judenhasses. Was ist davon heute noch erfahrbar?

Was den Unterschied macht

Steht ein Sinn hinter dem, was geschieht oder ist alles Zufall? Wofür leben wir? Hat Gott alles vorherbestimmt?

Ich habe noch nie jemanden getroffen, der von sich sagt, dass er den Sinn des Lebens gefunden habe. So was wie »Oh, stell dir vor, ich weiß jetzt, was der Sinn des Lebens ist!« Oder auch »Ich hatte schon fast aufgehört zu suchen, aber jetzt hab ich den Sinn des Lebens gefunden!« Was ich aber schon gehört habe, sind Sätze, die sich ein bisschen ähnlich anhören, sowas wie: »Mir ist im Krankenhaus echt noch mal bewusst geworden, wie dankbar ich für meine Familie sein kann. Die haben den Laden zu Hause geschmissen und ich konnte gesund werden. Und irgendwie merkt man dann doch, dass Liebe und Familie viel wichtiger sind als immer nur die Arbeit.«

Aus diesen Worten spricht so etwas wie eine Erkenntnis – die Erkenntnis, was wichtig ist im Leben. Haben diese Menschen denn damit den Sinn des Lebens gefunden? Vielleicht zumindest für einen Moment. Für den Moment der Dankbarkeit lang wird ihnen klar, was sie in ihrem Leben trägt. Und vielleicht würden diese Menschen dabei auch vom Sinn des Lebens sprechen. Das ist wunderbar und großartig – und doch frage ich mich, warum es für diese Erkenntnis die Extremsituation eines Krankenhausaufenthalts oder eines Schicksalsschlags brauchte. Es ist doch fast schon eine Binsenweisheit, dass die Menschen am glücklichsten auf ihr Leben zurückschauen, die eben nicht 60 Stunden pro Woche gearbeitet haben, sondern zwischendurch auf der Bank sitzen und den Blättern beim Fallen zusehen konnten. Zumindest liest man es so oder so ähnlich in diversen Ratgebern. Dann wäre es der Sinn des Lebens, so viel Zeit wie möglich mit Menschen, Dingen, Erfahrungen zu verbringen, die einen glücklich machen. Aber ist das so? Reicht das?

Studien zum Thema Glück bringen noch eine weitere Perspektive ins Spiel: Sie betonen, dass es uns glücklich macht, wenn unser Leben »wirksam wird« für andere, wenn wir Resonanz spüren. Wenn wir merken, dass wir mit unserem Handeln, unserer Arbeit oder allein schon mit unserer Gegenwart einen Unterschied machen. Weil unser selbstgekochtes Essen jemanden satt und zufrieden macht, weil unser Einsatz bei der Feuerwehr ein Leben rettet oder weil mein Kind sich von mir trösten lässt. Ich mache einen Unterschied.

So eine Erfahrung – und jede und jeder wird sie woanders machen – ist kostbar und einzigartig und trotzdem immer wieder zu erleben. Und: Sie gibt mir die Gewissheit, dass es gut und richtig ist, was ich tue. Zumindest für diesen einen Moment. Und hier beginnt die Schwierigkeit: Es gibt wahrscheinlich in jedem Leben diese Momente, wo wir so etwas wie »Gewissheit« verspüren: Ein »richtig sein, da wo ich bin«. Es durchfährt uns ganz kurz, streift uns wie ein Luftzug – und verschwindet wieder.

Wir schrammen an der Sinnfrage entlang

Und danach tauchen wir wieder tief ein in dieses anstrengende Leben, in dem so vieles gleichzeitig passieren soll und in dem so vieles von uns erwartet wird. Wir gehen unter in To-do-Listen und Schuldgefühlen, Verpflichtungen und Rückschlägen. Erfolgsmomente gibt es auch, aber meistens relativieren wir sie sofort wieder. Ich gerate ins Zweifeln – ist das wirklich das Richtige für mich? Sollte mich mein Beruf nicht mehr erfüllen? Meine Beziehung ist oft so anstrengend – kann das denn gut für mich sein? Ich fange an, mein Leben zu bewerten. Und manchmal schiebt sich die Frage in meinen Kopf: Ist das das Le-

ben, das für mich bestimmt ist? Bin ich für dieses Leben bestimmt? Menschen, die an Gott glauben (und wenn Sie diesen Text lesen, sind Sie zumindest dieser Idee nicht ganz abgeneigt), fragen sogar noch konkreter: Ist das Gottes Weg für mich? Der Ort, wo ich sein soll?

Das ist keine ausschließlich moderne Frage, sondern eine der ältesten der Menschheit. In der Bibel lesen wir von so vielen Menschen, deren Wege infrage gestellt werden, die ihren eigenen Weg neu finden müssen, an Kreuzungen stehen und sich Wegweiser wünschen: Abraham soll sein Zuhause verlassen, Hiob versteht die Welt nicht mehr, als er alles verliert, David ist zerrissen zwischen Machtgefühl und Verantwortung und der reiche junge Mann, der vor Jesus steht, will doch eigentlich auch nur das Beste für alle. Und in Psalm 17 betet eine: »Erhalte meinen Gang auf deinen Wegen, Gott, dass meine Tritte nicht gleiten.« Dass ich nicht ausrutsche, dass ich nicht falsch abbiege – aber gibt es denn ein Richtig oder Falsch auf den Wegen, die wir mit Gott gehen? Sind nicht alle Wege, die wir gehen, behütete, begleitete Wege?

Der Segen, der mir im Gottesdienst zugesprochen wird, ist ein Segen für alle meine Wege: Gott segne dich und behüte dich – ohne Wenn und Aber. Nicht nur, wenn du auch wirklich den Beruf ergreifst, von dem du immer geträumt hast. Auch dann, wenn an deinem Lebenstraum vom eigenen Haus langsam die Fassade bröckelt. Die Momente, an denen wir Angst haben, an »Gottes Plan für uns« »vorbeizuleben«, sind doch wahrscheinlich genau die Momente, in denen unser Leben sich selbst nicht mehr erkennt. Wo wir infrage stellen, was bisher klar war, weil es neblig wird um uns.

Wir schrammen an der Sinnfrage entlang, indem wir nach dem Weg suchen, den wir weitergehen können. Gewissheiten werden fraglich und neue Gewissheiten gibt es noch nicht. Eine Leerstelle

Foto: Iakov Kalinin / 123rf.com

entsteht, und es fehlt das Geländer zum Festhalten. Gott, erhalte meinen Gang auf deinen Wegen, dass meine Tritte nicht gleiten – das betet eine, die versucht, ihren eigenen Weg zu finden.

Ich habe mir diesen Vers damals als Konfirmationsspruch ausgesucht. Vielleicht weil ich dachte, es gibt einen ganz bestimmten Weg, den ich finden muss und den ich nicht verlieren darf. Inzwischen denke ich anders darüber. Über das »Du musst!« in meinem Kopf hat sich über die Jahre langsam das »Fürchte dich nicht!« des Engels geschoben. Und das sagt nicht nur der Engel zu den Hirten draußen in der Nacht, das sagt Gott zu jedem und jeder, die ihren Weg sucht.

Der Segen Gottes und das »Fürchte dich nicht!« sind die leisen, geflüsterten Antworten auf die Frage nach dem Sinn des Lebens. Lass los, du brauchst nicht zu suchen. Nicht den Sinn des Lebens und nicht den richtigen Weg. Hab keine Angst, wenn du gerade den Weg nicht siehst vor lauter Nebel. Manche mögen jetzt entgegnen, es ginge ja nicht um Angst, sondern um Sinn und Ziele und Visionen – ja, das stimmt. Manches Ziel, mancher Traum zeigt uns, nach was wir uns sehnen und wohin wir gehen wollen. Aber dann geht es vielleicht gar nicht so sehr um das Ankommen dort, sondern um das Gefühl, losgehen zu können. Mutig und bestärkt und mit der Gewissheit, einen Unterschied zu machen. Nicht, um den Sinn zu finden

(denn wir wissen ja alle, dass Freunde, Familie und Liebe die Antwort sind!), sondern um die Wege, auf denen Gott uns führt, ohne Angst gehen zu können. Ohne Angst, aber auch ohne den Druck, Erfüllung und Sinn finden zu müssen in allem, was wir tun.

Denn so legitim es ist, sich nach dem Sinn des Lebens zu fragen, so sehr kann es auch zu einer Belastung werden: Geschirrspülen, Steuererklärung und Elternabend müssen nun wirklich nicht sinnstiftend sein. Das kann auch ganz zufällig einfach langweilig und nervig sein. Der Zufall ist nämlich gegenüber dem Sinn des Lebens nicht schlechter gestellt, im Gegenteil: Der Zufall befreit von dem Druck, dass alles im Leben zusammenpassen muss wie die Teile eines Puzzles. Der Zufall ist manchmal verantwortlich für den verpassten Zug, den besseren Platz im Kino oder die große Liebe. Der Zufall ist nicht der Konkurrent für den Sinn des Lebens, sondern kommt

GESPRÄCHSIMPULSE

■ Wenn man »Nebel« rückwärts liest, steht das Wort »Leben«. Meditieren Sie einmal darüber.

■ Welcher Zufall hat Ihrem Leben eine Wendung gegeben? Oder war es doch eine Fügung? Vielleicht sogar der Plan Gottes?

uns manchmal genau in den Momenten zu Hilfe, wo wir im Nebel stehen. Dann fällt er uns zu, ohne dass wir angefangen hätten zu suchen, ohne dass wir genau wüssten, wo er uns hinführt.

Ob das dann wiederum Gottes Fügung ist? Vielleicht. Dann müssen wir uns allerdings auch den unangenehmen und schmerzhaften »Fügungen« stellen: dem viel zu frühen Verlust eines Menschen, den Kriegen, die Leben fordern, und all den anderen kleinen und großen Fragen um das Böse in der Welt. Ist das Gottes Fügung in seiner Allmacht? Und muss ich darin einen Sinn erkennen? Das kann ich nicht, vielmehr ich weigere mich, darin einen Sinn sehen zu müssen. Es bringt mich an den Rand meiner Erkenntnis, diesen Gedanken zu Ende zu denken. Und ich kehre an dieser Stelle zurück zu dem Gedanken, den Glücksforscher für so bedeutend halten: Die Tatsache, dass wir unser Leben am ehesten dann als sinnhaft empfinden, wenn wir einen Unterschied machen: Es ist richtig und gut, was du da tust, denn du bist da. Hier bist du richtig.

Wenn wir spüren, dass wir mit dem, was wir sind und tun können, für andere eine Bedeutung haben: jemanden zum Lachen bringen, ein Kind trösten, Schokoladenkuchen backen. Einen Segen zusprechen. Es gibt Momente, wo es uns nicht weiterbringt, die Sinnfrage zu stellen. Ein offenes Herz, klare Worte und die Liebe zum Nächsten sind da viel – ja, sinnvoller. *Sabrina Hoppe*

Der Boden unter den Füßen

»Bin ich gut, so wie ich bin?« kann vieles bedeuten: Leiste ich genug? Entspreche ich dem gängigen Schönheitsideal? Erfülle ich meine Pflichten? Bin ich eine gute Tochter? Werde ich meinen Kindern gerecht? Kann man sich auf mich verlassen? Habe ich genügend Ansehen? Bin ich ein liebenswerter Mensch? Kümmere ich mich um andere? Genüge ich den Ansprüchen Gottes? Bin ich eine gute Christin?

Besonders in der Phase der Identitätsfindung legt diese Frage manchen Schatten über eine vermeintlich »unbeschwerte Jugend«. Doch nicht nur in jungen Jahren, sondern auch an den Wendepunkten und in den Veränderungsprozessen unseres Lebens überprüfen wir immer wieder, ob wir noch auf dem richtigen Weg sind: Passt mein Lebensstil noch zu mir, oder sollte ich lieber einen Kurswechsel vollziehen? Muss ich etwas ändern? Meinen Beziehungsstatus, meine berufliche Situation, meine Ernährung?

»Bin ich gut, so wie ich bin?« gehört zu dem Best-of-Fragenkatalog des Lebens, der nie ein für alle Mal beantwortet werden kann. Glücklicherweise bekommt diese schwierige Frage im Licht des Glaubens einen anderen Geschmack, und mit der zunehmenden Reifung des menschlichen Ichs nähern sich Wunsch und Realität einander an. Während die äußeren Ansprüche an Gewicht verlieren, gewinnen die inneren Sehnsuchtsbilder an Bedeutung. Der über die Mitte des Lebens hinaus wachsende Mensch erkennt zunehmend, dass Materielles, Leistung und Titel die innere Suche nach Frieden, Liebe und Sinn nicht zum Ziel führen. Die meisten Menschen kommen durch ihre persönlichen Erfahrungen zu dieser Erkenntnis. Nicht selten sind es schmerzhafte Ereignisse, die ihnen die Augen öffnen.

Eine Freundin, die vor einem Jahr ihren geliebten Ehemann bei einem Un-

fall verloren hat, vertraute mir an: »Ich habe jetzt einen unverstellten Blick auf die Menschen und die Welt. Alle Schleier sind gefallen. Meine Verbindung zu Gott ist ungetrübt. Ich habe jetzt Klarsicht und keinen Grund mehr, mich zu verstellen. Auch bei den anderen blicke ich hinter die Kulissen.« Wenn der Vorhang fällt, was bleibt dann übrig von meinem äußeren perfekten Ich? Klaffen Anspruch und Wirklichkeit nicht häufig auseinander?

Die Angst, nicht gut genug zu sein, ist ein ständiger Begleiter

Der Wunsch, ein »guter Mensch« zu sein, ist universell und doch auch teuflisch – im Sinne von verführerisch. Denn dieses Streben behaftet uns in menschlichen Strukturen. Es hält uns gefangen auf dem schmalen Graten der übermenschlichen Superlative. Doch zu leicht gerät man, während man nach Höherem strebt, aus dem Gleichgewicht. Wem will ich eigentlich gefallen? Den anderen? Mir selbst? Oder will ich vor Gott bestehen?

Als ich vor wenigen Tagen mit einer Entscheidung haderte, sagte mein Mann zu mir: »Sei doch einfach du selbst und versuch nicht, den anderen zu gefallen!« Diese Worte hatten es in sich. Dabei fiel mir auf, dass die Frage »Bin ich gut, so wie ich bin?« einen Genderaspekt hat. Frauen werden früh darauf konditioniert, sozial verträglich zu sein. Sie sollen sich für das Allgemeinwohl einsetzen und Streit schlichten. Die eigenen Bedürfnisse dagegen sollen sie hinten anstellen. Durch diese Erziehungssätze verinnerlichen Frauen den Blick von außen auf sich selbst. Doch auch Männer sind gegen gesellschaftliche Erwartungen nicht immun und wollen einem bestimmten Ideal entsprechen. Ideale aber sind schwer zu errei-

chen, und ohne Realitätscheck werden sie schnell zur Überforderung. Schon der Apostel Paulus wusste: »Da ist keiner, der Gutes tut, auch nicht einer.« (Römer 3, 12)

Vielleicht sollten wir uns öfter fragen: Wann bin ich glücklich? Wie lebe ich zufrieden mit mir selbst und den anderen? Der Hirtenjunge und König David hat als Antwort auf diese Fragen eine starke Perspektive gewählt. Im Psalm 139 spricht er zu Gott: »Ich danke dir dafür, dass ich wunderbar gemacht bin, wunderbar sind deine Werke. Das erkennt meine Seele!«

Durch das eigene Tun kann sich niemand von Schuld freikaufen. Im Gegenteil: Die Verstrickung wird dadurch oft noch größer. Der Mensch schafft es nicht, das Gute zu tun: »Wollen habe ich wohl, aber das Gute vollbringen kann ich nicht. Denn das Gute, das ich will, das tue ich nicht; sondern das Böse, das ich nicht will, das tue ich. Wenn ich aber tue, was ich nicht will, vollbringe nicht mehr ich es, sondern die Sünde, die in mir wohnt.« (Römer 7, 18b-20) Der moderne Mensch ist selbst verantwortlich für seine Taten. Er kann keinen anderen zum Sündenbock erklären. Aber er kann um Vergebung bitten: »Entschuldigung, es tut mir leid! Ich habe einen Fehler gemacht.«

Erstaunlicherweise haben schon Kinder ein ausgeprägtes Gespür für die Kategorien »gut« und »böse«. Sie fragen häufig: »Ist dieser Mensch gut oder böse?« Und sie selbst wollen natürlich zu den Guten gehören. Polizisten, Müllmänner, Zauberer, Feen, Ärztinnen und Prinzessinnen sind als Vorbilder beliebt. Es braucht Zeit, bis einem Menschenkind bewusst wird: Ich selbst bin gut und böse zugleich.

Die christliche Praxis des Sündenbekennens trägt dieser Erkenntnis Rechnung. Dadurch, dass sich ein Christ immer wieder an das erinnert, was er sich oder anderen schuldig geblieben ist, kann er jeden Tag neu versuchen, das

Gute zu tun. Für Martin Luther hatte in Bezug auf diese Lebensfrage das Ritual der Taufe eine herausragende Bedeutung: Er empfahl, immer wieder in das reinigende Wasser der Taufe einzutauchen, um sich zu vergewissern: Ich bin gut, so wie ich bin. Mehr noch: Ich bin geliebt! Gott liebt mich mit meinen Ecken und Kanten. Mit meinen Rachegedanken. Mit meiner Kleinkariertheit. Vor Gott kann ich nichts verbergen. Zwar gibt es Gebote und ethische Richtlinien, die uns Christen den Rahmen vorgeben; doch dieser Rahmen wird selbst umrahmt von der göttlichen Barmherzigkeit. »Die Güte des Herrn ist's, dass wir nicht gar aus sind; seine Barmherzigkeit hat noch kein Ende, sondern sie ist alle Morgen neu, und deine Treue ist groß.« (Klagelieder 3, 23)

Je mehr sich der Mensch plagt und selbst kasteit, desto schwerer fällt es ihm, die Güte Gottes am eigenen Leib zu erfahren. Das ist der Preis, den wir für immer mehr Selbstbestimmung zahlen: Jeder muss es schaffen. Jede soll so gut wie möglich sein. Doch halt – gut allein reicht nicht aus! Jede soll immer ihr Bestes geben. Slogans wie »Schöpfe dein Potenzial aus!« oder »Gut ist nicht gut genug!« sollen uns zur Selbstoptimierung antreiben. Weil das den meisten von uns nicht gelingt, ist die Angst, nicht gut genug zu sein, unser ständiger Begleiter.

Zu allen Zeiten haben Menschen sich gefragt: Was ist der Sinn des Lebens? Wozu bin ich auf der Welt? Was erwartet Gott von mir? Muss ich Spuren hinterlassen, oder reicht es einfach da zu sein? Im Buch des Predigers in 3, 9-13 findet sich eine einfache Antwort: »Man mühe sich ab, wie man will, so hat man keinen Gewinn davon. Ich sah die Arbeit, die Gott den Menschen gegeben hat, dass sie sich damit plagen. Er hat alles schön gemacht zu seiner Zeit, auch hat er die Ewigkeit in ihr Herz gelegt; nur dass der Mensch nicht ergründen kann das Werk, das Gott tut, weder Anfang noch Ende. Da merkte ich, dass es nichts Besseres gibt als fröhlich sein und sich gütlich tun in seinem Leben. Denn ein jeder Mensch, der da isst und trinkt und hat guten Mut bei all seinem Mühen, das ist eine Gabe Gottes.«

Fröhlich sein, das Leben genießen und arbeiten – das ist gut und gottgefällig. Die jesuanische Ethik treibt es noch weiter auf die Spitze und stellt unsere Vorstellungen vom Gut-Sein vollständig auf den Kopf: In der Bergpredigt nennt Jesus die selig, die es in unseren Augen am allerwenigsten sind: diejenigen, die

Foto: Julia Zavalishina/123rf.com

Leid tragen und geistlich arm sind. Diejenigen, die um der Gerechtigkeit willen verfolgt werden (vgl. Matthäus 5, 1-12). Auf solche Menschen schauen wir meist mitleidig oder verächtlich herab. Wir halten sie für »Loser«. So wollen wir nicht sein! Wir wollen anders sein, besser. Heimlich, still und leise hoffen wir, dass Gott unsere guten Taten sieht und uns belohnt. So wie es schon Jesu Jünger taten, als sie ihn fragten: »Wer ist der Größte im Himmelreich?« (Matthäus 18, 1)

Doch diese Taktik funktioniert nicht. Wir können uns keine Fleißpunkte erarbeiten. Als Menschen können wir uns selbst nicht befreien. Wir sind angewiesen auf Gottes Gnade. Allein aus Gnade können wir selig werden!

Bleibt noch die Frage: Was sind wir uns selbst schuldig? Zuerst die Erkenntnis: Nobody's perfect und wird es auch nie sein. Wir sind und bleiben »arme Sünder«. Und gleichzeitig geliebte Töchter und Söhne Gottes! Einen liebevollen Blick auf uns selbst sind wir uns – in Gottes Namen – schuldig.

Im 1. Johannesbrief heißt es: »Gott ist die Liebe.« Aus Liebe zu dieser Welt hat Gott uns gewollt. Seine Liebe zu uns »ist langmütig und freundlich, sie erträgt alles, sie glaubt alles, sie hofft alles, sie duldet alles«. (1. Korinther 13, 4a.7) Diese Liebe ist der Boden unter unseren Füßen. Selbst wenn wir uns wenig geliebt fühlen und unsere eigene Liebesfähigkeit eingeschränkt ist, wirkt Gottes Liebe in uns! Daran sollten wir denken, wenn wir uns das nächste Mal fragen: »Bin ich eigentlich gut, so wie ich bin?« Ja, du bist es! *Claudia Häfner*

GESPRÄCHSIMPULSE

■ Wie zufrieden sind Sie mit sich selbst?

■ Haben Sie das Bedürfnis, in der Welt Spuren zu hinterlassen? Wenn ja, welche?

■ Lesen Sie einmal laut Psalm 139.

Im dunklen Winkel des Lebens

Jedes Jahr nehmen sich in Deutschland rund 10 000 Menschen das Leben. Wie dachte und denkt die Kirche über Suizid?

Das Leben ist mir eine einzige Last, schreibt mir ein Mann, den ich hier Heinz nenne, in einer E-Mail. Heinz ist 80 Jahre alt, gar nicht bettlägerig oder schwer krank, aber: Diese Einsamkeit, schreibt er, die bringe ihn um. Dann erzählt er mir von vielen traurigen Erfahrungen mit den Menschen, mit der Welt und mit Gott und sagt unumwunden: »Ich bin schwer suizidgefährdet.«

Jedes Jahr nehmen sich in Deutschland rund 10 000 Menschen das Leben. Noch viel mehr versuchen es. In 90 Prozent der Fälle liegen die Gründe nicht in körperlichen, sondern in psychischen Erkrankungen wie Depressionen. Menschen wie Heinz haben es schwer mit dem, was wir in unserem Glauben so oft für selbstverständlich halten: dass wir das Leben als eine Gabe betrachten, die schützenswert ist. Die meisten Menschen empfinden das einfach so. Sie hängen sehr an ihrem Leben und tun alles, um es so lang wie irgend möglich zu erhalten. Ja, natürlich sollen die Verheißungen für das ewige Leben hoffentlich wahr werden, aber das mit dem Sterben hat bitte noch möglichst lange Zeit. Menschen wie Heinz empfinden anders. Das Leben erscheint ihnen wie ein Geschenk, mit dem sie nichts mehr anfangen können, ja im Gegenteil: das ihnen unerträgliche Mühe macht.

Darüber zu reden ist bis heute schwer. Nicht nur für die Betroffenen, sondern auch für die anderen Menschen, die diese Gefühle nicht kennen. Der Suizid bleibt in der Gesellschaft wie in der Kirche tabuisiert. Und das, obwohl der Suizid die Menschen seit Jahrtausenden beschäftigt. Das Christentum war sich im Laufe der Geschichte bis auf wenige Ausnahmen in seiner ablehnenden Haltung einig.

Dabei konnte es sich kaum auf eindeutige Bibelverse gegen den Suizid berufen. Er wird nämlich biblisch kaum thematisiert. Die wenigen Zeugnisse bleiben beschreibend: Saul und sein Waffenträger etwa stürzen sich in ihre Schwerter, um ehrenvoll Angreifern zu entgehen (1. Samuel 31, 4 f.). Judas Iskariot hat sich dem Matthäusevangelium zufolge nach dem Verrat an Jesus erhängt (Matthäus 27, 5). Kommentiert oder verurteilt werden die Taten nicht.

Von Gottes Liebe, die alles umfängt

Wie hat sich die christliche Ablehnung des Suizids dann begründet? Zum einen ergab sie sich aus der theologischen Hochschätzung des Lebens. Bei aller Hoffnung auf das vollkommene Leben in der Ewigkeit ist theologisch immer klargestellt worden: Auch das irdische ist das von Gott geschaffene und geliebte Leben, das auf dem Weg zur Ewigkeit seine Bedeutung behält. Zum anderen hat sich die christliche Haltung in Abgrenzung zur antiken Umwelt entwickelt. Denn damals war die Vorstellung des möglichst leichten, würdevollen oder schnellen Sterbens durchaus üblich und hat insbesondere bei den Eliten zu einem aus heutiger Sicht liberalen Umgang mit dem Suizid geführt. Dagegen lehnte das Christentum eine solche Eigenmächtigkeit des Menschen ab, weil allein Gott über das Leben verfüge. Paulus' Theologie hat das unterstützt: »*Darum bin ich guten Mutes in Schwachheit, in Misshandlungen, in Nöten, in Verfolgungen und Ängsten um Christi willen; denn wenn ich schwach bin, so bin ich stark.*« (2. Korinther 12, 10) Leiden und Schmerzen erscheinen fortan vor allem als Prüfungen Gottes: Aushalten statt Aufgeben!

Lange richtete sich der Blick von Theologie und Kirche beim Suizid also vor allem auf die als Sünde verstandene Tat: Es handle sich, neben den seltensten Ausnahmen wie dem Märtyrertod, um eine unstatthafte Flucht vor der eigentlich erwarteten Bewährung in Anfechtungen. Lange wurden Menschen nach einem Suizid darum »Selbstmörder« genannt und nicht kirchlich bestattet, sondern öffentlich verbrannt. Noch bis ins 20. Jahrhundert hinein wurden sie nicht einmal auf dem Friedhof, sondern nur in »ungeweihter Erde« beerdigt.

Dem entsprach, dass Suizid auch im weltlichen Recht bis ins 19. Jahrhundert strafbar war. Neben ihrer Trauer und Scham angesichts der öffentlich sichtbaren Schmach mussten sich die Angehörigen dann auch noch Sorgen um das Seelenheil ihrer Verstorbenen machen, denn »Selbstmörder«, die sich vermeintlich an Gottes Geschenk des Lebens versündigt hatten, würden nicht in den Himmel kommen, sondern müssten mit ewigen Strafen und Verdammnis rechnen.

Neben dieser Härte im Urteil hat sich im Christentum im Mittelalter aber auch etwas entwickelt, das in anderer Weise für den jetzigen Umgang mit vom Suizid Betroffenen bedeutsam werden sollte: Mit den Hospizen entstand eine ganz neu organisierte Kultur des Mitleids, der Barmherzigkeit und Pflege für Kranke, Leidende und Sterbende.

Die Menschen mit ihrer Not in den Blick zu nehmen – das ist heutzutage der kirchliche und diakonische Weg im Blick auf Suizid. Verurteilung und Bestrafung sind heute seelsorglicher Begleitung, Trost und Prävention gewichen. Im Vordergrund steht die Idee, den Sterbewunsch möglichst durch die Linderung von körperlichen oder seelischen Qualen abzuwenden. Die evangelische und die katholische Kirche gehen diesen Weg gemeinsam, wie die »Ökumenische Woche für das Leben« 2019 zum Thema Suizidprävention zeigt: »Als Christen wollen wir unseren Mitmenschen beistehen in ihrem Nachdenken über das, was sie hält und trägt, und über das, was brüchig und dunkel ist.«

Gesellschaftlich ist beim Suizid immer mehr die Frage nach der Selbstbestimmung in den Blick gekommen. Das Recht ist sehr sensibel dafür geworden, die individuellen Rechte der Menschen und ihre Vorstellungen für ihr Leben zu achten. Rein juristisch ist daher schon längst geklärt: Sich selbst zu töten ist als äußerste und letzte Möglichkeit dieser Selbstbestimmung erlaubt. Für mich als Pfarrerin zieht das Nachdenken über »Selbstbestimmung« am Lebensende allerdings noch deutlich weitere Kreise: Erlebe ich doch jeden Menschen eingebettet in ein ganzes Beziehungsnetzwerk zu anderen Menschen, zur Welt und zu Gott. Und so bestimmt der »selbstbestimmte Suizid« eben über diese Beziehungen mit. Auch wenn Verwandte oder Freunde den Schritt vielleicht nachvollziehen können, fühlen sie sich doch oft getroffen und beeinflusst von der Tat.

Und die Beziehung zu Gott? Wird sie durch einen Suizid belastet oder gar zerstört? Die Zeiten, an einen Gott zu glauben, der sich nach einer menschlichen Selbsttötung beleidigt zurückzieht oder erzürnt straft, sind – Gott sei Dank – vorbei. Es ist wohl eher dran, in diesen Fällen von Gottes unendlicher Liebe, wie sie in Jesus Christus aufgeleuchtet ist, zu erzählen. Von der Liebe, die alles umfängt und die den Menschen in die dunkelsten Winkel des Lebens nicht allein gehen lässt. Zu meiner Hoffnung gehört, dass der Mensch, der sich das Leben genommen hat, bei Gott vor allem die Heilung erfährt, die er im Leben in dieser Welt nicht finden konnte.

Aus dem Recht auf Selbstbestimmung – und somit auch auf einen Suizid – hat sich eine viel diskutierte Folgefrage entwickelt: Sollen oder müssen wir einem Menschen deshalb auch ermöglichen, sich selbst zu töten? Da schon lange klar war, dass Verwandte oder Freunde manchmal zutiefst mitleiden und dann Beihilfe zum Suizid leisten, war das deutsche Strafrecht mit ihnen sehr milde. Die Beihilfe blieb straffrei, sofern sich die Helfenden nicht in der sogenannten Garantenstellung befanden, also z.B. Eltern von minderjährigen Kindern oder Ärzte waren.

2020 hat das Bundesverfassungsgericht nun den Paragrafen 217 für verfassungswidrig erklärt, wonach geschäftsmäßige, also »auf Wiederholung angelegte« Suizidbeihilfe (wie z.B. durch Vereine wie *Exit* oder *Dignitas*)

Bild: Ion Chiosea / 123rf.com

verboten war. Das Recht auf Selbstbestimmung wird in dem Urteil fundamental neu ausgelegt: Ausnahmslos jeder Mensch, ob schwer krank oder mit Liebeskummer, leidend oder gesund, hat nun den Rechtsanspruch, ein niedrigschwelliges Angebot zur Selbsttötung zu bekommen. Eine solche juristische Entscheidung fordert den christlichen Glauben zweifach heftig heraus: in seinem Verständnis des schutzwürdigen Lebens und auch der Selbstbestimmung.

Nun zelebrieren nicht wenige diese Gerichtsentscheidung als einen großen Zugewinn an Freiheit. Aus christlicher Sicht müssen aber die vielen Menschen in den Blick kommen, die dadurch gerade unfreier und fremdbestimmter werden, weil sie emotionalen und sozialen

GESPRÄCHSIMPULSE

■ Haben sich in Ihrem Umfeld Menschen das Leben genommen? Gedenken Sie ihrer in einem stillen Moment.

■ Suizid, Selbstmord, Freitod – welche Bezeichnung ist die richtige?

■ Sehen Sie in der nun gesetzlich erlaubten Suizidbeihilfe eher die Gefahren oder einen Zugewinn an Freiheit?

Druck spüren. Nein, das sind nicht jene wenigen, die im Vollbesitz ihrer geistigen Kräfte empfinden, ein Freitod sei ein passender Schlusspunkt hinter ihrem reichen, selbstbestimmten Leben. Die Möglichkeit, sich selbst das Leben zu nehmen, steht nun vielmehr drohend auch bei all jenen im Raum, die in prekären Situationen leben, die ihren Angehörigen nicht zur Last fallen wollen oder deren geistige Kräfte nachlassen. Bei Menschen wie Heinz, die in ihren einsamen Depressionen nun eine leichte »Lösung« bekommen.

Der christliche Glaube und die Kirche haben gut daran getan, dass sie ihre Haltung gegenüber dem Suizid im seelsorglichen und barmherzigen Sinne verändert haben. Was es nun in den neuen gesellschaftlichen Debatten um die Beihilfe zum Suizid braucht, ist, auf die Bedeutung der Freiheit für die Schwächeren in der Gesellschaft hinzuweisen. Es braucht eine Kultur, in der Selbstbestimmung nicht zuerst als Möglichkeit, den Tod zu wählen, sondern geschützt leben zu dürfen, gedacht wird.

Wie es Heinz genau geht, weiß ich nicht. Ich habe ihm auf jede seiner Mails geantwortet. Ohne moralischen Zeigefinger, hoffentlich ohne Druck. Noch sind keine Gleise im Haus, schreibt er. Ich bin jedes Mal froh, wenn er *wieder*, wenn er *noch* antwortet. *Stefanie Schardien*

Gott alles übergeben

Was bringt Beten? Hört Gott meine Gebete? Und wie ist mein Bittgebet erfolgreich? Darf man für seine eigenen Träume und Wünsche beten?

Da hilft nur noch beten!«, sagt der Volksmund. Manchmal sag ich mir das auch. Meistens, wenn ich mit meinem Latein am Ende bin. Es hilft mir, einen Schritt zurückzutreten und bewusst um Hilfe zu bitten. Seit Tausenden von Jahren erleben Menschen genau das. Die Psalmen der Bibel erzählen davon. Dank- und Bittgebete von Menschen in allen erdenklichen Lebenslagen: »Ich hebe meine Augen auf zu Bergen. Woher kommt mir Hilfe? Meine Hilfe kommt vom Herrn, der Himmel und Erde gemacht hat.« (Psalm 121, 1.2) Auch im Neuen Testament wird die Rede zu Gott als lebenskluge Haltung beschrieben: »Bittet, so wird euch gegeben; suchet, so werdet ihr finden; klopfet an, so wird euch aufgetan.« (Matthäus 7,7) Doch weil wir Menschen sind, gehört Zweifeln dazu. Die Frage »Hört Gott meine Gebete?« hat sich vermutlich jeder schon ein- oder mehrmals im Leben gestellt. Sie ist also weder abwegig, noch ist sie leicht zu beantworten.

Beten gehört für mich zum Leben. Ein Leben ohne Beten kann ich mir nicht vorstellen. Meiner Erinnerung nach war ich fünf, als ich zum ersten Mal mit Gott gesprochen habe. Das Beten habe ich zwar auch in meiner nahen Umgebung, im Kindergottesdienst und zu Hause erlebt, doch war es für mich vor allem eine mal heitere, mal ernsthafte Zwiesprache mit Gott. Eine Unterhaltung mit meinem Schöpfer, der alles hält und mich kennt.

Jetzt mit 46 Jahren bete ich täglich und häufig zwischendurch. Beim Kochen, beim Joggen, beim Fahrradfahren. Ich habe keine festen Gebetszeiten so wie andere. Oft spreche ich kurz vor dem Einschlafen noch mit Gott, um den Tag Revue passieren zu lassen. Ich sage »Danke« und übergebe ihm alles, was mich bewegt. Und: Ich kann überall beten. Am stärksten aber kommen meine Gebete aus mir, wenn ich unter freiem Himmel bin. Da fließt das Hin und Her zwischen Erde und Himmel wie von selbst. Auch in der Ruhe, in einer Kirche oder an einem meditativen Ort kann ich mich besinnen und meine Gedanken vor Gott aussprechen. Gottes Stimme und seine Antwort erreichen mich in unterschiedlichen Augenblicken. Oft unvorhergesehen mitten im Tun oder Ruhen. Tatsächlich häufig durch andere Menschen. Die mir etwas auf den Punkt bringen. Mir die Augen öffnen. Mich trösten. Mir gut zureden. Mich aber auch wachrütteln. Mir etwas zumuten. Manchmal erlebe ich, wie Gott zu mir spricht, indem er Wege ebnet und neue Optionen öffnet.

Warum im Beten eine besondere Kraft liegt

Doch ist ein Bittgebet erfolgreich? Wenn Erfolg bedeutet, dass meine Vorstellungen wahr werden, dann sind meiner Erfahrung nach nur 25 Prozent dieser Gebete »erfolgreich«. Wenn Erfolg dagegen heißt: Das Anliegen wird Gott vorgetragen, und Gott bewegt es in seinem Herzen, dann glaube ich an einen hundertprozentigen Erfolg. »Ein Mensch sieht, was vor Augen ist, Gott aber sieht das Herz an.« (1. Samuel 16,7) Meist glauben wir zu wissen, was das Richtige für uns ist. Jedoch bleibt die menschliche Perspektive begrenzt. Der göttliche Blick geht tiefer, sieht aufs Ganze.

Fürbittgebete sind Gebete für andere. Sie zeigen die liebevolle Seite des Menschen. Gott und Mensch leben nicht für sich allein. Gott hat sich selbst einen Gefährten geschaffen und für ihn einen Mitmenschen. Der Mensch ist ein soziales Wesen und leidet, wenn es den Nächsten schlecht geht. Fürbitten entfalten deshalb in der Gemeinschaft eine besondere Wirkung. Menschen halten gerne ihre Bittgebete an einem heiligen Ort. In einer Kirche, an einem Kerzenbecken. Auf dem Friedhof am Grab eines geliebten Menschen. Am Meer oder in den Bergen.

Mir als Pfarrerin wird häufig der Wunsch vorgetragen, für jemanden zu beten. Ich tue das sehr gerne und am liebsten mit ihnen. Wenn ein anderer für uns betet und die eigene Not oder das persönliche Glück vor Gott bringt, ist die Not schon gelindert, hat sich das Glück manchmal verdoppelt. Dieses Füreinander-Beten am Telefon, am Tisch, in der Kirchenbank oder in der Natur ist eine Ressource, die jeder nutzen kann. Es mag am Anfang Überwindung kosten, einen anderen zu bitten: »Bete für mich!« Doch danach wird es beglückend sein. Das Gebet hebt die Stimmung und vertreibt die Angst. Für mich liegt gerade im Beten mit anderen Menschen eine besondere Kraft.

Manche wissen aber nicht, wie sie beten sollen. Wie geht Beten? Mit dieser Frage ist man in bester Gesellschaft. Die Jünger selbst bitten Jesus: »Herr, lehre uns beten!« (Lukas 11, 1) Und Jesus tut es, indem er das Vaterunser betet. Das Vaterunser bringt alle wesentlichen Bitten zur Sprache: »Unser tägliches Brot gib uns heute. Und vergib uns unsere Schuld. Wie auch wir vergeben unsern Schuldigern. Und führe uns nicht in Versuchung. Sondern erlöse uns von dem Bösen.« (Matthäus 6, 11-13)

Mit dem Vaterunser kann man Beten lernen. Doch es geht auch frei. Selbst ein Stammeln oder Stille kommt bei Gott an. Schon Paulus wusste: »Denn wir wissen nicht, was wir beten sollen, wie sich's gebührt; aber der Geist selbst tritt für uns ein mit unaussprechlichem Seufzen.« (Römer 8, 26) Beten ist nicht eine Profession für wenige. Beten kann jede. Jeder kann es einüben. Häufig gelingt es besser zu zweit oder in Gesellschaft.

Der Wunsch, beten zu können und von Gott angesprochen zu werden, ist in der säkularen Gesellschaft groß. Ich er-

Foto: Suwaree Tangbovornpichet / 123rf.com

lebe fast nie, dass Menschen es ablehnen, wenn ich zum Abschluss eines Gesprächs mit ihnen beten möchte. Häufig werde ich sogar ausdrücklich darum gebeten.

Mit meinen Kindern bete ich regelmäßig und erlebe dabei die unglaubliche Wirkung des Gebets für die Familie, die Verbindung zu meinen Kindern und jedem einzelnen Kind. Das Gebet ermöglicht, Unsagbares zu benennen, sich zu vergewissern und Verborgenes zu erkennen. Mit meinem fünfjährigen Sohn bete ich jeden Abend. Er benennt dabei philosophische und theologische Themen, die ihn bewegen. Kürzlich fragte er: »Lebt Gott für immer?« Ich antwortete: »Ja.« Weinerlich und protestierend erwiderte er: »Das ist gemein. Ich nicht!« Nach längerem Schweigen fragte ich: »Was denkst du?« Er: »Dann will ich sein wie Gott!« Solche tiefen Gespräche können wir leicht im Gebet führen, weil es unsere Kanäle nach oben öffnet.

Und wie ist das nun? Darf man für den Erfolg der eigenen Fußballmannschaft beten? Klar darf man. Man sollte sogar. Denn das, was einem wichtig ist, interessiert auch Gott. Gott ist nicht einer, der sonntags in der Kirche wartet und den man nur einmal in der Woche treffen kann. Gott ist einer, der Mensch wurde. Dem diese Erde vertraut ist wie die eigene Hosentasche. Wenn einer die menschlichen Regungen und Sehn-

süchte kennt, dann Gott. Ob allerdings die eigene Fußballmannschaft erfolgreich ist, wird auch von Fitness, Teamgeist und Glück abhängen. Denn Gott hat keine anderen Hände als unsere. Was bedeutet: Gott braucht unser Zutun.

Die Frage »Hört Gott meine Gebete?« könnte beinhalten: »Erfüllt Gott alle meine Wünsche?« In diesem Fall wäre ein Nein die einzig mögliche Antwort. Schon in der biblischen Tradition zeigt sich, dass Beten keine Einbahnstraße ist. Die Menschen, die in den Psalmen ihre Not rausschreien oder glückselig jubeln, kommunizieren nicht mit einer toten Wand, sondern sprechen mit Gott. Das Gebet ist kein Selbstgespräch. Gott ist das Gegenüber. Doch seine Antwort kommt nicht immer prompt. Um ihn zu hören, müssen wir unsere Augen, Ohren

und Herzen offen halten. Unsere Sinne müssen »eingeschaltet« sein. Natürlich dürfen wir müde und matt sein. Traurig und ernüchtert. Gott wird uns hören.

Im Garten Gethsemane macht uns Jesus auf eindrückliche Weise vor, wie wir uns im Gebet Gott anvertrauen können: »Mein Vater, ist's möglich, so gehe dieser Kelch an mir vorüber; doch nicht wie ich will, sondern wie du willst!« (Matthäus 26,39) Jesus schwankt zwischen Hoffen und Bangen. Und zugleich ist er bereit, seinen eigenen Willen loszulassen und ganz auf Gottes Führung zu vertrauen. Die Erde, auf der wir leben, ist wahrlich kein Paradies. Doch das Gebet ermöglicht schon hier, den Draht nach oben zu pflegen.

Beim Beten gibt es keine Tabus! Zwar ist Gott kein Rundumglücklichmacher, Sofortwunscherfüller oder gar ein Gebetsautomat! Doch wie so oft im Leben gilt auch hier: »Probier's aus und sammle deine eigenen Erfahrungen!« Wir können für Heilung beten, die erfolgreiche Abiprüfung oder den Sieg der Fußballmannschaft. Nur sollten wir nicht den Fehler machen, Gottes Antwort schon vorwegzunehmen. Gott antwortet auf seine Weise. Er lässt sich weder vereinnahmen, noch denkt er in menschlichen Kategorien. Sein Blick ist weiter. Seine Antwort anders. Wir können aber gewiss sein: Gott hört unsere Gebete und freut sich auf den Dialog mit uns. *Claudia Häfner*

GESPRÄCHSIMPULSE

■ Was würden Sie spontan wählen, wenn Sie drei Wünsche frei hätten? Sind es nach zehn Minuten Nachdenken noch dieselben Wünsche?

■ Gibt es Ihrer Erfahrung nach so etwas wie die befreiende Kraft des Gebets?

■ Wie kann man beten, wenn man keine Worte mehr findet?

Umkehr und Reifung

Kommen am Ende alle in den Himmel? Was wird aus den Menschen, die nicht an Gott glauben? Wie weiß ich, ob ich gerettet werde?

Zu Beginn ein kleines Quiz. Stellen Sie sich vor, Sie hören plötzlich jemanden rufen: »Wir brauchen hier einen Pfarrer!« Was glauben Sie, wofür wird der oder die Geistliche benötigt? Für eine spontane Predigt in der Fußgängerzone? Soll die Person eine Ad-hoc-Trauung zweier Liebender durchführen? Überkommt hier jemanden ein unaufschiebbares Bedürfnis nach christlicher Unterweisung? Oder geht es gerade bei jemandem ans Sterben?

Vielleicht täusche ich mich, aber ich behaupte, dass viele beim Ruf nach einem Pfarrer zunächst an eine akute Sterbesituation denken, an das nahende Ende eines Lebens, das von einem seelsorgenden Menschen begleitet werden soll. Pfarrerinnen und Pfarrer gelten als Profis in Sachen Tod. Aus vielen Bereichen des Lebens werden die Kirche und ihr Personal zunehmend herausgedrängt, aber als Begleiter an der Schwelle vom Leben hinüber in den Tod sind ausgebildete Theologinnen und Theologen weiterhin gefragt: Rund 60 Prozent der Bestattungen in Deutschland sind kirchlich, immerhin. Zum Vergleich: Auf weniger als 13 Prozent standesamtlicher Eheschließungen folgt heute noch eine evangelische Trauung.

Was zeichnet eine Expertin oder einen Experten für das Sterben aus? Trösten soll diese Person, begleiten, da sein. Nicht zuletzt aber auch: etwas wissen! Eine halbwegs belastbare Antwort finden auf die Frage: Was kommt danach? Man muss gar nichts außer sterben, heißt es im Volksmund. Wenn dem so ist, was bringt dann das Wissen über das Jenseits, wenn es am Ausgang des Lebens rein gar nichts ändert?

Man kann am Jenseits verzweifeln. Daran, dass es jenseitig ist und bleibt – wie man die Sache auch dreht und wendet. Vielleicht ist Wissen ein Versuch der Ermächtigung angesichts absoluter Machtlosigkeit. So wie man einen dunklen Kellerraum zuerst mit der Taschenlampe ausleuchtet, bevor man sich sagt: Gut, hier kann ich rein. Dieses Ausleuchten erfolgt meist auf zwei Wegen: erstens durch Vorstellung, Imagination. Himmelspforte, Engel, Gottes Thron, womöglich hier und da ein paar Wolken: Die geläufige bildliche Ausstaffierung des Jenseits mag manchen naiv erscheinen, aber sie verdeutlicht, im Rückgriff auf biblische Aussagen, einen entscheidenden Punkt: Da ist nicht nichts. Kein Verschwinden, kein Weg-Sein. Ein Sein. Wie auch immer es aussehen mag.

Ein Ärgernis für viele Aufgeklärte des 21. Jahrhunderts

Zweitens geschieht der Versuch, das Jenseits auszuleuchten, durch die Übertragung von Regeln aus unserem diesseitigen Leben. Gutes verdient Anerkennung, Böses Zurückweisung. Gerechtigkeit soll gelten, Ungerechtigkeit beendet werden. Zu diesen nahezu universellen Grundüberzeugungen steht nun leider eine Sache quer: die Realität. In unserer Welt passiert es durchaus, dass – zumindest vorerst – auch die Bösen gewinnen. Ebenso kann kaum die Rede davon sein, dass Ungerechtigkeiten aus der Welt sind. Mit dem Jenseits verbindet sich die Hoffnung: Hier ist endlich alles im Lot. Die Guten im Töpfchen, die Schlechten im Kröpfchen. Ewige Ordnung. Schicht im Schacht. Aber ist die Vorstellung, dass die Gerechtigkeit sich durchsetzt, auch eine göttliche? Oder ist dieser Wunsch im Grunde nur allzu menschlich?

Zunächst aber zurück zur Pfarrperson, die, am Sterbebett sitzend, gefragt wird: Was kommt danach? Die Frage ist wahrscheinlich nicht ganz überraschend, und der oder die Befragte hat, auf der Suche nach Antworten, vorab sicher einen Blick in die Bibel geworfen, in dieses Sammelsurium der Gotteserfahrungen, in dem die großen Fragen der Menschheit verhandelt werden. Beim Blättern durch das Alte Testament fällt dem oder der Antwortsuchenden womöglich eine Sache auf: Die Schriften des alten Israel beschäftigen sich kaum mit der Frage nach dem »Danach«. Ihnen scheint es eher ums Leben zu gehen, um das Hier und Jetzt, um Lebensgestaltung vor und mit Gott. Vom Geborenwerden bis zum Sterben. Eher selten ist im Alten Testament von Interesse, was danach geschieht.

Anders sieht es im Neuen Testament aus, dessen Schriften im Licht des Glaubens an Jesus Christus entstanden sind. Es ist faszinierend, welchen massiven Raum plötzlich die Frage zum Leben nach dem Tod einnimmt. Wenn Jesus in seinem Reden der Zukunftsperspektive so viel Raum gibt, ist er auch ein Kind seiner Zeit. Er knüpft an einen religiösen Trend an: die frühjüdische Apokalyptik, die der Gegenwart nicht allzu viel Gutes abgewinnen kann und das Heil in der Zukunft erwartet, in der Gott eine Zeitenwende anbrechen lässt. Das wohl prominenteste Beispiel für das endzeitliche Denken Jesu ist seine Rede vom Weltgericht im Matthäusevangelium. Hier findet sich der Ursprung für die Szene, die in so vielen, besonders mittelalterlichen Darstellungen des Jüngsten Tags reproduziert wurde: Christus als Richter, der die Gerechten von den Ungerechten scheidet wie, so heißt es, Schafe von Böcken.

Wer kommt in den Himmel? Die Frage stellt sich überhaupt erst, wenn man, bewusst oder unbewusst, vom Gedanken eines Endgerichts geprägt ist. Ein Ärgernis für viele Aufgeklärte des 21. Jahrhunderts, überholt und nicht mehr zeitgemäß. Das Sinnbild für überkomme christliche Unterdrückungsstrukturen, die Sorge um das eigene Seelenheil

Der Flug zum Himmel, Hieronymus Bosch, 1504, Palazzo Ducale, Venedig. Bild: PD

ist für manche zum Klischee religiöser Kleingeistigkeit geworden. Und doch muss man als Christin oder Christ – aufgeklärt oder nicht – schlichtweg anerkennen: Sie steht in der Bibel, die Rede vom Gericht. Was machen wir also damit? Einmal will ich noch ausholen und, etwas unvermittelt, ein kurzes Gleichnis Jesu anbringen. Es steht bei Matthäus im 13. Kapitel:

Das Himmelreich gleicht einem Schatz, verborgen im Acker, den ein Mensch fand und verbarg; und in seiner Freude geht er hin und verkauft alles, was er hat, und kauft den Acker. Wiederum gleicht das Himmelreich einem Kaufmann, der gute Perlen suchte, und da er eine kostbare Perle fand, ging er hin und verkaufte alles, was er hatte, und kaufte sie.

Haben Sie auf Anhieb verstanden, worum es geht? Ich nicht. Mit der Deutung dieses Gleichnisses könnte man viele Ausgaben des Sonntagsblatts füllen. Und genau darum geht es mir. Jesu Art zu sprechen ist manchmal – pardon – regelrecht nervtötend. Gott sei Dank! Vielleicht kennen Sie das Gefühl, wenn ein Buch oder ein Film ein offenes Ende hat und viele Fragen ungeklärt bleiben: Es ist zum Haareraufen, zumindest für den Moment. Später aber, vielleicht nach ein paar Tagen, setzt zumindest bei mir das Gefühl ein: Gut, dass nicht alles in wohlige Eindeutigkeit aufge-

löst wurde. Ich hätte den Film oder das Buch sonst wohl schon wieder vergessen. So aber bleibt ein Ärgernis, eine Irritation, ein Anstoß, sein Hirn und seine Fantasie selbst zu bemühen.

Wer kommt nun in den Himmel? Vielleicht sollten wir die Nerven behalten und die schwierige Rede vom Endgericht nicht ins Korsett der Eindeutigkeit pressen wollen. Eine simple, allzu plastische Vorstellung von »die Guten in den Himmel, die Bösen in die Hölle« entspricht den biblischen Passagen vom Weltgericht meiner Meinung nach in etwa so wie eine mit Kuli hingekritzelte Glocke der gleichnamigen schillerschen Ballade. Womöglich kommt man weiter mit dem Experiment, unsere traditionelle Vorstellung des Gerichts gleich einem Regisseur einmal neu zu inszenieren. Haben Sie eine Bibel zur Hand? Lesen Sie die Rede Jesu im 25. Kapitel des Matthäusevangeliums. Aber legen sie die Worte dem sanftmütigen, barmherzigen, friedfertigen Je-

GESPRÄCHSIMPULSE

■ Welche Antwort hätten Sie auf das kleine Quiz im Eingang des Textes gegeben?

■ Wie lesen Sie die Rede Jesu im 25. Kapitel des Matthäusevangeliums?

sus in den Mund. Einem, der heilt, der tröstet und mit Ausgestoßenen speist. Einem, der barmherzig ist. Wie hört es sich an? Bekommen die Zeilen einen anderen Klang, eine andere Farbe? Ändert sich womöglich die Frage danach, wer in den Himmel kommt?

Vielleicht kann das Gericht weniger als Drohung verstanden werden und vielmehr als Einladung. Wie ärgerlich eigentlich, dass die Gerichtsvorstellung über viele Jahrhunderte dazu genutzt wurde, Menschen klein zu machen. Vielleicht soll sie uns groß machen? Nicht groß im Sinne von hochmütig, aber im Sinne von: gereift. Die Umkehr, zu der Jesus uns auffordert, wäre dann Reifung. Ich bin 34, und es wäre sehr altklug, eine Antwort auf die Frage zum Leben nach dem Tod zu geben. Und doch schreibe ich diese Zeilen auch als angehender Pfarrer, von dem heutzutage mehr denn je erwartet wird, er sei Experte für das Thema Tod. Wenn mich Selbstzweifel plagen, ob ich dieser Rolle jemals gerecht werden kann, dann hilft mir ein Blick in das Alte Testament, wo von einem Gott die Rede ist, der sich in einem Dornbusch offenbart und zusichert: Ich bin da. Ich werde da sein. Das tröstet mich – trotz allem. Und womöglich ist schon viel erreicht, wenn ich von diesem Trost, von dieser göttlichen Barmherzigkeit etwas weitergebe, wenn ich sie selbst spüre. *Alexander Brandl*

Apokalypse: Now! Jetzt?

Droht irgendwann das Ende der Welt? Kommt es zur Apokalypse, wie es die Bibel beschreibt? Haben die Aktivisten von Extinction Rebellion recht?

Das Wort hat Konjunktur und so viel Bildung hat heute jeder. Apokalypse, dieses altgriechische Wort ins Deutsche zu übersetzen ist kein Hexenwerk: Weltuntergang; drohende Totalzerstörung aller Lebensgrundlagen, löst Grauen aus, und was der radikalen Zerstörungsvorstellungen mehr sind… Das Adjektiv »apokalyptisch« verwenden wir gerne, um eine Gefahr ins Überdimensionale zu steigern und ihre das nahe Ende auslösende Dynamik maximal dramatisch darzustellen: Es ist schon mehr als »fünf vor Zwölf«: Alle Zeiger rücken gerade vor auf die zwölf: High Noon!

Kraterzerrissene, Leichen übersäte Schlachtfelder des Ersten Weltkriegs, über die Giftgasschwaden treiben. Gespenstische Schwarz-Weiß-Bilder von Schornsteinen, die sich in Auschwitz und anderen Orten der Unmenschlichkeit zeigefingergleich vor einem Winterhimmel abzeichnen. Das Grauen der Stadtwüsten, die ein atomares Feuer hinterließ. Ein alles fressendes Feuer, das vom Himmel fiel und im darauffolgenden kalten Krieg eine ganze Generation mit dem jederzeit möglichen Ende allen Lebens auf der Erde im »Gleichgewicht des Schreckens« erstarren ließ. Seit mehr als einem Jahrhundert hat »Apokalypse« wieder Konjunktur. Als dann 1979 die schwarzen Silhouetten einer Armada von Hubschraubern aus dem rot glühenden Abendhimmel herausstürzend zur aufpeitschenden Musik des Walkürenritts über ein vietnamesisches Dorf herfielen, bekamen die Bilder der Vernichtung von Menschen durch Menschen durch den Film von Martin Scorsese endgültig einen Titel: »Apokalypse Now!«

Dann wurde es ruhiger um das inzwischen so klar definierte Wort, bis es in jüngster Zeit erneut in die Schlagzeilen kam: erst jeden Freitag, der von einer neuen Generation der Zukunft gewidmet wurde: Friday for Future. Wie von den Propheten des Alten Testaments und mit ähnlicher Radikalität wird Handlungsdruck aufgebaut. Drastische Endzeitszenarien mit apokalyptischen Bildern einer globalen Klima- und Umweltkatastrophe sollen zur Umkehr drängen, ehe es endgültig zu spät ist. Und dann überfiel uns die Covid-19-Pandemie wie eine biblische Plage. Apokalypse now?

Kosmischer Kampf zwischen Engeln und dem Satan

Apokalypse ist ein direkt aus dem Altgriechischen übernommenes Wort, das wörtlich übersetzt »Entschleierung« oder »Enthüllung« bedeutet, ganz ohne bedrohlichen Unterton. Als würde man von einem Denkmal bei der Einweihung die Verhüllung fallen lassen oder auch metaphorisch: einen Blick unter die Oberfläche, hinter die Schleier in eine sonst verschlossene Dimension der Wirklichkeit ermöglichen. Aus diesem Grund übersetzte Martin Luther den Titel des letzten Buchs der Bibel: »Dies ist die Apokalypsis Jesu Christi, die ihm Gott gegeben hat…« (Offenbarung 1,1), auch mit Offenbarung. Dieser Begriff ist vom Verb *offenbaren* in der Bedeutung von offenlegen, Einblick ermöglichen, abgeleitet. Offenbarung ist also, wie auch das bibelgriechische Wort Apokalypsis ursprünglich kein Begriff für dramatisch Katastrophales. Es bedeutet einfach: Gott hat Jesus Christus Einblick und Durchblick gegeben hinter die Kulissen des Weltgeschehens: »…was ist und was geschehen soll…« (Offenbarung 1,19)

Die ersten Verse des Buchs markieren die Kommunikationskette – ähnlich wie im aktuellen Investigativ- oder Enthüllungsjournalismus die Angabe der Quellen als Beleg der Glaubwürdigkeit der Informationen dient: Gott zeigt es seinem Sohn, dieser informiert durch einen Boten, biblisch Engel, Johannes den Seher, der von den Mächtigen seiner Zeit auf die Insel Patmos verbannt worden war. Johannes wiederum soll das, was er gezeigt bekommt, an sieben christliche Gemeinden in der römischen Provinz Asia, der heutigen Westtürkei, weitergeben.

In diesem Sinn will das Buch der Apokalypse des Johannes verstanden werden. Eine Sehhilfe für das, was sich eigentlich abspielt unter der Oberfläche der verwirrenden, komplexen Gegenwart mit ihren Bedrohungen: ohne offen zutage liegenden Sinn und ohne offensichtliche Zukunft für die kleinen Gruppen von Menschen, die ihr Vertrauen auf Jesus Christus und sein Erzählen von Gott setzen. Um klar zu machen, in welcher Situation dieses Buch geschrieben wurde, machen wir einen Ortswechsel mit Zeitreise.

Berlin, Am Kupfergraben 2: Am Ufer der Spree, direkt gegenüber der Museumsinsel, ragt hinter einem verglasten Eingangsbereich über 30 Meter hoch ein fensterloser zylindrischer Bau auf. Betritt man ihn und steigt die Treppen in seinem Inneren empor, steht man im Zentrum eines 104 mal 30 Meter großen Panoramabilds der antiken Stadt Pergamon. Es ist der Nachmittag des 9. April 129 n. Chr. Der römische Kaiser Hadrian besucht anlässlich der bacchantischen Festspiele des Dionysos die Großstadt Pergamon in seiner Provinz Asia. Er will sich vom Fortschritt der von ihm in Auftrag gegebenen Erweiterung der weltberühmten Tempelanlagen überzeugen. Dreihundert Meter über der im Tal liegenden 200 000 Einwohner zählenden Stadt ragen übereinander geschichtet auf drei Terrassen die gewaltige Anlage des Zeusaltars, der elegante Tempel der Göttin Athene und, als die alte griechische Götterwelt übertrumpfende römische Krönung, der fast fertige Tempel des Herrn und Gottes Hadrian auf!

Der Gott und Herr, der kyrios und theos, Kaiser Trajan, hatte ihn in Auftrag gegeben. Er soll Symbol und Ausdruck einer imperialen Macht sein, die zunehmend auch die Sphäre des Göttlichen für sich in Anspruch nimmt.

Schwebend über dem Lobpreis der vieltausendköpfigen Menge steht der Imperator da. Sein Blick streift die griechische Eleganz, schweift über das blutverfärbte Pflaster des großen Altars, durchdringt den fetten Rauch der Brandopfer, streicht über das in der Tiefe liegende Straßenmuster der Stadt und verliert sich im westlichen Horizont über dem Ägäischen Meer.

Ich stelle mir vor, dass unter einem der unzähligen Dächer dort unten, in der kaum noch schützenden Anonymität der urbanen Gesellschaft, eine Gruppe von vielleicht 40 bis 50 Menschen versammelt ist. An sie richtet der Seher Johannes eines seiner sieben Sendschreiben: »Und dem Engel der Gemeinde in Pergamon schreibe: Das sagt, der da hat das scharfe, zweischneidige Schwert: Ich weiß, wo du wohnst: da, wo der Thron des Satans ist; und du hältst an meinem Namen fest und hast den Glauben an mich nicht verleugnet, auch nicht in den Tagen, als Antipas, mein treuer Zeuge, bei euch getötet wurde, da, wo der Satan wohnt.« (Offenbarung 2, 12-13)

Die Spannung zwischen der Stimmung der Adressaten dieses Briefs und denen oben an den Stufen des »Throns des Satans« könnte nicht größer sein. Doch sie wird gesehen. Die kleine Gemeinde wird gesehen. Und der Schluss des Schreibens ist ein Geschenk, ein Versprechen: »Wer Ohren hat, der höre, was der Geist den Gemeinden sagt! Wer überwindet, dem will ich geben von dem verborgenen Manna und will ihm geben einen weißen Stein; und auf den Stein ist ein neuer Name geschrieben, den niemand kennt als der, der ihn empfängt.« (Offenbarung 2, 17) Ähnliche Briefe bekommen die anderen sechs Gemeinden.

Und dann beginnt mit Kapitel vier ganz großes Kino. Eine Stimme wie eine Posaune erschallt. Der Vorhang öffnet sich. Blitz und Donner. Die Tiefendimensionen der Wirklichkeit werden enthüllt. Eine Szene entwickelt sich, die alles imperiale Machtgehabe da oben auf dem Berg in den Schatten stellt, ja entlarvt. Maler aller Zeiten haben sich inspirieren lassen davon. Die Erfinder der Star-Wars-Welten fanden ihre Anregungen hier. Der Seher und mit ihm wir werden entführt in eine Loge am Rand des Thronsaals des Gottes der Bibel. Musik brandet auf und vielstimmige Chöre lobpreisen: »Herr, unser Gott, kyrios unser theos, du bist würdig, zu nehmen Preis und Ehre und Kraft; denn du hast alle Dinge geschaffen, und durch deinen Willen waren sie und wurden sie geschaffen.« (Offenbarung 4, 11)

Der Seher erlebt mit, wie von diesem Thron aus auf die freche Anmaßung der imperialen Macht reagiert wird; wie in diesem gewaltigen, bildreichen Einblick eindrücklich klargestellt wird, wo die wahre Macht liegt. Das wird zum Fundament des Versprechens für die kleinen Gemeinden, das ist der tragfähige Grund für die überlebensnotwendige Zuversicht.

Alle warten auf einen heldenhaften Löwen, der retten soll. Der Seher und sein Text zoomen näher heran. Da steht mitten in dieser übervollen Prachtentfaltung plötzlich ein Lamm und wird zum Bild der wahren Macht (Offenbarung 5).

Ab jetzt werden der Seher und wir für viele Kapitel überflutet mit einander überbietenden Szenen und Symbolen. In rascher Folge werden sieben Siegel aufgebrochen, sieben Posaunen ertönen und sieben Schalen voll des Zorns Gottes ausgegossen. Albtraumhafte Bilder von Schrecken und Plagen, Naturkatastrophen und menschengemachtem Schrecken wechseln einander ab. Die Folgen eines kosmischen Kampfs zwischen Engeln und Satan, dem gefallenen Engel, und seinem Gefolge, zwischen der hellen und der dunklen Seite der Macht überschwemmen die Erde: Hunger, Durst, auf die Erde stürzende Himmelskörper, massivste Geldentwertung, Krieg, Pandemien und zu früher Tod. Zum Sinnbild all dessen wurden die »vier apokalyptischen Reiter«.

Das ist nicht Zukunftsmusik, sondern Gegenwartsschrecken. In der Logik des Buchs spricht vieles dafür, dass es sich bei dieser Bilderflut, entgegen aller Vermutungen durch die Jahrhunderte hindurch, nicht »um das, was kommt« handelt, sondern um das, »was ist«.

Das, was kommt, kündigt sich in sechs Zwischenspielen an: Szenen der Wahrnehmung von Ungerechtigkeit und Leid, der Bewahrung, des Hoffnung-Stiftens und des Verinnerlichten der Verheißung. Und schließlich laufen dann im Stil einer großen Saga die Schlussepisoden vor unseren Augen ab. Der Sieg der himmlischen Mächte über die der Finsternis. Ihre Entmachtung. Dann ein tausend Jahre andauerndes Friedensreich.

Aber das ist noch nicht das Ende. Ein letztes Aufbäumen entfesselter dunkler Macht, ihre endgültige Entmachtung und dann erst ist Schluss. Ein neuer Äon bricht an, eine Zeit, in der all das nicht mehr Platz hat, was die Gegenwarten aller Zeiten bestimmt: Ungerechtigkeit, Leid, Tränen, verzweifeltes und ohnmächtiges Schreien, Lebensfeindlichkeit. Es beginnt mit dem Öffnen von Büchern: den Büchern der Taten und dem einen, großen Buch des Lebens. Anders als in dem nichtbiblischen Bild von dem Richterengel mit der Seelenwaage kommen so die Herstellung von Gerechtigkeit und die Barmherzigkeit in der Hand Gottes zusammen (Offenbarung 20, 11-15).

Die letzten Bilder vor der Abblende des großen Kinos verzaubern mit einer zwölffachen Überbietung des göttlichen Gartens Eden von den ersten Seiten der Bibel: »Und er zeigte mir einen Strom lebendigen Wassers, klar wie Kristall, der ausgeht von dem Thron Gottes und des Lammes, mitten auf ihrer Straße und auf beiden Seiten des Stromes Bäume des Lebens, die tragen zwölfmal Früchte, jeden Monat bringen sie ihre Frucht, und die Blätter der Bäume dienen zur Heilung der Völker. Und es wird nichts Verfluchtes mehr sein.« (22, 1-3a)

Das letzte Buch der Bibel ist keine panikmachende Galerie von Endzeitbildern. Das letzte Buch der Bibel ist eine drastische Schilderung immer wieder neu erlebter Gegenwarten und den Machtkämpfen »hinter den Kulissen«, durchwoben vom Aufblitzen der Zukunft. Bei aller Faszination über die Entschlüsselungsarbeit von Symbolen und die Decodierung von Zahlenspielen will die Apokalypse in Wahrheit eine Offenbarung sein, die Enthüllung eines göttlichen Versprechens: Ich nehme dich wahr. Glaub mir das und die Angst verliert ihre lähmende Macht über dich und verwandelt sich in lebensdienliche Sorge. Ich löse dich heraus aus allen Fesseln und Verstrickungen. Weil ich dich liebhabe und du wertgeachtet bist in meinen Augen, spricht dein Gott (nach Jesaja 43, 1.4.5). *Stefan Ark Nitsche*

GESPRÄCHSIMPULSE

■ Wo sind Ihnen in jüngster Zeit Endzeitszenarien begegnet?

■ Harald Lesch: Es gibt keinen Planet B. Wie sehen Sie die Zukunft dieser Welt?

Gottes Gesandte

Die Bibel redet – gerade in der Advents- und Weihnachtsgeschichte – realistisch von Engeln. Ist das ein Aberglaube oder gibt es die Engel wirklich in unserer Welt?

Zu normalen Zeiten würden in vielen Gemeinden jetzt die Vorbereitungen auf das alljährliche Krippenspiel beginnen. Die Texte aussuchen oder selber schreiben, Besetzungen überlegen, Requisiten überprüfen – nachschauen, ob die Engelsflügel eher einer gerupften Gans gleichen oder beim weihnachtlichen Showdown der himmlischen Heerscharen noch mal herhalten können. Krippenspiele gehören zum Heiligen Abend wie das Geschenkeauspacken. Und jeder Christenmensch sollte irgendwann einmal mitgewirkt haben.

Ob im Kindergarten und zu Grundschulzeiten – die meisten waren schon mal dabei. Anfangs debütiert man als »drittes Schaf« hinten rechts, avancierte zu »Ochs und Esel« bis hinauf zum ersten Kamel. Manch späterer »Pastor« hat schon mit fünf Jahren als »Hirte« angefangen oder fand sich Jahre später ganz schön im Ornat der »Heiligen Drei Könige«. Ich war zweimal der heilige Josef – nicht ganz ohne Stolz, auch wenn ich nix zu sagen hatte. Es war eine stumme Rolle. Ich stand halt da, hielt die Lampe und mich selbst am Stecken fest und himmelte die Engel an. Mit der Rolle konnte ich leben. Was mich aber bis heute wurmt, ist, dass ich's nie zum »Verkündigungsengel« gebracht habe die einzig echte Sprechrolle in der Weihnachtsgeschichte à la Krippenspiel.

Nach ein paar Semestern Theologie und inzwischen über 40 Weihnachtsfesten weiß ich, dass die Erzählung der Krippenspiele nicht immer haarklein am biblischen Original entlang erzählt. So war mir immer nie ganz klar, was denn nun der Job des Engels war. Sollte er den Bad Guy oder den Good Guy geben? Der, der der armen Maria die Ansage macht, dass sie ungewollt ein Kind bekommen wird, oder der, der den armen Hirten sagt, dass sie als Gottes Kinder gewollt und geliebt sind? Jedenfalls hat der Engel Gabriel einen wichtigen Job: Er soll Botschaften übermitteln, er soll eine Ansage machen.

Der Gabriel hat bei den Krippenspielen immer die prächtigsten Flügel bekommen und den größten Heiligenschein. Als müsste er gegen Sturm und Widerstände anfliegen und bis ins dunkelste Eckchen der Welt hineinleuchten. Das passt, denn schließlich ist ja Nomen gleich Omen – Gabriel bedeutet »Gott ist Kraft«. In der Bibel wird Gabriel an mehreren Stellen genannt. Im Buch Daniel und im Lukasevangelium. Seine Botschaft stemmt sich gegen politische Unterdrückung und Übermacht, gegen natürliche Hindernisse wie etwa altersbedingte Unfruchtbarkeit und gegen Resignation darüber, dass die Welt von allen guten Geistern verlassen zu sein scheint. Der Prophet Daniel bekommt die Befreiung aus der Gewalt Babylons verheißen; Elisabeth und Zacharias die Zusage, dass sie doch noch gereifte Eltern werden – und Maria das zeit- und ewigkeitsverändernde Wort von der Menschwerdung Gottes.

Geheimnisvoll unsichtbar – und ganz konkret als Person

»Gott ist Kraft« – Gabriel. Das klingt gewaltig! Das hat Macht. Es ist die Botschaft, die den Engel als Engel ausmacht. Denn nichts anderes ist ein Engel: ein Bote, von Gott gesandt. Engel gehören zum Wirkungsbereich Gottes und zum Wirklichkeitsbereich des »Unsichtbaren«, wie es im Nicänischen Glaubensbekenntnis heißt: »Wir glauben an den einen Gott, den Vater, den Allmächtigen, der alles geschaffen hat, Himmel und Erde, die sichtbare und die unsichtbare Welt.«

Die Engel im Krippenspiel wurden meist mit blond gelockten Mädchen besetzt. Engel haben in unserer Vorstellung etwas kindliches. Der »liebe Gott« für die Hosentasche – so begegnen Engel in unseren Tagen. Engel machen Gott niedlich. Machen den Ewigen zu einem Wochenbegleiter durchs Jahr, den Unanschaulichen zum runden Kindergesicht mit Flügeln an der Schulter. Ja, Engel haben Konjunktur. Neulich nahm ich mir auf dem Friedhof vor, als ich nach einer Beisetzung allein zurück zur Aussegnungshalle ging, auf den Gräberschmuck zu achten. Und es bestätigte sich, was ich bis dahin nur so im Vorbeigehen meinte wahrgenommen zu haben. Dass sich nämlich seit geraumer Zeit kleine und größere Engelsfiguren auf Gräbern zwischen den Blumen tummeln und sich immer größerer Beliebtheit erfreuen.

Das ist nur vordergründig kitschig. Denn Engel machen den Himmel auf, wie Jakob einst im Traum schaute. Engel sind greifbarer. Und das macht Gott – glaube ich – wegen einer geringeren Dossierung verträglicher. Denn das, was im Blick auf Gott (also dann, wenn Gott denn wirklich Gott ist) wichtig wird, wird oft als Überdosis für Verstand und Herz empfunden. Gott ist zu groß. Gott ist zu gewaltig. Die Ewigkeit auch. Der Tod auch. Und, ach – das Leben doch auch. Es ist alles zu groß! Da ist ein Engel ein ehrbarer, hilfreicher Geist. Ein himmlischer Begleiter, ein Repräsentant von den guten Mächten, die bergen, die trösten und die Nähe Gottes irgendwie gewisser machen können. Auch wenn ich das grelle Licht Gottes scheue, die Lichterketten der Engel mag ich sehen.

Und da können Engel zu dem werden, was sie sind. Sie übersetzen etwas. Sie rationieren die großen Portionen Gottes. Denn aufgrund dieses freundlichen Gefieders der Engelchen lassen sich manche schrägen Vorstellungen von Gott ausrufen. Die Vorstellung etwa, dass Gott – weil er zu groß für mich ist – sich nicht für den alltäglichen Kram und Kummer meines kleinen Lebens interessieren würde. Oder die Vorstellung, dass Gott – weil er so groß ist – sich abwenden wollte, weil er eines Tages die Nase voll hat von mir und uns und unseren kleinlichen Eitelkeiten und handfesten Sünden. Engel sind ein Hinweis auf Gottes Zuwendung zum Menschen. In dieser Vorstellung von Engeln verbirgt sich die Wahrheit, dass Gott den Menschen nicht alleinlässt und ihn oder sie mit heilender und liebender Nähe umgibt.

Die Frage danach, ob nun Engel alberner Aberglaube sind oder ob es sie wirklich gibt, wird hier relevant. Aus der Bibel hören wir, dass Engel personale Wesen sind. Es wird nicht infrage gestellt, *dass* sie sind. Es wird aber gefragt, *was* sie sind. Denn Engel sind keine – größeren oder kleineren – Götter mit jeweiligen Zuständigkeitsbereichen. Ein Engel für den Schutz, ein Engel die Leichtigkeit. Ein Engel als Minigott. Ein Engel für die Geduld, einer für das Krippenspiel und ein Engel für das Grab. Nein, Engel sind Geschöpfe und daher wie wir Menschen von Gott unterschieden.

Gibt es Engel? Es gibt zwei Hinweise darauf. Erstens: Sie sind Gott zugewandt, sie beten ihn an. Sie sind die Heerscharen Gottes, die an Weihnachten den gewaltigen Lobpreis anstimmen: »Ehre sei Gott in der Höhe und Friede auf Erden den Menschen seines Wohlgefallens.« Sie verkündigen die Größe Gottes. Sie sagen der Welt etwas von der Notwendigkeit Gottes – sie sagen das nicht von sich selbst. Sie sagen: »Euch ist heute der Heiland geboren!«, und weisen damit von sich weg. Und genau darin – zweitens – sind sie uns Menschen zugewandt. Sie sind Boten. Nicht mehr und nicht weniger. Es gibt sie, weil es diese eine Botschaft gibt. Und deswegen können Engel auch ganz unterschiedliche Gestalt haben. Geheimnisvoll unsichtbar und ganz konkret als Person.

Neben Gabriel gibt es in der Bibel zwei weitere englische Berühmtheiten. Raphael (Gott heilt), der Engel, der mit Tobias ein regelrechtes Abenteuer erlebt. Pures Dasein mit Leben und Tod,

»Die Anbetung der Könige«, Gemälde des niederländischen Malers Jan Gossaert (1510).
Bild: The National Gallery, London / PD

mit etlichen offenen Fragen, mit Lachen und Weinen und einem klaren Auftrag. Nachzulesen im apokryphen Buch Tobit. Und dann noch Michael. Der Erzengel überhaupt und Hüter des Gartens Eden – der Cherub, der im Weihnachtslied besungen wird – der Kämpfer gegen die Mächte der Finsternis. Am Erzengel Michael wird deutlich, dass man es bei Engeln weiß Gott nicht mit niedlichen Maskottchen zu tun hat. An der Michaelskirche in der Münchner Fußgängerzone ist er dargestellt als der, der dem endzeitlichen Drachen – der für lebenszerstörende Mächte und Gewalten steht – den Garaus macht. Am Namen »Michael« selbst orientiert sich die Frage nach dem Umgang mit Engeln. Der Name bedeutet »Wer ist wie Gott?«. Und diese Frage taucht immer auf, wenn man es mit Engeln zu bekommt. Sind Engel wie Gott? Der Engel fragt nach innen, befragt sich selbst

GESPRÄCHSIMPULSE

■ Erinnern Sie sich an Ihr erstes Krippenspiel? Als Zuschauer? Als Mitwirkende?

■ Hat die nüchterne protestantische Theologie das Phänomen der Engel zu stark vernachlässigt?

■ Wenn es Gott gibt, dann ist ihm alles möglich – warum nicht auch Engeln?

in seinem Namen. Und sagt: Nein! Auch nicht in Miniaturausgabe. Und er fragt nach außen: »Wer ist wie Gott?« Und wir können diese Frage mit Martin Luthers Morgengebet beantworten: »Gott, dein heiliger Engel sei mit mir, dass der böse Feind keine Macht an mir finde.« Wer ist wie Gott? Niemand. Es wird klar, dass keine Macht im Himmel und auf der Erde und unter der Erde Gott gleich ist.

Das alles klingt in mythischen Formulierungen recht weit weg und ist doch sehr vertraut. Aber wo begegnen einem nun Engel? Sind sie realistisch, oder stehen sie als Chiffre für Lebenserfahrungen, für Anfechtung, für die Momente, wenn man dem Unglück noch mal von der Schippe gesprungen ist oder einem im Gottesdienst ein Schauer über den Rücken läuft…?

Spätestens seit dem ersten Krippenspiel sind Engel Teil eines Lebens. Man muss sich in der Adventszeit und in den Weihnachtsgottesdiensten nur umschauen, wie viele Gottesboten da beieinandersitzen. Eine ganze Kirche voll. Engel Gottes – seine Boten, gibt es. Sonst wären in der Heiligen Nacht die Kirchen nicht so voll. Jede und jeder hatte irgendeinen Menschen, der ihm oder ihr mal Weihnachten »verkündet« hat. Der gesagt hat: »Weihnachten ist unvergesslich, das muss man erlebt haben!« Es muss wen gegeben haben, der einem mal die Worte beigebracht hat: »Es begab sich aber zu der Zeit, dass ein Gebot von dem Kaiser Augustus ausging…« Irgendwer hat uns mitgenommen zum ersten Krippenspiel und die ersten Weihnachtslieder vorgesungen. Irgendwer hat uns mal gesteckt, dass es Jesus gibt und er uns unendlich liebt. Irgendwer hat uns mal das Beten beigebracht und gesagt: Du musst keine Angst haben, du bist nicht allein, niemals. Irgendwer war das – und das war ein Engel. Der sagt uns heute das Gleiche wie einst: »Fürchte dich nicht, denn dir ist (heute) der Heiland geboren. Dein Erlöser, der Messias – Jesus. Der Herr der Lage, auch in nicht normalen Zeiten.«
Norbert Roth

Der Fensterputzer

Die Bibel spricht vom Heiligen Geist. Was ist das genau? Wie kann man den Heiligen Geist heute erfahren?

Sie arbeitet nicht mehr an der Uni, schreibt sie mir kurz und knapp in ihrer Mail. Sie habe die Eisdiele ihrer Eltern übernommen. Manchmal verflucht sie sich, wenn sie im Sommer hinter der Theke steht, während gefühlt alle anderen davor stehen. Aber dann schaut sie fast überrascht auf die Erdbeer-, Minz- und Schoko-Kugeln in der Waffel und fragt sich, wie sie es eigentlich so lange in ihrem Büro zwischen den Fußnoten und Textmarkern ausgehalten hat.

Er ist jetzt weg von der Agentur. Er hätte bleiben können, gut sogar. Er wurde nicht ausgebeutet, nicht zu schlecht bezahlt und die Kollegen waren total okay. Aber er wollte nicht mehr. Letztlich war das das einzige Argument: Es stimmt nicht mehr. Es fühlt sich falsch an. Und deshalb ist er gegangen. Gar nicht so weit weg. Aber trotzdem verkauft er jetzt keine Werbung mehr, sondern bleibt erst mal zu Hause bei den Kindern. Für ein paar Monate reicht jetzt das Gehalt seiner Frau. Und dann, mal schauen, wie es weitergeht.

Das sind klassische Pfingstgeschichten, oder? Aufbruch! Veränderung! Frischer Wind! Dafür steht der Heilige Geist ja schließlich meistens. Immer wenn man in der Kirche betonen will, dass sich etwas ändert, muss der Heilige Geist herhalten. Manchmal versucht man sogar noch, ihn als ganz besonders modern und anders darzustellen, indem man ihm als Einzigem der drei Personen Gottes ein weibliches Substantiv als Ersatz anbietet: Die »heilige Geistkraft« heißt es dann. Diese Übersetzung orientiert sich am hebräischen Wort für den Geist Gottes im Alten Testament, *ruach*, und am griechischen Wort *pneuma*, das in der Apostelgeschichte zum Beispiel in der Pfingstgeschichte verwendet wird.

Spricht man von der »heiligen Geistkraft«, klingt für manche Menschen eine Eigenschaft des Heiligen Geistes ganz besonders durch, eine Eigenschaft, die oft als »weiblich« definiert wird (eine Zuschreibung, die mehr als fragwürdig ist): eine Kraft, die Beziehungen schafft, sozusagen das Sozialministerium in der Trinität. Während Gott Vater die Welt und ihre Gesetzmäßigkeiten erschaffen hat, sein Sohn Jesus für die tätige Nächstenliebe und vor allem für Kreuz und Auferstehung zuständig ist, ist die Geistkraft so etwas wie der soziale Kitt dazwischen: Sie leistet Beziehungsarbeit zwischen Jesus und den Jüngerinnen und Jüngern und sorgt dafür, dass sie in der Lage sind, ohne ihn an ihrer Seite weiterzumachen. Die Aufgabenteilung ist also klar: Der Heilige Geist ist für die Soft Skills zuständig. Kein Wunder, dass er in der akademischen Theologie lange ein Schattendasein geführt hat. Erst die sogenannten kontextuellen Theologien der 1970er- und 1980er-Jahre haben ihn wieder mehr in den Mittelpunkt theologischer Gedanken- und Sprachspiele gerückt. Und nicht zuletzt die Feministische Theologie hat viel dazu beigetragen, dass die Bedeutung der Geistkraft Gottes innerhalb der Dreieinigkeit gestärkt wurde.

Hier ist er, der Aufbruch, der »Wind of Change«

Aufbruch und Beziehung, das sind also die beiden Wortwolken, die man gerne um den Heiligen Geist herummalt. Der frische Wind, der die Jünger erfasst und ihnen den Mut gibt, in die Welt rauszugehen und die Liebe und Gnade Gottes zu verkünden – Geburtsstunde der Kirche. Und die Gemeinschaft, die daraus entsteht: eine Gemeinschaft unterschiedlicher Menschen, die durch den Geist Gottes vereint ist – einmütig und gestärkt von innen, so sehr, dass Äußerlichkeiten und soziale Grenzen nicht mehr wichtig sind. Beides ist Pfingsten. Beides geht auf die Pfingsterzählung in der Apostelgeschichte im 2. Kapitel zurück: Sie, die biblischen Apostel, sitzen alle zusammen, als plötzlich ein »Brausen vom Himmel« das ganze Haus erfüllt. Der Wind entfacht Feuerzungen, über jedem Einzelnen erscheint eine Flamme!

Hier ist er, der Aufbruch, der »Wind of Change«, der in die Menschen hineinfährt. In die Menschen, die auf einmal begreifen, dass das, was sie gerade tun, nicht das Richtige ist. Dass sie da, wo sie gerade sind, nicht bleiben wollen. Das ganze Haus, das ganze Leben wird davon erfüllt und sie können gar nicht anders, als zu sagen: »Ja, genau. Das ist der Wind in meinen Segeln, der mir gefehlt hat. Und jetzt los, auf zu neuen Ufern!« Das ist Pfingsten. Und hier ist sie, die Gemeinschaft, die dadurch entsteht, dass genau diese Menschen, die da an einem Ort zusammen sind, gleichzeitig von diesem Geist erfasst werden. Jesus hatte es ihnen genauso versprochen, als er kurz zuvor endgültig von ihnen weggegangen war, an dem Tag, den wir heute »Christi Himmelfahrt« nennen: »Aber ihr werdet die Kraft des Heiligen Geistes empfangen, der auf euch kommen wird, und ihr werdet meine Zeugen sein!« Eine Gemeinschaft sein, getragen vom selben Geist. Das ist Pfingsten.

An Pfingsten zeigt sich Gott noch einmal ganz anders, mit Bewegung, mit Luft und irgendwie besonders dadurch, dass er das Leben durcheinanderwirbelt. Vielleicht ist Pfingsten zwar das Fest mit den wenigsten kirchlichen Bräuchen, mit den wenigsten weltlichen Traditionen – es gibt keine Eier zum Sammeln, keine Geschenke zum Auspacken –es gibt auch keine kleinen blinkenden Täubchen zu kaufen. Aber trotzdem ist Pfingsten vielleicht der kirchliche Feiertag, der am meisten damit zu tun hat, wie wir etwas von Gott in unserem Leben merken: Dass ich auf einmal weiß, was richtig ist. Dass ich mich bewahrt fühle vor übermächtigen Kräften, die

Foto: Wstockstudio / shutterstock.com; Montage: sob

mich an den Rand zu drängen drohen. Dass ich merke, dass ein guter Geist gerade dabei ist, wenn ich versuche, ein klärendes Gespräch zu führen.

Das Bild des Heiligen Geistes, der »heiligen Geistkraft«, ist mir dann vielleicht näher als der große allmächtige Schöpfergott und auch als die Vorstellung eines Erlösers. Im Heiligen Geist zeigt sich Gott anders: ohne Barrieren, ohne Wissen, ohne Anbetung, ohne Für-wahrHalten, ohne Nachdenken. Er offenbart sich, sagen Theologen an dieser Stelle gerne. Man kann aber auch sagen: Gott gibt sich zu verstehen. Und endlich verstehe ich mich. Mich und das Leben. Endlich verstehe ich für einen Moment etwas in meinem Leben, was ich vorher wie hinter ungeputzten Fensterscheiben gesehen habe: in Schlieren, mit Flecken. Geistmomente sind Momente, wo ich mich und das Leben ohne Streifen sehe. Ich sehe klar, befreit von Wenn und Aber, ungetrübt von Angst und Zweifel. Ich verstehe mich selbst: warum ich das tun muss und nichts anderes. Wohin ich will, was ich nicht mehr will.

Auf einmal gibt es nicht mehr tausend Möglichkeiten und Richtigkeiten,

sondern nur noch eine. Gott macht mein Leben verständlich. Wenn auch nur für diesen einen »geisterfüllten« Moment.

Ein solcher »Verstehensmoment« ist unverfügbar. Man kann ihn nicht mit Pro und Contra-Listen herbeizwingen und er ist auch nicht das Ende langer Diskussionen. Wenn das Leben den Schleier hebt, tut es das ohne mein Zutun. So wie der Heilige Geist ungefragt in das Haus der Apostel fuhr und in ihnen das Feuer brennen ließ.

Und noch etwas ist damals passiert, erzählt die Apostelgeschichte: Die Menschen »fingen an zu predigen in ande-

GESPRÄCHSIMPULSE

■ Gab es in Ihrem Leben einmal eine ungeplante Wendung? Hatte der Heilige Geist etwas damit zu tun?

■ Ist der Pfingstmontag in 20 Jahren noch ein gesetzlicher Feiertag in Deutschland?

■ Wo zeigt sich der Geist Gottes in Ihrer Kirchengemeinde?

ren Sprachen«. Sie redeten alle durcheinander in Sprachen, die niemand von ihnen je gelernt hatte. Und als ob das nicht schon Wunder genug wäre: Jeder hörte den anderen in seiner Muttersprache sprechen. Und sie verstanden einander. Sie verstanden sich ohne Dolmetscher, ohne Mühe, ohne *Google Translate*. Sie verstanden mehr voneinander als je zuvor.

Pfingsten ist nicht nur der Wind, der Aufbruch und das Getragen-Sein vom selben Geist: Pfingsten ist, wo mir etwas klar wird, ohne dass ich mehr weiß. Gottes Geist lüftet den Schleier und ich sehe klar. Und ich selber bin dabei eigentlich gar nicht die, die so viel tut. Es ist Gott, der mir das Leben verständlich macht. Die vielen Sprachen, die vielen Möglichkeiten in meinem Leben – jetzt hör ich nur noch eine Sprache, klar und deutlich. Ich weiß nicht mehr als vorher, aber trotzdem ist mir mein Leben jetzt klarer. Ohne Schlieren, ohne Zweifel. Der Heilige Geist übernimmt manchmal eine der unbeliebtesten Hausarbeiten in unserem Leben: Er putzt die Fenster. Und dann reißt er sie auf und sagt »Los geht's! Du weißt, was du zu tun hast!« *Sabrina Hoppe*

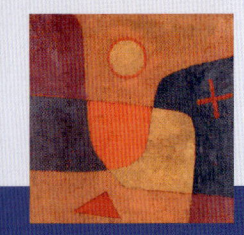

Zeichen und Wunder

Heilungen und übers Wasser gehen: Was hat es mit den Wundern Jesu auf sich? Kann man heute noch an Wunder glauben?

Wunder sind für manche ein Reizthema. Aber nur für manche. Für andere gehören Wunder selbstverständlich zu ihrem Weltbild. Es reizt sie eher, wenn andere lapidar sagen: »So was gibt es doch nicht!« Für wieder andere steht es außer Frage, dass man an Wunder glauben kann, weil sie aus ihrem eigenen Leben von Wundern erzählen können. Genau dies ist wiederum für etliche Anlass zur Skepsis, weil sie in solchen Wundererlebnissen überhaupt nichts Wunderhaftes erkennen können, sondern natürliche Erklärungen zur Hand haben.

Auch wenn man in die Geschichte schaut, zeigt sich ein eigenartig gespaltenes Bild. Schon viele Athener winkten abrupt ab, als Paulus von der Auferstehung der Toten sprach. Und es wird manche überraschen zu lesen, dass sogar einige Jünger zweifelten, als ihnen Jesus nach seiner Hinrichtung lebendig entgegentrat. Eigenartig gespalten deshalb, weil sich die Lager – damals wie heute – nicht einfach in aufgeklärte, gebildete und Wunder anzweifelnde Menschen einerseits und naive, einfache, wundergläubige Menschen andererseits aufteilen lassen oder in eher rational-sachlich Veranlagte (Wunderskeptiker) und eher intuitiv-emotional Veranlagte (Wunderbefürworter).

Es gibt freilich einen weiten Begriff von Wunder, bei dem es kaum ernsten Streit gibt. Dabei gebrauchen wir »Wunder« im Sinne von »beeindruckend, faszinierend, zum Staunen«. So erleben die meisten die Geburt eines Kindes als eine Art Wunder. Landschaften und Naturphänomene werden als »wunderbar« empfunden, aber auch Bauwerke wie die »sieben Weltwunder«. Das Gesundwerden nach schwerer Krankheit beschreiben manche als Wunder, genauso wie das Bewältigen eines besonders widrigen Schicksals, wie es zum Beispiel das Filmdrama »Wunder« beschreibt. In diesem weiten Verständnis sagte Marie von Ebner-Eschenbach zu Recht: »Es gibt kein Wunder für den, der sich nicht wundern kann.«

Zankapfel und Stein des Anstoßes sind Wunder im engeren Sinn: Ereignisse, die anscheinend nicht mit den Naturgesetzen in Einklang stehen bzw. nicht natürlich erklärbar scheinen und die von Gott oder einem von ihm ermächtigten Menschen gewirkt werden. In diesem Sinne werden auch außerhalb des christlichen Raums Wunder beschrieben. Wo sich das Christentum verbreitet hat, stehen freilich die im Neuen Testament berichteten Wunder im Fokus der Auseinandersetzungen. Besonders prominent und erschöpfend diskutiert sind die doch zahlreichen Wunder, die von Jesus berichtet werden. Was lässt sich dazu sagen? »Darf« man sie mit gutem Gewissen glauben? Oder muss man sie natürlich erklären, symbolisch, psychologisch oder anders interpretieren?

Ich versuche, drei verschiedene Ebenen des Problems zu beschreiben.

1) Der Wunderbericht an sich: Es ist ein Unterschied, ob man ein Wunder (mit-)erlebt und Zeuge davon ist oder ob man nicht dabei war und es durch Zeugen vermittelt bekommt. An dieser Stelle hat Lessing recht: »Nachrichten von Wundern sind nicht Wunder.« Darum geht es zunächst um die historische Frage, wie glaubwürdig eine Wunderüberlieferung ist. Wenn hier streng historisch gearbeitet wird, dann geht man vorurteilsfrei, d. h. ohne vorgefasste Meinung über die grundsätzliche Denkmöglichkeit von Wundern, an jeden einzelnen Wunderbericht heran und versucht zu klären, wie plausibel geschichtlich gesehen das bezeugte Wunder ist.

Hier fällt bei den Wundern Jesu auf, dass es sich nie um Zauberkunststücke handelt. Es geht nie um Unterhaltung oder Faszination an sich. In den meisten Fällen tut Jesus Wunder zur Hilfe anderer und nicht, um selbst im Mittelpunkt zu stehen. In etlichen Fällen agiert er sogar bewusst so, dass die Sensationsmeldungen über ihn als Wundertäter möglichst eingedämmt werden. Zugleich haben seine Wunder den Sinn von »Zeichen«, die ihn als den von Gott gesandten Messias bestätigen sollen. Jedoch nicht als Beweis, sondern als Beglaubigung für den, der glauben will. Insgesamt ist die Überlieferung von der Wundertätigkeit Jesu in den Evangelien so breit und vielschichtig, dass auch kritische Neutestamentler heute wenigstens von einem »Kern« von geschehenen Wundertaten ausgehen.

Auf den ersten Blick scheint die Bibel ein schier unglaubliches Buch voller Wundergeschichten zu sein. Doch wenn man näher hinsieht, stellt man fest, dass die berichteten Wunder eigentlich seltene Höhepunkte sind. Selbst während der kurzen öffentlichen Wirksamkeit Jesu geschah sicher nicht jede Woche ein Wunder! Der Historiker wird auch aufmerksam notieren, dass Jesus seine liebe Not mit einer platten Wundersucht hatte (Johannes 4, 48). Ja, er sah die Überzeugungskraft selbst eines so großen Wunders wie einer Totenauferstehung als grundsätzlich sehr begrenzt an (Lukas 16, 19-31).

2) Das subjektive Erleben: Eine eigene Frage ist die nach der Person des Zeugen. Wie hat er etwas erlebt? Was hat er genau wahrgenommen? Warum beschreibt oder erzählt er es so? Hier spielen sehr subjektive Faktoren eine Rolle. So würde ich im Rückblick auf ein Erlebnis, das ich als Student hatte, als ich mit dem Fahrrad zur Uni unterwegs war, von einem Bewahrungswunder sprechen. Ich bin mir aber nicht sicher, wie es andere beobachtet haben und wie man genau beschreiben soll, was mir da geschah.

Bei der Geschichte vom Seewandel Jesu korrigieren die Jünger interessanterweise ihren ersten Eindruck, es handele sich um ein übers Wasser wandelndes Gespenst, im Vollzug der Wahrnehmung selbst. Gleichwohl hinterlässt der Vorfall einen schockartigen Schauder bei ihnen. Welchem der Zeugen im Boot blieb in dieser Ausnahmesituation welches Detail in welcher Form und weshalb in Erinnerung? Wenn man sich dieses Ereignis versucht vorzustellen, dann muss man über den äußerst sparsam und zurückhaltend überlieferten Bericht überrascht sein: Man hat nicht den Eindruck, als ginge es hier jemandem darum, ein außergewöhnliches Wunder zu erdichten.

3) Die weltanschaulichen Voraussetzungen:

Abgesehen von diesen historischen Fragen gibt es die grundsätzliche Debatte, ob es Wunder überhaupt geben kann bzw. wie sie denkmöglich sind. Leider werden solche weltanschaulichen Vorurteile immer wieder mit »Fakten« verbunden, sodass der Eindruck entsteht, es ergäbe sich schlüssig aus streng wissenschaftlichem Denken, dass es keine Wunder gebe. Dem ist aber nicht so. Im Gegenteil: Wissenschaft sollte ihrem Selbstverständnis nach vom Grundsatz der Offenheit ausgehen, wenn sie denn ihre Erkenntnis erweitern will. Das heißt auch, dass sie nicht von vornherein die Existenz und das Wirken Gottes in der Welt ausschließen, sondern für diese Möglichkeit offen sein sollte, auch wenn sie sich als Wissenschaft nicht über Gottes Handeln äußern kann.

Hier wirkt noch das naturwissenschaftliche Weltverständnis des 19. Jahrhunderts nach, wonach alles im Rahmen bestimmter Prinzipien und Naturgesetze geschehen müsse, weil nicht anders erkennbar und erklärbar. Bereits bei der Wunderkritik von Baruch de Spinoza (1632-1677) sind nicht historische Einwände, sondern ein philosophisches Prinzip leitend. Für ihn sind keine Ereignisse möglich, die nicht aus den Gesetzen der unverletzlichen Ordnung der Natur folgen. Mit ihm kann man den Beginn der »großen Kontroverse« um Wunder ansetzen, die bis ins 20. Jahrhundert reicht. Noch der Neutestamentler Rudolf Bultmann folgte der weltanschaulichen Voraussetzung eines in sich geschlossenen, vollständig erklärbaren Weltbilds und konnte mit Wundern nichts anfangen.

Aus wissenschaftstheoretischer Sicht können wir Wunder mit gutem Gewissen als denkmöglich ansehen, nicht nur weil die Quantentheorie die Annahme eines

Jesus wandelt auf dem Wasser, Gustave Doré, 19. Jh.   Bild: mauritius images / PRISMA ARCHIVO / Alamy

vollständig vorherbestimmten Weltgeschehens widerlegte, sondern vor allem weil wissenschaftliche Erkenntnis unentwegt voranschreitet und sich dabei erweitert und korrigiert. Naturgesetze sind ja keine Vorschriften, die wir Menschen den Ereignissen machen, sondern es sind bestenfalls Nachschriften, also annähernde Beschreibungen dessen, was wir beobachten. Kennen wir denn alle dabei wirkenden Gesetze? Wissen wir genau, wie viele Gesetze zusammenspielen? Was ist mit den uns nicht bekannten Anfangs- und Randbedingungen, die neben den Naturgesetzen entscheidend sind? Was ist mit »zufälligen« Ereignissen? Kurz: Es gibt einige schwierige und offene Fragen in den Wissenschaften, die verschiedene Denkmöglichkeiten für das Wirken Gottes in der Welt – auch für jenes, das wir Wunder nennen – offenhalten.

Mit diesem dritten Aspekt hängt noch ein psychologischer Gesichtspunkt zusammen: Ist die Behauptung, dass ein

GESPRÄCHSIMPULSE

■ Ist die Behauptung, dass ein Wunder, also etwas für uns Unerklärliches, Einmaliges, geschehen sein soll, nicht auch eine Art Kränkung für uns Menschen?

■ Wie denken Sie über die Wunder Jesu in den Evangelien?

Wunder, also etwas für uns Unerklärliches, Einmaliges, geschehen sein soll, nicht auch eine Art Kränkung für uns Menschen? Wir müssen doch alles erklären können! Dieses Nichtvermögen kann ein Ärgernis, ja eine Demütigung darstellen.

Auch hier teilen sich die Lager nicht in wissenschaftlich Denkende und eher Unbedarfte; den Unterschied macht wohl letztlich das Gottesverständnis aus: »Wo ist ein so mächtiger Gott, wie du, Gott, bist? Du bist der Gott, der Wunder tut.« (Psalm 77, 14 f.) Dass man sich manches in der Bibel überlieferte Wunder nicht vorstellen kann, dass es also dem Verstand nicht recht eingehen will, ist freilich erlaubt und keine Schande. Ich spüre manchmal auch bei bestimmten Geschichten solche Einwände in mir, etwa bei der vom »schwimmenden Eisen« (2. Könige 6, 1-7). Solches Eingeständnis ist aber kein Widerspruch dazu, dennoch am Glauben festzuhalten, dass Gott solche Dinge zu tun vermag, auch wenn ich nicht verstehe, wie.

Christen glauben an Gott, der diese unaussprechlich wunderbare Welt erschaffen hat – mit allen in ihr wohnenden Regelmäßigkeiten und Gesetzmäßigkeiten. Und doch kann er darüber und über unser Verstehen hinaus »schaffen, was er will« (Psalm 115, 3). Und das tut er, wie und wann er will, um seine Liebe zu zeigen und sein Heil zu verwirklichen.   *Till Roth*

Gleichrangig vor Gott

Nur Männer sind katholische Priester, die zwölf Jünger waren Männer – wo ist in der Bibel von Gleichberechtigung die Rede?

Immer noch sind die biblischen Helden, von denen in Unterricht und Gottesdienst erzählt wird, fast ausschließlich Männer: Abraham, Jakob, Mose, David bis hin zu Jesus, Petrus und Paulus. Wer erzählt die Geschichten von Sara, Lots Frau, Rebekka, Miriam, Ester, Maria, Lydia und den vielen namenlosen Frauen aus der Bibel weiter? Theologinnen haben in den letzten Jahrzehnten den Frauen ihre Stimme zurückgegeben und männlichen Denkmustern weibliche entgegengesetzt. In einer Zeit, in der Menschen sich nach einem modernen und für den Alltag relevanten Glauben sehnen, ist es geboten, für Gleichberechtigung einzutreten. Besonders jetzt, wo sich in den sozialen Netzwerken eine neue Frauenfeindlichkeit ausbreitet, sollte die Kirche ihre Stimme erheben. Ehren- und hauptamtliche Mitarbeiterinnen und Mitarbeiter der Kirche tragen Verantwortung dafür, dass junge Christen weibliche Vorbilder kennenlernen, an denen sie sich orientieren können.

Frauen sind daran gewöhnt, sich zwischen einem männlichen Vorbild oder keinem zu entscheiden. Ihnen fehlen weibliche Identifikationsfiguren. Keine kann das eigene Geschlecht verleugnen, wenn sie eine stabile Identität aufbauen möchte. Die biologischen und gesellschaftlichen Unterschiede zwischen Mann und Frau sind trotz aller Gemeinsamkeiten gravierend.

Als ich drei Jahre alt war, 1976, wurden zum ersten Mal in der bayerischen Landeskirche Frauen ordiniert. Und obwohl ich damals in meiner oberfränkischen Heimat noch keine Frau auf einer Kanzel erlebt hatte, wusste ich mit 13 Jahren, dass ich Pfarrerin werden will. In den Sonntagsgottesdiensten stellte ich mir vor, wie es wäre, die Kanzel zu betreten und am Altar das Abend-

mahl einzusetzen. Für mich stellte sich damals nicht die Frage, ob das möglich sein würde, ich war mir sicher: Nach dem Abitur studiere ich Theologie! In der Rolle der Pfarrerin hatte ich keine Frau zum Vorbild. Doch zu meinem großen Glück erlebte ich in meiner Familie drei starke Christinnen: Meine Großmutter, die als Tertiärschwester in der Christusbruderschaft Selbitz lebte und früher als Vollblutpfarrfrau viele Aufgaben ihres Mannes in der Gemeinde selbstverständlich erledigt hatte. Und meine Tanten, die auch Selbitzer Schwestern waren; eine davon für mehrere Jahre Subpriorin. Sie haben mir gezeigt, dass es möglich ist, als Frau in der Kirche tatkräftig zu wirken.

Jesu ungezwungener Umgang mit Frauen war schockierend

Die Diskriminierung von Frauen ist keine Erfindung des Christentums, doch das Christentum hat sie konsequent fortgeführt. Die männliche Dominanz gegenüber weiblichen Geschichten und Bildern beginnt mit dogmatischen Themen wie der exklusiv-männlichen Dreieinigkeit Vater – Sohn – Heiliger Geist und setzt sich bis ins Jahr 2020 fort mit dem Verbot von Priesterinnen in der römisch-katholischen und in anderen christlichen Kirchen.

Warum ist das so, und was hat die Bibel damit zu tun? Zum einen waren die meisten Verfasser der Bibel männlich und die damalige Gesellschaft war patriarchal geprägt. Außerdem hatten während der Entstehung der Kirche und in den darauffolgenden Jahrhunderten fast ausschließlich Männer das Sagen. Verständlicherweise haben sie die Bibel zu ihren Gunsten interpretiert. Ein weiterer Grund sind aber auch Übersetzungsfehler. Aus Junia z. B. wurde der Apostel Junias, weil man sich nicht vorstel-

len konnte, dass eine Frau Apostelin ist. Hinzu kommt, dass jede Übersetzung immer Interpretation ist: Das Wort »tüchtig« beispielsweise kann unterschiedlich interpretiert werden: im Sinne von »mutig« oder im Sinne von »tatkräftig«. Drei Adjektive, die eine Frau unterschiedlich charakterisieren.

Mit dem Übersetzungsprojekt »Bibel in gerechter Sprache« im Jahr 2006 unternahm ein Team aus anerkannten Wissenschaftlern und Wissenschaftlerinnen den Versuch, dem Ursprungstext gerecht zu werden: Ziele waren Geschlechtergerechtigkeit, Verzicht auf antijudaistische Interpretationen und Fokussierung auf soziale Gerechtigkeit. Diese Übersetzung wollte neugierig machen, Gespräche eröffnen und zur Positionierung anregen. In Presse und Öffentlichkeit wurde das Projekt stark kritisiert. Die *Süddeutsche Zeitung* schrieb damals, »sie gönne es jedem, von der Bibel in gerechter Sprache verschont zu bleiben«. Wenige positive Rückmeldungen wie die von der *Welt* bezeichneten sie dagegen als »frischen Wind für alte Denkmuster«.

14 Jahre nach ihrer Veröffentlichung bleibt die Bibel in gerechter Sprache ein Schlüssel zu mehr Gleichberechtigung. Sprache kann diskriminieren oder integrieren, sie macht Unterschiede sichtbar. Sprache schafft Zugehörigkeit oder grenzt aus. Sprache ist für uns Menschen das wichtigste Kommunikationsmittel! Deshalb ist es von hoher Bedeutung, in christlicher Erziehung und Bildung auf männliche und weibliche Identifikationsfiguren gleichermaßen Wert zu legen und eine gerechte Sprache zu sprechen.

Welchen Stellenwert hat die Gleichberechtigung in der Bibel? Die zentrale Figur des Neuen Testaments ist Jesus Christus. Aufgrund seiner Andersartigkeit ist Jesus immer wieder angeeckt. Permanent setzte er sich für die Benachteiligten in der Gesellschaft ein. Dazu gehörten häufig Frauen. Die »Ehebrecherin« (vgl. Johannes 7-8) verteidigte er gegenüber einer Gruppe von Männern: »Wer von euch ohne Sünde ist, werfe den ersten Stein.« Daraufhin zogen die Männer von dannen und Jesus blieb allein mit der Frau. In dieser Hinsicht ist Jesus ein emanzipierter Mann: Männer und Frauen behandelte er gleich. Durch ihn soll die von Gott vorgegebene Gleichrangigkeit von Mann und Frau wiederhergestellt werden. Denn Gott schuf Mann *und* Frau »zu seinem Ebenbild« (1. Mose 1, 27).

Christus und Maria Magdalena, Lucas Cranach der Ältere, um 1508-1520, Schloss Friedenstein, Gotha.   Foto: PD

Jesu ungezwungener Umgang mit Frauen war schon damals schockierend; Frauen gehörten genauso zu seiner Gefolgschaft wie Männer. Er lehrte sie und wies ihnen eine Schlüsselrolle zu. Bei der Verbreitung seiner Botschaft hatten sie einen aktiven Part und waren die ersten Zeuginnen der Auferstehung. 2020 ist Jesus noch genauso faszinierend wie zu seinen Lebzeiten, weil er Mauern niederriss, die auch heute noch bestehen. Er wollte Menschen sich selbst, einander und Gott näherbringen. Dafür überschritt er Grenzen und hinterfragte Traditionen. Er machte deutlich, dass weder Geschlecht noch Religion oder Kultur ein Grund für Diskriminierung sein dürfen.

Im Brief an die Galater schreibt der Apostel Paulus: »Denn ihr seid alle durch den Glauben Gottes Kinder in Christus Jesus. Denn ihr alle, die ihr auf Christus getauft seid, habt Christus angezogen. Hier ist nicht Jude noch Grieche, hier ist nicht Sklave noch Freier, hier ist nicht Mann noch Frau; denn ihr seid allesamt einer in Christus Jesus.« (Galater 3, 26-28)

Wie steht es heute in der bayerischen Landeskirche nach 44 Jahren Frauenordination um die Gleichberechtigung? Die frühere Münchener Stadtdekanin Barbara Kittelberger antwortete in einem *SZ*-Interview vom 14. Juli 2020 auf die Frage, warum immer noch so wenige Frauen in verantwortungsvollen Leitungspositionen seien, dass die jüngeren Frauen sich womöglich auf den erkämpften Errungenschaften ausruhen würden. Ist das wirklich so? Fakt ist, dass seit vielen Jahren mehr Frauen als Männer Theologie studieren. Noch aussagekräftiger aber ist ihre weitere berufliche Entwicklung, wenn sie bewerbungsfähig sind und die nächsten Karriereschritte anstehen: Überdurchschnittlich viele Frauen bewerben sich dann – in der Familiengründungsphase – nur noch auf 50-Prozent-Stellen oder Funktionsstellen, die von der zeitlichen Arbeitsbelastung vermeintlich besser zu bewältigen sind. Denn der Löwenanteil der Hausarbeit bleibt – trotz junger motivierter Väter – immer noch an den Frauen hängen. Hier hat die Corona-Krise den Finger in die Wunde gelegt und Frauen an ihre Grenzen gebracht: Neben Homeoffice und Homeschooling mussten sie zusätzlich Dauerhomearbeit wie Kochen, Putzen, Waschen und Einkaufen erledigen. Auch die Pflege innerhalb der Familie ist fast immer noch ausschließlich Aufgabe der Frauen. Beruflich haben wir es geschafft: Wir haben sämtliche Männerdomänen erobert und sind dort nicht mehr wegzudenken. Doch den Preis eines konservativen Mutterbilds zahlen wir noch immer.

Als Pfarrerin erlebe ich, dass es einen Unterschied macht, eine Frau und kein Mann zu sein. Sei es die seltene und dennoch schmerzliche Erfahrung, bei einer Kasualie nicht erwünscht zu sein oder in einem Bewerbungsgespräch mehrfach gefragt zu werden, wie ich Kinder und Beruf unter einen Hut bringe. Mein Mann, der auch Pfarrer ist, hat beides bislang nicht erfahren.

Es sind häufig die kleinen Dinge, die den Unterschied machen und Auswirkungen auf Selbstbild und Arbeitsmotivation haben. Ein anderer Punkt, den wir Frauen noch intensivieren müssen, ist die Vernetzung untereinander über Gemeinde- und Generationengrenzen hinweg. Erst wenn sich Frauen miteinander solidarisieren und gemeinsam für bessere Rahmenbedingungen kämpfen, kann sich im großen Ganzen etwas ändern. Solange Frauen sich im Hintergrund halten, auf reduzierten Stellen arbeiten und die wichtigen Entscheidungsprozesse nicht mitgestalten, wird es keine wesentlichen Veränderungen geben. Und natürlich braucht es für echte Gleichberechtigung die Männer! Männer, die gleichberechtigt mit Frauen zusammenarbeiten. Männer, die sich von Frauen inspirieren lassen und Frauen fördern. Die Kirche der Zukunft braucht alle Geschlechter. *Claudia Häfner*

GESPRÄCHSIMPULSE

■ Wo sehen Sie hinsichtlich der Gleichberechtigung in der Kirche Handlungsbedarf?

■ Welche weiblichen Personen der Bibel beeindrucken Sie?

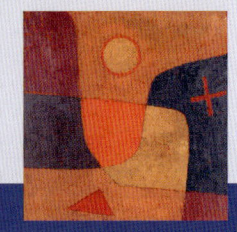
Gott in der Welt

Was ist heute noch Sünde? Ist der Begriff überholt oder letztlich auch das, was dahintersteckt?

Es soll Menschen mit Erweckungserlebnissen geben. Ich hatte eher ein Einschläferungserlebnis. Müde war ich geworden, schon als Jugendlicher, durch die immer gleichen Sätze, die weder meinen Glauben berührten noch theologische Erkenntnis in mir beförderten. Dröhnend laut wurde schließlich das Gefühl, in der Kirche am falschen Ort zu sein. Ein Gefühl tiefer Entfremdung, als ich an einem Nachmittag allein in einer Kirchenbank in meinem oberpfälzischen Heimatort saß und auf das Kruzifix über dem Seitenaltar starrte, auf die blutigen Nägel, das schmerzverzerrte Gesicht Jesu, der mir zuzuflüstern schien: »Und es ist alles deine Schuld. Wegen deiner Sünden musste ich leiden.« Wie oft war mir dieser Zusammenhang von Priestern eingebläut worden? Sünde. Sie drückte mich zu Boden, ohne dass ich recht verstand, warum.

Und dann gab es auf der anderen Seite diese Religionslehrerin am Gymnasium. Sie schwärmte unentwegt von der bedingungslosen Liebe Gottes, die uns Kraft gebe und uns zu Kindern Gottes mache. Und ich dachte mir: Wenn es so sehr von der Person abhängt, die zu mir spricht, ob man mir nun Schuld oder Liebe um die Ohren haut, was soll das Ganze dann? Ist das nicht willkürlich?

Auf dem Höhepunkt meiner Kirchenmüdigkeit entschied ich, aus der katholischen Kirche auszutreten – um später in die evangelische einzutreten. Es brauchte viele inspirierende Gespräche und Ausdauer, um meinen eigenen Glaubensweg überhaupt wiederzufinden. Die meisten haben diese Ausdauer nicht oder wollen sie gar nicht haben. Wer die Kirche einmal verlassen hat, bleibt für gewöhnlich draußen. Wenn ich Menschen begegne, die nicht mehr in der Kirche sind, erlaube ich mir inzwischen nachzufragen: Was hat dich dazu

gebracht? Ich selbst hatte meine Gründe. Aber was sind die der anderen? Im Grunde gibt es drei Arten von Antworten:

Die einen haben schlicht keine Beziehung zur Kirche und sind, bis auf ein paar Tröpfchen Taufwasser, mit ihr nie in Berührung gekommen. Hier herrscht kein Groll, meist einfach Desinteresse an einem Verein mit hohen Mitgliedsbeiträgen.

Die zweite Antwortmöglichkeit hat einen schärferen Unterton. Hier ist der Austritt eher bewusstes Zeichen. Ich kenne das vor allem von Ex-Katholikinnen und -Katholiken: Da sind Missbrauchsfälle, die kirchliche Sexualmoral und die untergeordnete Rolle der Frau häufige Gründe.

Sünde scheint der Inbegriff des Weltfremden zu sein

Und dann gibt es eine dritte Antwortoption. Sie bildet oft das Hintergrundrauschen zu den Antworten eins und zwei und beschreibt ein grundsätzliches Unwohlsein unter den Fittichen der Kirche und das Gefühl: Außerhalb lebt es sich freier, unbeschwerter. Es ist erstaunlich, wie oft mir dabei das Wort Sünde begegnet. »Sünde« scheint der Inbegriff des Weltfremden zu sein, des Gestrigen. Ein Begriff, der für manche überhaupt nur noch innerhalb kirchlicher Logik funktioniert. Besonders prägnant formulierte es eine Bekannte von mir: »Ihr mit eurer Sünde. Die wollt ihr mir unterjubeln, damit ihr mich dann erlösen könnt.« Gerade als ich ihr widersprechen wollte, blitzte vor meinem inneren Auge das Blut auf, das jemand vor 200 Jahren so naturgetreu auf ein Kruzifix in der Oberpfalz gemalt hatte, und ich entschied zu schweigen.

Als Mahner zur Nächstenliebe, als Servicestelle für Taufe, Hochzeit und

Bestattung werden die Kirchen gerne geduldet. Aber mit der Sünde ist heute kein Blumentopf mehr zu gewinnen. Sollte man diesen Grundbegriff christlichen Glaubens also aufgeben? Gehört die Sünde in dieselbe Rumpelkammer wie Teufel und Hölle, die in unserem alltäglichen Glaubensjargon längst keine Rolle mehr spielen? Was ist Sünde überhaupt noch?

Schritt eins meiner Sünden-Recherche: Ich habe den kollektiven Erfahrungsschatz des Internets angezapft. Genauer: Ich habe mehrere Hundert meiner größtenteils christlich geprägten Abonnentinnen und Abonnenten auf der Social-Media-Plattform Instagram gefragt: »Leute, was bedeutet für euch eigentlich Sünde?« Etwa die Hälfte der Antworten war fast wortgleich: »Sünde ist Trennung von Gott.« Ich kann mich noch gut erinnern, dass mir diese Kurzdefinition auch im Theologie-Studium vermittelt wurde. Schön, dachte ich, aber was heißt das genau? Ich bohrte weiter, erhielt erneut Dutzende, nun ausführlichere Antworten. Und die lagen teils weit auseinander.

Drei Gegensatzpaare fielen mir auf:

1. Manche schreiben, Sünde sei die Selbstbezogenheit eines Menschen, während andere sagen, dass gerade die Trennung von sich selbst Sünde sei.

2. Einige sehen die Sünde bei der oder dem Einzelnen, andere eher in den Strukturen einer ganzen Gesellschaft, etwa bei strukturellem Rassismus.

3. Taten, die der Liebe widersprechen, sind für manche Sünde – und andere betonen, Sünde habe mit dem Handeln nichts zu tun, sondern es gehe um eine grundsätzliche Verfassung des Menschen.

Offen gestanden: Dafür, dass die Sünde in unserem christlichen Denken und Reden so viel Raum einnimmt, scheint wenig Klarheit darüber zu herrschen, worum es sich dabei überhaupt handelt. Vielleicht hilft ein kurzer Blick in die Theologiegeschichte.

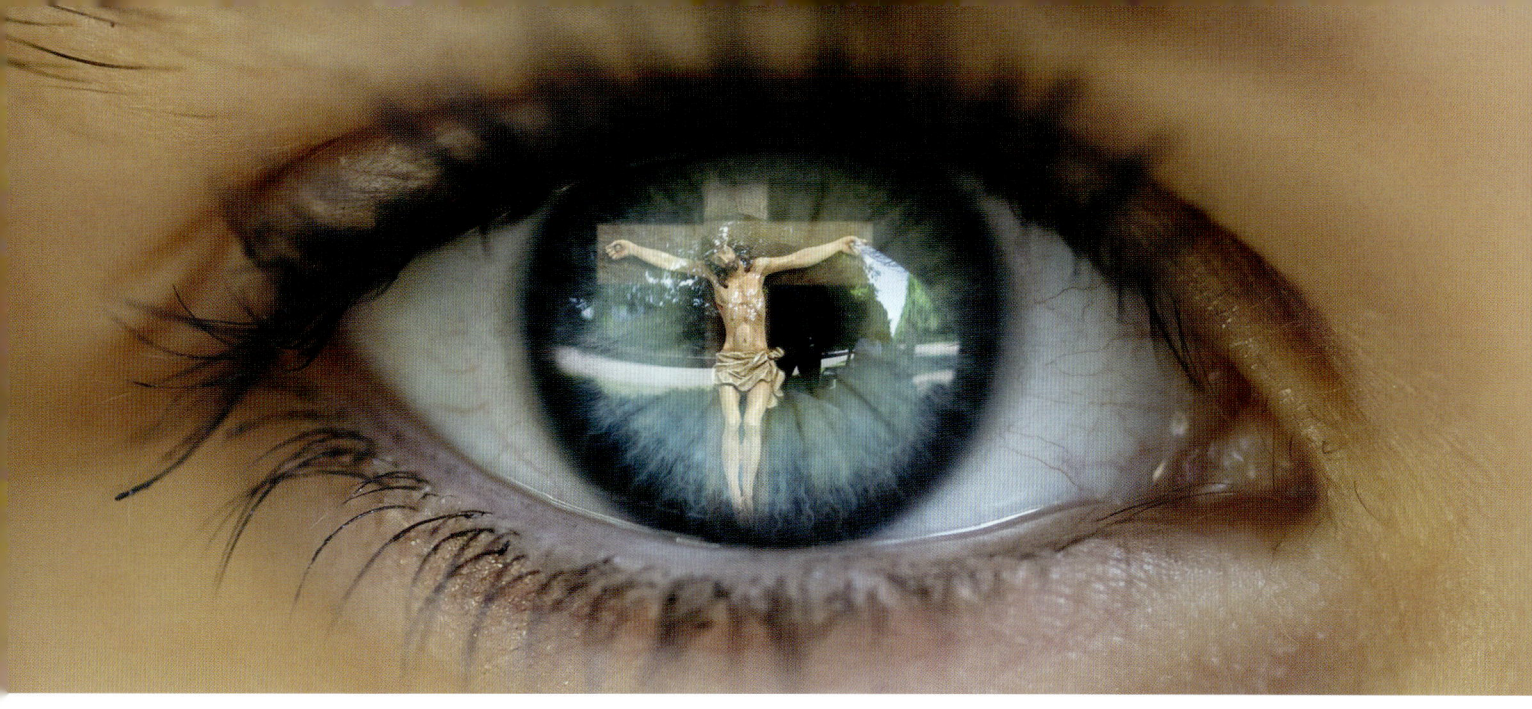

Fotos: Konstantin Tronin / 123rf.com, DMITRII SVIRIN / 123rf.com; Montage: Halke

Der wahrscheinlich prägendste Denker zu dem Thema war Augustinus. Im fünften Jahrhundert entwickelte er das, was heute noch als Erbsündenlehre bekannt ist. Dahinter steckt die Vorstellung, dass mit dem Aufbegehren von Adam und Eva zwischen Gott und den Menschen etwas dermaßen in Schieflage geraten ist, dass niemand sich aus eigener Kraft daraus befreien kann. Nach Augustinus vererbt sich die Sünde so von Generation zu Generation. Immer wieder neige der Mensch dazu, im Zweifel sich selbst vorzuziehen. »Amor sui« nennt der Kirchenlehrer das. Selbst-Liebe. Christus wolle uns dagegen für andere öffnen: für unsere Nächsten, in denen Gott sich spiegelt, und für Gott selbst. »Caritas« nennt er diese Form der Liebe, in Abgrenzung zur fleischlichen »amor sui«. Leider ist es mit Augustinus in der westlichen Welt auch üblich geworden, Selbstliebe pauschal als den Inbegriff von Sünde und Egoismus zu sehen. Eine liebevolle Selbstannahme als Geschöpf und Ebenbild Gottes hat für mich allerdings wenig zu tun mit der sündigen Selbstsucht, von der Augustinus spricht. Fehlt uns einfach der passende Begriff dafür? Vielleicht eine »caritas sui«?

Ich springe rund 1000 Jahre weiter, zum Reformator Martin Luther. Dieser knüpfte bei Augustinus an und entwickelte aus dessen Vorstellung ein griffiges Bild: Der Mensch sei »auf sich selbst verkrümmt«. Nur die ausgestreckte Hand Gottes könne seinen Blick aufrichten und ihn aus der Schuldverstrickung befreien. Luther formulierte dazu eine knappe lateinische Formel: Der Mensch sei »simul iustus et pecca-

tor«, also selbstbezogen, sündig und **zugleich** geliebt und angenommen von Gott. Beides gilt immer, unabhängig von einzelnen Taten, seien diese nun gut oder schlecht.

Die Vorstellung, dass jeder Mensch immer noch mehr ist als seine Taten, findet sich letztlich auch im Konzept der Menschenwürde, wie sie im Grundgesetz angelegt ist. Der Mensch ist immer Selbstzweck und in diesem Sinne gut – egal, ob er seinem Handeln nach moralisch gut ist. Das ist Würde, wie sie das christliche Menschenbild im Kern ausmacht. Ist die Frage nach der Sünde dann womöglich unbedeutend?

Ich glaube, so banal es klingen mag: Gott will, dass der Mensch ein gutes Leben lebt. Darum überhaupt die Geschichten der Bibel, darum die Tausenden Seiten von Text: Sie konservieren für uns Erfahrungen und Vorstellungen von gutem, gelingendem Leben – auch und gerade angesichts von Angst, Schuld, Verzweiflung und Tod. Dreierlei gehört zu so einem Leben, das betont Jesus in seinem zentralen Doppelgebot der Liebe, das hin und wieder auch Dreifachgebot genannt wird:

»Du sollst den Herrn, deinen Gott, lieben von ganzem Herzen, von ganzer Seele, von ganzem Gemüt und mit

all deiner Kraft. Und: Du sollst deinen Nächsten lieben wie dich selbst.«

Der Mensch ist also aufgespannt zwischen drei Pfeilern, drei Formen der Beziehung. Das scheint mir tatsächlich das Wesentliche im Leben eines Menschen zu sein: dass wir in Beziehungen stehen. Zu unseren Mitmenschen. Zu uns selbst. Und zum Göttlichen.

Was wäre dann Sünde? Trennung von Gott, hatten viele mir auf Instagram geschrieben. Also ein Abbruch der Beziehung zu Gott. Ich ergänze aber, denn das halte ich für entscheidend: Gott ist nicht ein Dritter, der mit grauem Bart irgendwo sitzt, außerhalb der Welt. Gott ist auch in der Welt. Der jüdische Religionsphilosoph Martin Buber betont: Gott ist dort im Spiel, wo echte Beziehung stattfindet. Sünde als eine Haltung, die Gott widerspricht, hieße dann, Beziehungsbande zu zerschneiden oder verkümmern zu lassen – zu Gott, zu anderen Menschen oder zu uns selbst.

Vielleicht kann die Sünde so zu einer heilsamen Vorstellung von Menschsein beitragen, zu einer, die auch solchen einleuchtet, die christliche Begriffe nicht schon mit der Muttermilch aufgesogen haben. Sünde ist dann nicht das Produkt eines Gottes, der mit den Menschen spielt und sie in Erlösungsbedürftigkeit leiden lässt, sondern das Ausschlagen einer ausgestreckten Hand, die doch – Gott sei Dank – immer ausgestreckt bleibt. Beziehungen mit Leben zu füllen, schädlichen Beziehungsmissbrauch zu verurteilen und zu verhindern und immer wieder klarzumachen, warum es sich lohnt, in Beziehung zu bleiben, ist, glaube ich, die ureigenste Aufgabe der Kirchen. *Alexander Brandl*

GESPRÄCHSIMPULSE

■ Welche Vorstellung von Sünde hat Ihren christlichen Glauben geprägt?

■ Gott ist in der Welt – wo haben Sie ihn gefunden?

Angst vor dem Kontrollverlust

Warum denkt das Christentum
Sexualität und Sünde zusammen? Ist die
Sexualität von Gott so gewollt? Auch die
gleichgeschlechtliche?

Sünde und Sex« – der Arbeitsauftrag
für diesen Beitrag ließ mich aufhor-
chen. Was ließe sich nicht alles in der
Kombination mit »Sünde« thematisie-
ren? »Sünde und Gebote«, »Sünde und
Menschsein«, »Sünde und Glaube«. Nun
ist das bei den vielen Begriffen in dieser
Reihe nie im Titel gestanden – außer bei
»Sex«. Seltsam. Eigentlich. Oder nicht?
Denn womöglich klingt es im kirchlichen
Kontext altvertraut, Sex und Sünde in
einem Atemzug zu nennen und zu denken. Und für die Kirchenfernen bestätigt
sich so vielleicht die gefühlte Wahrheit,
dass »die Kirche« Sex für sündig hält.

Der Eindruck, dass christlicherseits
das Thema Sexualität irgendwie ver-
schämt in die »Pfui-Bah«-Ecke geschoben wird, entsteht nicht zuletzt dadurch,
dass es wenig Offizielles darüber zu lesen und zu hören gibt. Die letzten Se-
xualitäts-Stellungnahmen der Evangelischen Kirche in Deutschland (EKD),
sonst kaum um Denkschriften verlegen,
stammen noch aus dem letzten Jahrhundert. 1995 gab es eine Denkschrift unter dem schon angestrengten Titel »Mit
Spannungen leben«, eng geführt auf
das Thema Homosexualität. Der Sexualität als Ganzer hat sich die EKD letzt-
malig im Jahr 1971 in einer Denkschrift
ausführlich gewidmet. 2010 wurde eine
offizielle Positionierung aus Furcht vor
eskalierenden Debatten ausgebremst.
Fast ein halbes Jahrhundert Schweigen
spricht Bände über das theologische Unwohlsein und das Hadern mit der vermeintlich normalsten Sache der Welt.

Erscheint das Thema schlicht zu privat? Oder in den damit verbundenen
ethischen Diskussionen um Lebensformen zu umstritten? Gewiss haben die
Fälle sexuellen Missbrauchs ihr fürch-
terliches Stück dazu beigetragen, dass
Sexualität in Theologie und Kirche oft

zuerst in ihrer lebenszerstörenden Dimension in den Blick kommt. Beim Missbrauch wird der Zusammenhang von Sexualität und Sünde entsetzlich deutlich.
Es steht außer Frage, dass es diese Fälle
aufzuarbeiten und für die Zukunft klare
Präventionsstrategien zu nutzen gilt.

Nun würde es der Wahrnehmung
von Sexualität aber nicht gerecht, sie
allein auf diese lebensfeindliche Dimension oder auf ethische Konflikte
zu reduzieren. Denn daneben gibt es –
und hoffentlich zum viel größeren Teil –
jene Erfahrungen von Sexualität, in denen lebensfreundliche Lust, Liebe und
Genuss im Vordergrund stehen. Wo hat
das kirchliche Hadern seine Ursprünge?

Hat Jesus nur die Abgründe des Lebens erfahren?

Fündig werden wir weit zurück in der
Vergangenheit, in der Alten Kirche: Die
Kirchenväter als theologische Vordenker
ihrer Zeit verstehen Leib und Seele, Körper und Geist getrennt, ja oft einander
widerstrebend in ihrem Sein und Wollen. So entwickeln sich Geist und Seele
zum Ort des Glaubens und Gottvertrau-
ens im Menschen; Körper und Leib mit
ihrer Lust an Freude und Genuss dagegen gelten vor allem als sündig verhaftet
in der Welt. Vom Kirchenvater Augustin
hört man z. B. die Klage über das vereinnahmende Wesen der Sexualität: Sie
lasse den Menschen komplett die Kontrolle über sich verlieren. Umgekehrt
ist aber natürlich auch den Kirchenvä-
tern klar, dass dem Schöpfungsauftrag
»Seid fruchtbar und mehret euch« nicht
ohne ein Mindestmaß an sexueller Praxis nachgekommen werden könne.

Zum gottgefälligen und notwendigen
Zwecke der Fortpflanzung also wird Sexualität geduldet. Alle Formen der Sexualität aber, die auf Genuss und Ver-
gnügen zielen, werden kritisiert. Als

Gewährsmann dient in der Alten Kirche
auch der Apostel Paulus. Der wollte ehe-
los bleiben, weil er mit Christi baldiger
Wiederkehr ohnehin auch das Ende
des Geschlechtslebens kommen sah:
In Christus sei »nicht mehr Mann noch
Frau« (Galater 3, 28). Während Paulus
aber Ehelosigkeit nicht für alle verbindlich machen wollte, verstärken die Kirchenväter diesen theologischen Gedanken. Offiziell – und sind wir realistisch:
auch vermutlich nur offiziell – erscheint
die Enthaltsamkeit immer mehr als ein
christliches Ideal. Dass die Geistlichen
vom 12. Jahrhundert an zölibatär leben
müssen, verschärft nochmals den Eindruck: Ein wahrhaft gottgefälliges Leben kann und sollte ohne Sexualität aus-
kommen.

Martin Luther hält in der Reformation dagegen: »Fleisch und Blut bleibt
Fleisch und Blut, und geht die natürliche Neigung und Reizung ungewehrt
und unverhindert, wie jedermann sieht
und fühlt.« Für ihn verstößt gerade der
Zölibat gegen Gottes Ordnung und ist
folglich mit anderen Worten Sünde. In
seinem Großen Katechismus lehrt Luther, dass Gott dem Menschen den sexuellen Trieb von Beginn an, also noch
vor dem Sündenfall, eingepflanzt habe.
Trotzdem predigt natürlich auch Luther
keine sexuelle Freiheit. Für ihn ist klar:
Sex hat in der Ehe stattzufinden. Sie bietet Schutz vor sündigen Auswüchsen,
indem sie mit ihrem Treueversprechen
der menschlichen Lust einen angemes-
senen Rahmen und damit auch zugleich
ihre klaren Schranken gibt.

Schon so eine kleine kirchenge-
schichtliche Zeitreise zeigt, wie unterschiedlich die Positionen sein können,
obwohl sie sich alle auf die Bibel als ihr
Fundament beziehen. Die Spannbrei-
te der Auslegungen rührt schon von der
Vielfalt biblischer Perspektiven auf Sexualität her. Die beginnen bei vielen prag-
matischen Regelungen zur Sexualität, in
denen es oft um Sippenerhalt statt Liebe
ging – wie bei der Sklavin Hagar, die mit

Abraham an Saras statt ein Kind zeugen musste – oder um ein geordnetes Leben bis zur Wiederkunft Christi wie in den Haustafeln der neutestamentlichen Briefe. Daneben finden sich erotisch knisternde Verse im Hohelied der Liebe wie »Er küsse mich mit dem Kusse seines Mundes; ja, deine Liebe ist köstlicher als Wein.« (Hohes Lied 1, 2)

Und Jesus? Am Rande geht es in den Evangelien um Sexualität, z. B. wenn Jesus Prostituierte als geliebte Menschen und nicht einfach als Sünderinnen ansieht. Aus seiner nicht asketischen Lebensweise und von der ab und an auftauchenden Maria Magdalena auf mehr zu schließen, bleibt letztlich Spekulation, auch wenn es theologisch durchaus denkbar wäre, dass der menschgewordene Gott nicht nur die Abgründe, sondern auch die Höhepunkte des Lebens erfahren hat. Was sich durch das Neue Testament hindurchzieht, ist der Blick für die größere, in Christus gestiftete Gemeinschaft. Das ganze Leben soll dem entsprechen, und zwar durch »Liebe, Freude, Friede, Geduld, Freundlichkeit, Güte, Treue, Sanftmut, Keuschheit« (Galater 5, 22) – Letztere meint übrigens im weiten Sinn, sich von nichts gefangen nehmen zu lassen. Diese Einstellung musste zwangsläufig auch das sexuelle Leben umfassen.

Schon für die Menschen in den ersten Gemeinden konnte das aber zu unterschiedlichen Konsequenzen führen: Der Apostel Paulus lebte enthaltsam; den Paaren in Ephesus riet er dagegen sogar seelsorglich und barmherzig zum sexuellen Beisammensein, wenn sonst womöglich das Glaubensleben darunter leide: »Entziehe sich nicht eins dem andern, es sei denn eine Zeit lang, wenn beide es wollen, dass ihr zum Beten Ruhe habt; und dann kommt wieder zusammen, damit euch der Satan nicht versuche, weil ihr euch nicht enthalten könnt.« (Galater 7, 5)

Kurzum: Es gibt viel Ambivalentes, Befremdliches, aber auch Perspektivreiches zur Sexualität in der Bibel. Nimmt man diese Vielfalt wie auch ihre fernen geschichtlichen und kulturellen Wurzeln ernst, kann man ehrlicherweise nicht mehr nur einzelne Bibelverse als vermeintliche Belege für »die« alt- oder neutestamentliche Position zur Sexualität heranziehen. Erst recht lassen sie sich nicht benutzen, um damit heutige Lebensformen in ihrem völlig anderen Kontext zu legitimieren oder aber zu verurteilen. Und bei aller möglichen Verwirrung wird doch immer deutlich:

Der Kuss – Liebespaar, Gustav Klimt, 1908/09, Österreichische Galerie Belvedere.   Bild: AD

Sexualität gehört zum Leben dazu, wie Gott es geschaffen hat. Insofern stimmt die Rede von der »guten Gabe Gottes«. Doch auch zu »guten Gaben« gehört, dass sie uns Menschen herausfordern: Einerseits gilt es sie zu schützen vor dem Einflussbereich der Sünde, weil sie Gefahr laufen, missbraucht oder hässlich verzerrt zu werden. Andererseits bleibt es immer eine Aufgabe, die Möglichkeiten der Sexualität so zu gestalten, dass sie Erfüllung, Leben und Freude schenken.

Nun warten vielleicht beim Lesen so manche neugierig auf die eine Frage: Ist Homosexualität Sünde? Hier sollten hoffentlich die vorherigen Impulse bereits eine Fährte gelegt haben: Ein »In

GESPRÄCHSIMPULSE

■ Lesen Sie einmal das Hohelied Salomos. Die auf Sexualität bezogenen Stellen wurden immer wieder geistlich interpretiert. Wie sehen Sie es?

■ Sexualität gehört zum Leben dazu. Kann man dem widersprechen?

der Bibel steht aber …« trägt wenig aus. Oft geht es, wenn man genau liest, bei den Verurteilungen um missbräuchliche Formen von Homosexualität. Und selbst wenn ich trotzdem konstatiere, dass die meisten biblischen Stellen sich eher kritisch zu homosexuellen Praktiken äußern, muss das mein heutiges Urteil nicht bestimmen. Denn eine Gegenprobe lautet: Würde ich auch entsprechend die Vielehe und die Dominanz der Männer einführen oder unsere heutige Ehe aufgeben, weil sich das aus den damaligen biblischen Zeugnissen so nahelegt? Wohl kaum.

Wer das biblische Zeugnis wirklich ernst nimmt, muss es von dem Grundton her lesen, der sich durch die vielen Erzählungen hindurch hören lässt: von Jesu Liebesgebot und Gottes unendlicher Treue zu allen Menschen. Wenn die Sexualität zum gottgeschaffenen und von Gott geliebten Leben gehört, dann gilt das für hetero- oder homo- oder bisexuell veranlagte Menschen gleichermaßen. Und darum so kurz, wie es im 21. Jahrhundert als Antwort auf eine so pauschale Frage möglich sein muss: Ist Homosexualität Sünde? Gott sei Dank – nein.   *Stefanie Schardien*

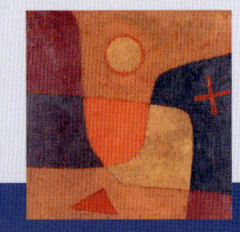
Vorsicht, Falle!

Die Zehn Gebote sind mittlerweile weit über 2000 Jahre alt. Sollen wir nicht besser dem Gewissen folgen?

Es sind 27 Deckenbalken, 13 dunkle und 14 helle. 31 gemalte oder geschnitzte Engel. 66 Orgelpfeifen und zwei Heiligenfiguren – der hl. Petrus mit den Schlüsseln links und der hl. Paulus mit dem Schwert rechts. Beide schauen ganz versonnen vom Altar aus in die Gemeinde. Und, ach ja, die 24 Kerzen noch. Ich hab alles nachgezählt. Öfters – und immer mal wieder, als Konfirmand. Währen der einen oder anderen Predigt machte mir sogar Mathe Spaß.

Direkt unter der Kanzel steht auch ein Heiliger. Ganz allein und seltsam. Gebückt, als packe ihn jemand im Genick. Warum diese Haltung? Der arme Kerl! Ich hatte Mitleid mit ihm wegen der Last, die er offensichtlich trägt. So dick aber war unser Pfarrer nicht, also muss es das Gewicht der Kanzel sein oder was anderes, das ihn so beschwert. Später erfuhr ich, das sei Mose. Da ergaben dann auch die beiden Bretter Sinn, die er unter dem Arm hält. Oben abgerundet – wie die Fenster in der Kirche –, mit römischen Zahlen drauf, von Eins bis Zehn. I, II und III rechts und IV bis X links. Die beiden Tafeln der Zehn Gebote.

Irgendwann im Leben haben wir alle die Zehn Gebote mal gelernt. Die Älteren von uns vermutlich noch mit den Auslegungen des Kleinen Katechismus Martin Luthers. »Was ist das?«, fragt er und legt die einzelnen Gebote aus – fast wie die Checkliste eines Beichtspiegels. Hier – auch wenn es wörtlich nicht da steht – wird Luthers Verständnis von der Funktion der Gebote deutlich. Für ihn sind die Gebote nicht allein an zwei Händen abzählbare *Dos and Don'ts* eines gottgefälligen Lebens. Sondern die Zehn Gebote machen bewusst, dass es für den Menschen ein unmögliches Unterfangen ist, die Gebote Gottes halten zu können – auch wenn es nur zehn sind. Martin Luther weiß: Jeder von uns ist nicht nur fähig zu neiden, zu lügen oder sogar zu töten – sondern viel mehr noch und umstürzender: Niemand ist fähig, dies alles nicht zu tun. Die Gebote zeigen uns unsere Erlösungsbedürftigkeit und geben lediglich Anweisungen, wie das Leben unter den Vorzeichen des Scheiterns halbwegs hinzukriegen ist.

Freilich widerspricht niemand dem positiven Sinn und dem Wert der Zehn Gebote. Auch wenn sie quasi »nur« dazu dienen, das Soll vor Augen zu führen, neben dem unser ethisches Vermögen ein gewaltiges Defizit aufweist. Dabei geht es aber nicht einfach darum, dass ich etwas nicht schaffe, weil ich mich nicht genug anstrenge – wie etwa nachlässiges Üben für den Klavierunterricht, das mit etwas mehr Mühe besser gelänge. Sondern es zeigt, dass dem Nichtkönnen ein Zustand zugrunde liegt, der uns Menschen an irdischen und himmlischen Ansprüchen scheitern lässt.

Was Martin Luther auf schmerzhafte Weise gelernt hat

Ich jedenfalls gelange in meinem Leben immer wieder an einen Punkt, an dem ich realisiere, dass es einen fundamentalen Unterschied gibt zwischen dem, was ich tue, und dem, was ich tun sollte – eine Kluft zwischen dem, wie ich bin, und dem, wie ich sein sollte. Bei manchen Menschen wird diese Differenz zwischen dem Ist und dem Soll zu einem Muss – und das hat fatale Konsequenzen. Martin Luther wusste das aus eigener Lebens- und Glaubenserfahrung. Er hat auf schmerzhafte Weise gelernt, dass das Leben unter den Zehn Geboten und dem ganzen Gesetz zwei Fallen enthält. Fallen, die nicht Gott gestellt hat, sondern die wir Menschen uns selber stellen.

Falle Nummer eins: Das strenge Befolgen der Gebote (bei aller versteckten oder offensichtlichen Fremd- und Selbsttäuschung!) birgt immer die Versuchungen der Gesetzlichkeit, der Selbstgerechtigkeit oder das Gefühl einer moralischen Überlegenheit in sich. Wer heimlich oder offen meint, alles richtig zu machen, bricht unbemerkt die Gebote, weil er andere abwerten, schlecht über sie denken und anklagen muss – angesichts des Zustands der Welt.

Und die zweite Falle: Jeder kenn bestimmte Situationen, in denen es notwendig wird, bewusst und absichtlich gegen ein Gebot zu handeln. Es gibt beispielsweise Momente, da wird handfestes Lügen der Situation eher gerecht, als jemandem die Wahrheit zu sagen. Man kann auch an die innere Zerrissenheit Dietrich Bonhoeffers denken, an der er in der Aussicht auf den Tyrannenmord unter dem Anspruch des fünften Gebots schwer gelitten hat. »Wann ist etwas wirklich geboten?« Diese Frage ist nicht leicht zu beantworten.

Da kommt das Gewissen ins Spiel. Luthers Sicht auf die Zehn Gebote verknüpft sich mit dem Begriff des Gewissens. Er versteht unter »Gewissen« so etwas wie ein Naturgesetz. Die Zehn Gebote sind ein von Gott auf Tafeln geschriebener Ausdruck dessen, was Gott dem Menschen schon in der Schöpfung ins Herz geschrieben hat. Wer das weiß, versteht die Skepsis Luthers dem Buchstaben der Gebote gegenüber. Man könnte fast meinen, dass es nun kein Gesetz und auch keine Gebote mehr bräuchte, da doch das natürliche Gesetz der Gottes- und der Nächstenliebe im Sinne der Goldenen Regel *Alles, was ihr wollt, dass euch die Leute tun sollen, das tut ihnen auch* (Matthäus. 7,12) dem Menschen längst eingechipt ist. Daher könne der Mensch doch einfach seinem Gewissen folgen.

Dietrich Bonhoeffer wird bei diesem Gedanken jedoch sehr nachdenklich. Er sagt: »*Das Gewissen allein kehrt die Verhältnisse um. Es lässt das Verhältnis zu Gott und Menschen aus dem Verhält-*

nis des Menschen zu sich selbst hervorgehen. Das Gewissen gibt sich als die Stimme Gottes und als die Norm (...) aus.« Damit legt Bonhoeffer noch stärker als Luther den Finger in unsere wunde Stelle: Obwohl wir dem Gesetz und dem Gewissen nie gerecht werden können, wollen wir uns mit aller Gewalt selbst ins Recht setzen.

Wie man es also auch dreht und wendet – die Gegenüberstellung von Gesetz (Zehn Gebote) und Gewissen greift nicht und heilt nicht. Wer sich selbst kennt und wer die Menschen ein wenig kennt, weiß: Gewissen und Gesetz brauchen einander. Das Gesetz braucht das Gewissen, um Entscheidungen zu finden, die jenseits des Buchstabens der Gesetze richtig sein können. Und das Gewissen braucht die Zehn Gebote, um über die eigene Meinung über ethische Entscheidungen hinaus seriös zu bleiben.

Im Grunde aber redet diese Debatte am eigentlichen Problem vorbei. Besonders zu einer Zeit, in der der christliche Glaube zusammengeschrumpft zu sein scheint auf einen ethischen Normenkatalog: Christ ist, wer dies oder das tut – oder halt nicht tut. Leider wird das durch die Wirkungsgeschichte der säkularisierten Form der Goldenen Regel, nämlich des Kategorischen Imperativs Immanuel Kants, fast tragisch gestützt, da er den Menschen in seiner Fähigkeit zum (sittlich) Guten völlig überschätzt. Die wirklich existenziellen Fragen nach Sünde und Schuld im Sinne einer bedrängenden Mächtigkeit, derer sich niemand (Römer 3, 9 ff.) entziehen kann, sind den Antworten einer bürgerlichen Bedürfniszähmung und Anständigkeit gewichen.

Der eigentliche Konflikt wird in einem Sketch der Kabarettistin Maren Kroymann (auf YouTube unter »Die schlechte Bewertung« zu finden) deutlich. Dort wird eine Szene vor der Himmelstür gespielt. Eine Frau kommt nach ihrem Tod im Jenseits an und muss eine Überprüfung durchlaufen, um in den Himmel gelassen zu werden. Nach mehreren kritischen Fragen zu ihrem Leben fragt sie selbst ganz aufgebracht zurück: »Was hätt ich denn noch alles machen müssen, um gut genug zu sein?« Nachdem sie alles versucht hat, sich zu rechtfertigen, wird sie gefragt: »Gut, nennen Sie mir jetzt bitte eine einzige Sache in ihrem Leben, die ausschließlich gut war.« – »Okay, was ist«, antwortet sie stolz, »mit dem Antihungerprogramm im Sudan, das ich koordiniert habe?« Während sie redet,

wandert der automatische Bewertungsanzeiger auf dem Smartphone der Himmelstürsteherin ins Minus und brummt: »Mööp.« Das regt sie sichtlich auf, und sie ruft: »Hallo! Wissen Sie, wie vielen Menschen ich damit das Leben gerettet habe?« Darauf entgegnet die Türhüterin: »Aber – Sie haben damit auch den freundlichen jungen Mann unterstützt, der später ein Warlord wurde...« – »Okay, ich hab's ja verstanden!«, ruft sie, »alles hat seine negative Seite.« Und zuckt mit den Schulter: »Na, herzlichen Glückwunsch...«

Was hier auf kabarettistische Art Zuspitzung erfährt, beinhaltet eine tiefe Wahrheit. Wir Menschen sind immer versucht, uns selbst zu entschuldigen. Das manifestiert sich dann am deutlichsten, wenn Menschen die Logik der Sünde bedienen und sich anderen gegenüber überlegen fühlen, sei es politisch, religiös, geistlich, ökonomisch, menschlich, weltanschaulich, geschlechtlich – und entsprechend handeln. Sie meinen, auf jeden Fall auf der Seite der Guten zu stehen – und machen damit das eigene Gewissen anderen zum Gesetz. Oder mit dem Gesetz den anderen ein schlechtes Gewissen. Das ist zutiefst verhängnisvoll.

Doch der Hang dazu, der liegt in uns. Es gibt in unserem Kopf eine Kluft zwischen Ideal und Wirklichkeit, zwischen einer idealen Welt und der wirklichen Welt. Eine Kluft zwischen dem idealen Ich und dem wirklichen Ich. Wie anders könnte man sich die Legion an Ratgeber-, Karriere- und Fitnessliteratur in den Buchhandlungen erklären? Die Kluft zwischen Ideal und Wirklichkeit nennt Paulus »Gesetz«. Und dieser Unterschied – zwischen unseren idealen Beziehungen und unseren tatsächlichen Beziehungen, unserem idealen Einkommen und unserem tatsächlichen Verdienst, zwischen unserem Idealgewicht und der brutal ehrlichen Zahl auf der Waage –, die Kluft zwischen unserem idealen Ich und unserem tatsächlichen Ich treibt uns an und lässt uns nicht in Ruhe. Sie sagt: »Du musst!« Und wir alle wissen, wie grausam sich diese Distanz zwischen Ideal und Wirklichkeit anfühlen kann.

Es ist das Gefühl des Gesetzes, das Gefühl des schlechten Gewissens, das

GESPRÄCHSIMPULSE

■ Welches der Zehn Gebote sollte in der jetzigen Situation ganz nach oben rücken?

Bild: IMAGO/imagebroker

Gefühl, dazu verurteilt zu sein, so sein zu müssen, wie man ist – obwohl man den Anspruch kennt und doch gerne so viel besser wäre. Daran litt Martin Luther über Jahre. Es ließ ihn nirgendwo zur Ruhe kommen, und er tat alles dafür, dieses klebrige, anklagende Gefühl loszuwerden. Vergeblich. Bis er begriff: Wir können uns nicht selbst erlösen! Wir können es nicht schaffen, gut und gerecht zu werden – ganz egal, was auch immer wir tun. Als Martin Luther die (Er-)Lösung dafür geschenkt wurde, darin, dass er Jesus erkannte, war das der Beginn der Reformation.

Das Gesetz – in welcher Form auch immer – kann uns niemals retten. Denn unter dem Gesetz gibt es nur entweder Stolz oder Verzweiflung. So oder so ist es immer eine Last, wie sie die Mosefiguren unter den Kanzeln abbilden. Evangelische Predigt von einer Kanzel legt das Gewicht nicht auf das Gesetz, sondern auf die Tatsache, dass wir uns zwar nie von diesem Anspruch entledigen können; aber dass Gott selbst das Gesetz bricht – wenn man so will – um es für uns zu erfüllen. Jesus ist nicht auf die Welt gekommen und am Kreuz gestorben, um uns alle ein wenig anständiger zu machen. Er kam in die Welt, um uns genau davon zu erlösen. *Norbert Roth*

Herzschlag der Kirche

Mission hat so viel Unglück über die Welt gebracht – warum soll man das noch machen? Wäre nicht Entwicklungshilfe besser?

Entwicklungshilfe und Mission sind zwei ganz verschiedene Dinge. Beide haben ihr Recht und ihre Bedeutung, aber sie sind hinsichtlich ihrer Zielsetzungen und ihrer Träger zu unterscheiden. Entwicklungshilfe zielt darauf, einen Ausgleich zwischen ungleichen Voraussetzungen und Ausstattungen herzustellen und möglichst vielen Menschen ein Leben mit Bildungs- und Entfaltungschancen zu ermöglichen. Durch eine entsprechende Entwicklungszusammenarbeit sollen wirtschaftliche Unterschiede zwischen Industrie- und Entwicklungsländern abgebaut werden. Entwicklungshilfe bezieht sich auf bestimmte Grundbedürfnisse aller Menschen und geht von einem allgemeinen Prinzip von Gerechtigkeit und Menschenrechten aus; sie lässt aber den religiösen Aspekt sowohl bei denen, die Entwicklungshilfe leisten, als auch bei denen, die sie empfangen, bewusst außen vor. Sie will weltanschaulich neutral sein. Entsprechend werden die Grundsätze für Entwicklungszusammenarbeit von der Organisation für wirtschaftliche Zusammenarbeit und Entwicklung, der OECD, geregelt.

Mission im klassischen Verständnis dagegen spricht bewusst den Menschen als religiöses Wesen an und hat eine religiöse Motivation. Es liegt auf der Hand, dass beides sein Recht und seine Bedeutung hat und dass es gut ist, wenn sie unterschieden und nicht vermischt werden. Dem widerspricht nicht, dass auch die Mission den Menschen als Ganzen im Blick hat und etwa gesundheitliche und andere leibliche, geistige und seelische Bedürfnisse nicht ignoriert. Dies stünde ja im Widerspruch zur Nächstenliebe, die durchaus – wenn auch verschieden gefüllt – als ein gemeinsames Motiv von Entwicklungshilfe und Mission gesehen werden kann. Darum gibt es ja auch eine Art kirchliche Entwicklungshilfe und eine kirchliche Sozialhilfe, die sich nicht nur ihren Mitgliedern, sondern bewusst allen Menschen in Armut und Not zuwenden, ohne nach der religiösen Einstellung zu fragen. Dennoch versteht die Diakonie ihren Dienst als Auftrag und Dienst Gottes und ist darum eher Mission als Entwicklungshilfe.

Sprachlosigkeit im Bezeugen des Glaubens

Nun ist der Begriff Mission umstritten. Es hängt ihm – jedenfalls aus Sicht vieler – ein fahler Beigeschmack an. Er ist belastet durch geschichtliche und persönliche, biografische Erfahrungen. Darum steht der Verdacht oder auch der ausgesprochene Vorwurf im Raum, Mission würde mit unlauteren Mitteln Unterlegenen eine bestimmte Weltsicht aufdrängen. Bisweilen wird Mission auch grundsätzlich als unberechtigte Einmischung in die religiöse Selbstbestimmung angesehen. So bekannte etwa der verstorbene Altkanzler Helmut Schmidt, dass er »die christliche Mission gegenüber Andersgläubigen stets als Verstoß gegen die Menschlichkeit empfunden« habe.

Hier drückt sich eine völlig andere Geisteshaltung aus, die in den Anschauungen der Philosophie der Aufklärung gründet. Diese Haltung ist kaum vermittelbar mit dem christlichen Verständnis, verordnet sie den Religionen doch, ohne auf ihr Selbstverständnis einzugehen, bestimmte eingeschränkte Funktionen. Für Helmut Schmidt entstammen Religionen »dem Bedürfnis des Menschen nach Orientierung an einer höheren Wahrheit«. Sie sind ganz und gar »Menschenwerk«; göttliche Offenbarung gibt es in diesem Denken nicht.

So gesehen wäre Mission tatsächlich nicht vertretbar. Denn wäre der christliche Glaube nur eine subjektive Überzeugung neben anderen, wäre es in der Tat taktlos, anderen solche persönlichen Meinungen aufzudrängen. Wenn aber die christliche Botschaft auf der Offenbarung des einen Gottes für alle Menschen gründet, dann ist Mission um der Wahrheit und um der Erlösung aller Menschen aus der Gewalt der Sünde und des Todes willen nicht nur legitim, sondern sogar geboten. In diesem Sinne hielt die EKD-Synode 1999 fest: »Mission geschieht nicht um der Kirche willen. Die Kirche ist hineingenommen in die Mission Gottes. Wir haben den Auftrag, Menschen die Augen zu öffnen für die Wahrheit und Schönheit der christlichen Botschaft.« Darum kann Mission als »Herzschlag der Kirche« (Eberhard Jüngel) beschrieben werden.

Um zu verstehen, warum Mission und nicht Entwicklungshilfe der Auftrag der Kirche ist, müssen wir die heilsgeschichtliche Sichtweise der Bibel auf die Welt nachvollziehen und teilen können: Die Menschen haben sich von Gott, ihrem Schöpfer, getrennt. Weil sie ihre schöpfungsgemäße Beziehung zu Gott verloren haben, stochern sie, religiös gesehen, im Nebel herum. Vernunft, Gewissen und bestimmte ethische Grundprinzipien geben zwar eine gewisse Orientierung, die aber in der Praxis aufgrund der menschlichen Schwachheit und Tendenz, gegen besseres Wissen das moralisch Verwerfliche zu tun, oft genug unter die Räder kommt. Darüber hinaus sind die Erkenntnis des einen, wahren Gottes und die Gemeinschaft mit ihm gar nicht möglich. Und doch bleiben alle Gottes geliebte Geschöpfe. Diese Liebe Gottes und die Angewiesenheit aller Menschen – trotz ihrer Gottlosigkeit – auf Gott sind Ursprung und Antrieb der Mission Gottes: Sie geht von Gott aus, der die Menschen nicht in diesem hoffnungslosen und der Vergänglichkeit anheimgefallenen Zustand lassen will. Darum »geht er auf Mission«.

Das aus dem Lateinischen kommende Wort heißt »Sendung«. Gott »geht also auf Sendung«, um den Kontakt, mehr noch: die Gemeinschaft mit seinen Menschen wiederherzustellen. Dafür sendet er Christus, seinen Sohn. Christus wiederum sendet diejenigen, die an ihn glauben, also seine Kirche. Und weil Christus nicht nur Prophet und Vermittler einer Botschaft ist, sondern durch das, was er getan hat, der Stifter der erneuerten Gemeinschaft mit Gott, bringt die Kirche in ihrer Mission Jesus Christus als Inhalt des Evangeliums zu den Menschen.

So dürfte nachzuvollziehen sein, dass Christen die Überzeugung haben, »in Christus die endgültige Offenbarung Gottes für alle Menschen empfangen zu haben«, wie es der evangelische Theologe Wolfhart Pannenberg auf den Punkt brachte.

Mir scheint es entscheidend zu sein, ob man das so sehen kann. Nur von diesem Ansatz her wird Mission nicht als Machtausübung oder »Gebietserweiterung« der christlichen Religion aufgefasst und ausgeübt werden. Freilich muss sich dies in der Haltung der »Missionare« und in der Art und Weise, wie sie »missionieren«, widerspiegeln. Von daher darf man manche übereifrige missionarische Verkündigung und Evangeliumsweitergabe hinterfragen. Und die Zwangstaufen, die es etwa unter Karl dem Großen in der Germanenmission gab, sind freilich zu kritisieren; sie entsprechen in keiner Weise dem Missionsverständnis des Neuen Testaments und haben wohl mehr Schaden angerichtet als Segen verbreitet. Man muss jedoch in der Geschichte genau hinsehen, ob Religionen politische Macht für ihren Geltungsanspruch missbraucht haben oder ob umgekehrt politische Herrscher eine Religion missbraucht haben, um ihre Macht zu erhalten oder auszuweiten.

Nun sind natürlich die subjektiven Wahrnehmungen davon, was gewaltlose, einfühlsame Mission und was aufdringliche, vereinnahmende ist, sehr unterschiedlich. Ich denke, dass wir in der Kirche noch viel mehr lernen müssen, offen über unsere Verständnisse von missionarischem Lebensstil zu sprechen. Und aus Sorge, das Evangelium nicht einfühlsam genug zu bezeugen und jemanden vor den Kopf zu stoßen, lieber zu schweigen ist auch keine Lösung. Ich sehe in unserer Kirche mehr die Gefahr der Zaghaftigkeit und Sprachlosigkeit im Bezeugen des eigenen Glaubens als die der lieblosen Missionierung.

Foto: leonaidkos / Adobe Stock

Bei Jesus selbst sehen wir auf der Basis einer großartigen Menschenkenntnis eine vorbildliche Verknüpfung von Bewusstsein der Dringlichkeit der Sache der Mission, bei der es um Leben und Tod geht, auf der einen Seite sowie von Geduld und Respekt vor der Freiheit und Mündigkeit des Gegenübers auf der anderen Seite. So konnte er Menschen im Wissen um die Vorrangigkeit der Heilsfrage mit hohem Anspruch in seine Nachfolge rufen (Lukas 9, 57-62). Er konnte aber genauso Menschen ohne weitere Überredungsversuche gehen lassen (Markus 10, 22; Johannes 6, 66 f.).

GESPRÄCHSIMPULSE

■ Haben Sie schon einmal gegenüber einem Menschen Zeugnis vom Evangelium gegeben? In welcher Form?

■ Was verstehen Sie unter einem missionarischen Lebensstil?

In der Konzeption unserer bayerischen Landeskirche zur interreligiösen Arbeit heißt es, dass »uns die Aufgabe gestellt [ist], den uns anvertrauten Glauben denen bekannt zu machen, die einer anderen Religion (oder auch keiner Religion) angehören. Diese Mitteilung des Glaubens verstehen wir unter Mission. Sie ist ein Kennzeichen der Kirche und geschieht nicht nur verbal, sondern in den vielfältigen Formen des Zusammenlebens und muss Handeln und Reden umfassen.« Das zeigt einen weiten Raum der Mission auf: Unser ganzes Leben ist Mission. Nicht nur unser Reden, sondern unser ganzes Handeln soll Jesus Christus als den »Retter der ganzen Welt« (Johannes 4, 42) bezeugen – und das eingebettet in das tagtägliche Zusammenleben mit unseren Mitmenschen.

Und wenn unser Zusammenleben mit ihnen eingebettet ist in die Fürbitte für sie und in die Geduld und Liebe, die Gott für alle Menschen hat, dann brauchen wir uns vor Andersdenkenden nicht zu schämen und nicht zu rechtfertigen für ein angeblich überhebliches und intolerantes Sendungsbewusstsein. *Till Roth*

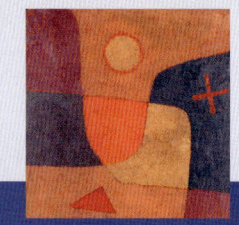
Das Leben lieben

Es ist eine Frage, bei der auch die Bibel relativ schweigsam ist: Was passiert bei der Auferstehung der Toten? Wie kann man sich das ewige Leben vorstellen?

Manchmal stehen wir auf / Stehen wir zur Auferstehung auf / Mitten am Tage / Mit unserem lebendigen Haar / Mit unserer atmenden Haut.

So dichtete Marie Luise Kaschnitz. Sie meinte damit, dass sich die Kernbotschaft des Christentums von der Auferstehung nicht auf ein Leben nach dem Tod oder das Ende der Welt eingrenzen lässt. »Auferstehung« meint vielmehr den Durchbruch, den wir, berührt und inspiriert von der Botschaft der Auferstehung Jesu Christi, mitten im Leben und am Ende unseres Lebens wagen. Der Tod hat nicht das letzte Wort und ist nicht das Maß aller Dinge. »Siehe, Neues ist geworden«, sagt der Apostel Paulus (2. Korinther 5, 17).

Deshalb feiern Milliarden von Menschen Ostern. Sie hoffen entschieden auf ihre Auferstehung, weil sie ihr Leben nur noch im Zusammenhang mit dem Leben des auferstandenen Jesus Christus verstehen können. Dieses Leben ist jedoch nicht die Rückkehr eines toten Menschen in das irdische Leben. Es ist auch nicht die Verlängerung des irdischen Lebens in ein unendliches ewiges Leben. Diese Vorstellung, welche zum Beispiel die alten Ägypter hatten, ist eher schrecklich. »O Ewigkeit, du machst mir bang! / o ewig, ewig ist zu lang« heißt es im Lied »O Ewigkeit, du Donnerwort«, das heute nicht mehr im Evangelischen Gesangbuch steht. Die unendliche Fortsetzung und Wiederholung des Lebens in einem Kreislauf von »Wiedergeburten« gilt im Hinduismus dementsprechend als ein furchtbares Geschick.

Die Begegnung mit dem auferstandenen Jesus Christus prägt demgegenüber ein ganz helles Bild vom ewigen Leben ein. Es ist orientiert daran, wie der auferstandene Jesus Christus Menschen

Der, mit dem Gott spricht, ist wahrhaft unsterblich, sagt Martin Luther. Unser Leben bleibt also verankert in Gottes Ewigkeit. Bild: PD

erscheint: Sein ganzes Leben und Sterben wird – getragen vom Leben Gottes – den Zeugen der Erscheinungen des Auferstandenen gegenwärtig. Es begegnet verwandelt von Gottes ewigem Leben. Der Apostel Paulus hat darum aufgrund seiner Erfahrung des auferstandenen Christus die Hoffnung auf unser ewiges Leben so zum Ausdruck gebracht: Wir werden »verwandelt« werden. Das »Verwesliche wird die Unverweslichkeit« und das »Sterbliche die Unsterblichkeit anziehen« (1. Korinther 15, 52 f.). Das bedeutet: Der ewige Gott wird in unserem Tod unser gewesenes Leben in sein ewiges Leben aufnehmen.

Der evangelische Theologe Karl Barth hat darum unser erhofftes ewiges Leben die »Verewigung des gewesenen Lebens« durch Gott genannt. Doch das ist problematisch. Es klingt so, als würde unser Leben von Gott ewig archiviert. Paulus aber spricht von dem Neuen, das uns widerfahren wird, wenn Gott in unserem Tode für uns da ist und unser Leben mit seiner ewigen Kraft in sein Leben aufnimmt. Dann werden wir »von einer Klarheit zur anderen verwandelt werden« (2. Korinther 3, 18). Das bedeutet: Dann wird das Dunkle, das Tödliche und Zerstörende, das wir in unserem Leben bedient haben, von uns abfallen. Es kann nicht verewigt werden. Es kann nur vergehen.

Kleine Aufstände gegen die Herrschaft des Todes

Aber das, was Gott in seiner Gnade und in Christi Großmut als seines ewigen Lebens wert beurteilt, das wird bleiben. In der Hoffnung darauf werden Christinnen und Christen einerseits ihr Leben so führen, wie Marie Luise Kaschnitz es zum Ausdruck gebracht hat. Das erhoffte Geschenk der Auferstehung zu einem Leben, das in Gottes Ewigkeit Bestand hat, wird sie ermutigen, schon in diesem Leben kleine Aufstände gegen die Herrschaft des Todes zu wagen. Sie werden andererseits, nachdem sie alles getan haben, was sie zu tun vermochten, ihr Leben, wenn sie sterben, in Gottes Hand legen.

Wie es dort verewigt werden wird, wissen wir nicht. Aber dreierlei dürfen wir wohl hoffen: Unser bei Gott zu Ehren gebrachtes Leben wird ein Leben in Frieden mit Gott sein. Es wird uns nichts von Gott trennen. In der Gemeinschaft mit Gott können wir »Freude die Fülle« erwarten, heißt es in Paul Gerhardts Lied »Die güldne Sonne«.

Weiterhin werden wir im ewigen Leben ganz mit uns selbst einverstanden sein. Wir werden uns nicht grämen, dass wir bloß Menschen sind und nicht Gott. Die Lust zur Sünde ist vorbei. Es wird nur gut sein, dass wir nichts als Menschen sind. Und schließlich hoffen wir, dass das ewige Leben kein einsames Le-

Foto: anyaberkut / 123rf.com

ben sein wird, weil Jesus Christus, unser Wegweiser zum ewigen Leben, selbst nicht einsam ist. Er lebt ewig im Zusammensein mit uns. Darum hoffen wir, dass auch unser ewiges Leben ein Zusammensein mit den Menschen sein wird, die unser irdisches Leben geprägt und begleitet haben.

In vergangenen Zeiten hat die christliche Kirche diese Hoffnung mit der Vorstellung von der Unsterblichkeit der Seele zum Ausdruck gebracht. Die römisch-katholische Kirche hat sie 1336 sogar zum Dogma erhoben. Doch diese Vorstellung ist nicht biblisch. Wenn wir sterben, sterben wir ganz. Das gilt auch vom Tod Jesu.

Dennoch werden wir zögern, im Glauben an Gott den Tod nur als die völlige Vernichtung unseres Lebens und das Eintreten in die gänzliche Beziehungslosigkeit zu verstehen. Wenn das so wäre, müsste Gott uns im ewigen Leben gänzlich neu schaffen. Dann stellt sich aber die Frage, ob wir überhaupt noch die Menschen sein würden, die wir in unserem Leben waren.

Deshalb billigen heute auch evangelische Theologinnen und Theologen der Vorstellung von der Unsterblichkeit der Seele eine Wahrheit zu. Sie besteht darin, dass unser irdisches Leben bis in unseren Tod hinein von der Beziehung zu Gott getragen ist. Diese Beziehung bricht nicht ab, wenn wir sterben. Martin Luther hat darum geäußert, dass der, mit dem Gott spricht, wahrhaft unsterblich sei. Unser Leben bleibt also verankert in Gottes Ewigkeit, so er nicht aufhört, zu uns zu sprechen. Es hat einen Ort bei Gott, in dessen unermesslicher Erinnerung nichts verloren geht, was das Leben jedes seiner Geschöpfe ausmacht.

GESPRÄCHSIMPULSE

■ Welcher Text der Bibel zur Auferstehung spricht Sie am meisten an? Johannes 11, 25-26; 1. Korinther 15, Offenbarung 21.

■ Welche Bilder haben Sie im Kopf, wenn Sie an Auferstehung denken?

■ Hoffen Sie auf Ihre Auferstehung?

■ Erhoffen Sie das ewige Leben auch für Menschen, die nicht an Christus glauben?

Darum können wir hoffen, dass die losen Fäden unseres Lebens in ein göttliches Muster gewebt sind und dort ein Bild ergeben. »Dann werde ich erkennen, wie ich erkannt bin«, sagt Paulus (1. Korinther 13, 12).

Das bedeutet: Wir werden den Sinn unseres Lebens verstehen, trotz all der sinnlosen Leiden auf dieser Welt. Wir werden Zeugen einer letzten Gerechtigkeit werden, die allen Menschen zugutekommt. Die Hoffnung auf das ewige Leben ist darum im Neuen Testament eingebettet in die umfassende Hoffnung, dass der Tag kommen wird, an dem Gott einen neuen Himmel und eine neue Erde schaffen wird. Dann werden alle Tränen abgewischt werden, und der Tod wird endgültig nicht mehr sein (Offenbarung 21, 4). Diese Hoffnung hat das Leben und das Sterben von Milliarden Menschen verändert. Sie hat einen unendlichen Blick auf diese endliche Welt geschenkt, hat getröstet, hat Mut gemacht, die Zukunft anzunehmen und zu gestalten, hat Kraft gegeben und Humor, das Leben, diese einmalige großartige Gelegenheit, auszuhalten und zu lieben.

Johanna Haberer

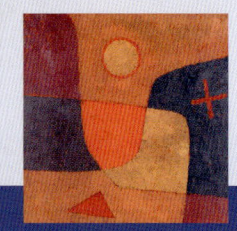

Wie ist das eigentlich mit dem Jüngsten Gericht?

Der Richter in uns

»... zu richten die Lebenden und die Toten«: Gottes Gericht, das Jüngste Gericht am Ende der Tage – ein Mythos wie Himmel, Hölle und Fegefeuer?

Insgeheim war ich sicher, gleich würde mich der Blitz treffen. Oder zumindest würden mir die Schnürsenkel reißen, der Bus davonfahren oder das Käsebrötchen runterfallen. Ich wartete auf meine gerechte Strafe. Ich hatte lange hin und her überlegt, was ich tun sollte, und mich schließlich dafür entschieden, meinem Gefühl zu folgen. Und gleichzeitig spürte ich so etwas wie eine moralische Übermacht – das darfst du nicht! Andere werden sagen, es ist falsch! Und nicht nur irgendjemand: Menschen, deren Meinung mir wichtig ist. Menschen, die ich schätze. Ich fürchtete mich insgeheim vor ihrem Urteil. Sie schienen über mir zu schweben wie ein – ja, wie ein innerer Gerichtshof. Wie ein Tribunal, das über mich richten würde. Sie würden die Köpfe zusammenstecken – silbergraue Locken trugen sie jetzt alle und richterlich schwarze Roben – und dann ihr Urteil über mich fällen. Mit gesenktem Kopf würde ich es entgegennehmen und dann…Stopp! Es gibt keinen Gerichtssaal. Ich breche kein Gesetz. Ich bin ein freier Mensch und durchaus in der Lage, eigene Entscheidungen zu treffen und ihre Konsequenzen zu tragen. Und sie vor mir selbst zu verantworten. Aber genau hier hatte mein Kopfkino ja vorher angesetzt: Ich hatte das Gefühl, ich müsste meine Entscheidung nicht nur vor mir selbst, sondern auch vor anderen verantworten. Und ich fühlte mich angeklagt. Aber von wem? Wer war meine Klägerin und wer mein Richter? Wer waren die Staatsanwältinnen und all die Menschen im Gerichtssaal? Und welche Rolle spielte Gott eigentlich in meinem Gerichtsschauspiel?

Liest man etwas über die Rechtfertigungslehre Martin Luthers, dann steht meistens schon im ersten Absatz ein Satz wie »Das mittelalterliche Weltbild war sehr vom Gerichtsgedanken geprägt, was für den modernen Menschen nur noch schwer nachvollziehbar ist«. Luthers Frage nach einem »gerechten Gott« sei in diesem Zusammenhang zu verstehen und es bedürfe einer guten Übersetzungsleistung, um zu verstehen, was mit der Gnade Gottes und seiner Gerechtigkeit heute gemeint sei. Wirklich? Sollte ich die Einzige sein, die ein solch inneres Tribunal kennt? Die die Urteile anderer fürchtet und sich fragt, was wohl die Mutter, der geschätzte Kollege oder die beste Freundin zu einer Entscheidung sagen würden? Ich kann es mir nicht vorstellen. So wie wir andere für das, was sie tun, mitunter verurteilen, so wie wir auf andere mit einem richtenden Blick schauen – obwohl wir wissen, dass unsere Urteile eigentlich nicht auf Gewissheiten, sondern nur auf Vermutungen basieren – genauso richten wir auch über uns: Wir hinterfragen uns, prüfen das, was wir »Gewissen« nennen. Ist unser Gewissen also zu dem Ort geworden, den die Menschen früher als »Gericht« am Ende ihrer Zeit gefürchtet haben? Ist unser schlechtes Gewissen das neue Fegefeuer? Und ist diese Vorstellung dann nicht sogar noch viel grausamer, weil sie nicht erst mit dem Tod auf uns wartet, sondern wir das Gericht jeden Tag mit uns herumtragen? Ihm nicht entfliehen können?

Was habe ich getan, dass mir so etwas zustößt?

Ja, vielleicht haben wir das Gericht vom Himmel auf die Erde geholt. Aber: Damit haben wir es auch aus Gottes Hand genommen und ganz in unsere Macht gestellt: Das Tribunal besteht aus mir selbst und meinem eigenen Gerechtigkeitsempfinden, aus meinen moralischen Überzeugungen, aus den Haltungen meiner Freunde, aus den Sichtweisen meiner Eltern, meiner Lebensgefährtin. Wir erzittern nicht aus Angst vor dem Gericht Gottes und der Zuweisung ins Höllenreich. Wir befürchten die Strafe nicht im Jenseits, sondern jetzt gleich. Gleichzeitig leben wir auch mit der stillen Gewissheit, wir könnten durch unser »gutes Leben« alles Schlechte, Böse, Schwere von uns fernhalten. Mitten in der Machtlosigkeit, in die uns eine Krankheit oder der Verlust eines geliebten Menschen stürzt, trifft uns dann auch noch die Frage: Was habe ich getan, dass mir so etwas zustößt?

Dieser Gedanke wiederum begegnet uns schon in den Schriften des Alten Testaments: Unter anderem in der sogenannten Weisheitsliteratur wie im Buch Kohelet und in der Geschichte über Hiob steht der später sogenannte Tun-Ergehens-Zusammenhang immer wieder zur Debatte: »Vergilt« Gott mir meine Taten, im Guten wie im Schlechten? Gibt es Strafen Gottes an seinem Volk oder am Einzelnen? Belohnt er Menschen für ein Verhalten, das ihm gefällt?

Solche Fragen irritieren uns vielleicht auf den ersten Blick, aber eigentlich stellen wir sie uns selbst auch, nur mit anderen Vorzeichen: Kann ich etwas zum Gelingen meines Lebens beitragen? Bin ich meinem Schicksal ausgeliefert oder kann ich es beeinflussen? Der »liebe Gott« kommt zwar in diesen Sätzen nicht vor, aber die Frage bleibt dieselbe.

Auch wenn wir heute weniger von gesellschaftlichen Strukturen oder von den Vorstellungen unserer Eltern abhängig sind als die Generationen vor uns – den Druck des zu gelingenden Lebens spüren wir dadurch umso mehr: Ich habe mein Glück selbst in der Hand. Meine Leistung, mein Fleiß, mein Engagement für eine bessere Welt, meine Fürsorge für meine Kinder – all das bestimmt mein Glück, all das macht mein Leben zu einem gelungenen Leben. Ich fürchte nicht die Hölle am Ende meiner Tage. Ich fürchte sie jetzt und hier.

Ich fürchte mich vor den Konsequenzen einer vermeintlich falschen Entscheidung. Vor dem finanziellen und sozialen Abseits, vor dem Verlust meiner gesellschaftlichen Stellung, vor dem Zerbrechen meiner Beziehungen. Unsere Angst, das eigene Glück zu riskieren, das Leben in die falsche Richtung zu lenken, wo wir doch ganz allein dafür verantwortlich sind – das kann die Hölle sein. Es kann die Hölle sein, diese Last alleine tragen zu müssen. Und das Jüngste Gericht erwarten wir dadurch nicht erst am Ende unseres Lebens, sondern glauben, es schon nächste Woche erleiden zu müssen: Dann müssen wir die Konsequenzen unserer Entscheidungen tragen. Wer A sagt, muss auch B sagen – das Gerichtsurteil des freien Menschen.

Die Vorstellung, ein Petrus an der Himmelstür würde darüber entscheiden, ob es nach links in die Hölle oder nach rechts in den Himmel und an die Seite Gottes geht, ist heute lediglich Gegenstand von Witzen mit lächerlichen Politikern. Auch die katholische Vorstellung des Fegefeuers als Ort der Reinigung von den Sünden und Läuterung des Menschen vor seinem Eintritt in den Himmel treibt nur noch die wenigsten Menschen um. Wir warten nicht mehr auf das Gericht, wir erleben es Tag für Tag. In unserem Herzen.

Was ist also mit diesem Satz aus unserem Glaubensbekenntnis: »… von dort wird er kommen, zu richten, die Lebenden und die Toten.« Er steht am Ende des mittleren Abschnitts im Apostolischen Credo, der das Leben und Wirken Jesu Christi zusammenfasst. Nach seinem Tod und seiner Auferstehung sitzt er zur Rechten Gottes, des Vaters. Und dann? Wird er kommen zu richten. Wann wird das sein? Am Ende der Zeit? Übermorgen?

Eigentlich hat Jesus Christus in unseren Gerichtsvorstellungen gar keinen Platz. Eigentlich haben wir ihm diese Aufgabe schon abgenommen. Über uns muss niemand mehr richten, das übernehmen wir schon selbst. Unsere Sünden bekennen wir nicht vor Gott, sondern auf der Waage bei den Weight Watchers, vor der Lebensgefährtin, vor der Atmosfair-Ausgleichszahlung.

Aber was wäre, wenn wir den Ball zurückspielen würden? Was wäre, wenn wir nicht mehr bereit wären, uns selbst und andere zu Klägerinnen und Richtern über unser Leben zu machen? Was wäre, wenn wir den Platz im Gerichtssaal räumen würden?

Foto: Bowie15 / 123rf.com

Wenn wir ihn frei machen würden für den, der zum Verbrecher am Kreuz neben ihm sagt: »Heute noch wirst du mit mir im Paradies sein.« Ein Satz, der alle menschlichen Urteile aushebelt. Ein Satz, der frei macht, schwerelos. Kein Für und Wider, kein »Wenn du jetzt bereust, dann …!«. Ein Aussagesatz. Ein Gnadensatz. Was wäre, wenn das Gericht Gottes eines wäre, das den aufrichtet, dem das Recht genommen wurde? Wenn das Gericht ein Ort der Hoffnung wäre für die, deren Rechte und deren Würde man auf der Erde mit Füßen getreten hat? Das Gericht wäre dann ein Schritt ins Freie. Ein Schritt heraus aus den Grenzen, die wir uns selbst auferlegt haben. Ein Frei-werden. Ein Gesehen-Werden von dem, der uns zu sich gezogen hat vor lauter Güte (Jeremia

31, 3). Der uns geliebt hat schon im Mutterleib (Jesaja 49). Im Korintherbrief heißt es: »Wir sehen jetzt durch einen Spiegel in einem dunklen Bild; dann aber von Angesicht zu Angesicht. Jetzt erkenne ich stückweise; dann aber werde ich erkennen, gleichwie ich erkannt bin.« (1. Korinther 13, 12) Der dunkle Spiegel, unsere eigenen Urteile und die der anderen über uns, er wird uns sanft aber bestimmt aus der Hand genommen. Anschauen werden wir vielleicht uns selbst, vielleicht aber auch den, der für uns Mensch geworden ist. Den, von dem es heißt, er habe alles auf sich genommen, damit wir erlöst sind.

Vielleicht kann unsere Sehnsucht nach dem wahren, echten, richtigen, glücklichen Leben mit dem Gedanken an diesen Spiegel ein Zuhause finden: Es gibt diesen wahren, richtigen Blick auf uns und unser Leben geben, den wir manchmal unser Leben lang suchen.

Es wird nicht unser Blick sein. Vielleicht wird er brennen und wehtun, stören und schmerzen. Aber er wird uns vor allem ansehen mit allem, was wir sind. Er wird Narben sehen und Ungesagtes hören. Schatten und helles Licht sehen. Und sagen: »Heut noch wirst du mit mir im Paradies sein.«
Sabrina Hoppe

GESPRÄCHSIMPULSE

■ In Predigten geht es oft um das »gelingende Leben«. Ist das der neue Anspruch an den Menschen?

■ Was löst es bei Ihnen aus, wenn Sie sich bewusst machen, dass Jesus an unserer Stelle vor Gericht geht?

Autorinnen und Autoren

Foto: ELKB / von Wegener

Heinrich Bedford-Strohm
bayerischer
Landesbischof

Foto: EPV / Online

Alexander Brandl
Religionsphilologe,
Doktorand und Blogger

Foto: SOB

Helmut Frank
Chefredakteur des
Sonntagsblatts

Foto: Fritsche

Tobias Fritsche
Landesjugendpfarrer
für Bayern

Foto: ELKB / Rost

Dorothea Greiner
Regionalbischöfin in
Bayreuth

Foto: Christian Topp

Johanna Haberer
Professorin für
Publizistik, Erlangen

Foto: epd-bild (bay)

Claudia Häfner
Studierendenpfarrerin
in München

Foto: privat

Sabrina Hoppe
Pfarrerin in Traunstein
und Bloggerin

Foto: Schröder / SOB

Christian Kopp
Regionalbischof in
München

Foto: LMU München

Harald Lesch
Astrophysiker
München

Foto: ELKB / Rost

Michael Martin
Oberkirchenrat
München

Foto: ELKB / ERost

Stefan Ark Nitsche
Apl. Professor für AT
Nürnberg

Foto: ABC

Till Roth
Pfarrer und Dekan in
Lohr am Main

Foto: ARD-Pressefoto

Stefanie Schardien
Pfarrerin, Wort-zum-
Sonntag-Sprecherin

Foto: SOB

Markus Springer
Redakteur des
Sonntagsblatts

Foto: ELKB / Wolf

Michael Wolf
Pfarrer und Referent für
Gemeindeentwicklung

Sonntagsblatt EDITION
Erfolgreiche Sonntagsblatt-Serien im neuen Format

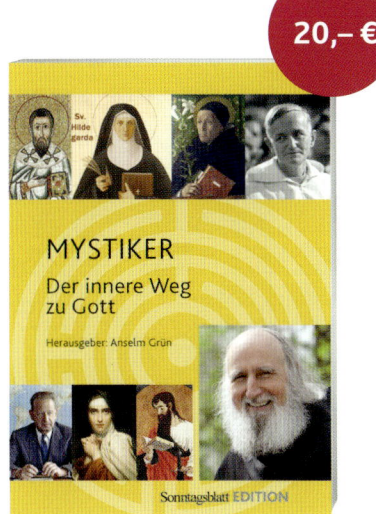

20,– €

Der beliebte Sonntagsblatt-Glaubenskurs als Buch! Die Bibel erzählt keine Heiligenlegenden oder Heldensagen. Sie thematisiert auch menschliche Unzulänglichkeiten, Sünde und die Abkehr von Gott. »Die Personen der Bibel« handelt hiervon und zeigt zugleich die segensreiche Begleitung und wunderbare Bewahrung durch Gott. 66 reich bebilderte Porträts biblischer Personen.

Paperback, 176 S.

36 weitere, theologisch fundierte und unterhaltsame Porträts biblischer Personen. Mit prächtigen kunstgeschichtlichen Abbildungen und Infos zur Herkunft des jeweiligen Namens, zeitlicher Einordnung sowie Wirkungsgeschichte. Zu jedem Porträt gibt es außerdem einen Steckbrief und Impulse für ein Gruppengespräch. Mit übersichtlicher Erklärung theologischer Stichworte.

Paperback, 96 S.

Foto: ELKB / Minkus

Seit Jahrhunderten suchen Menschen mit Hilfe der Mystik nach Wegen zu Gott, zum Urgrund des Seins. »Die Mystiker – Der innere Weg zu Gott« beschreibt das Leben und Wirken christlicher Mystiker von Jesus bis Jörg Zink, mit Exkursen in die Mystik von Orthodoxie, Judentum, Islam und Buddhismus. Als spirituellen Impuls für den Alltag interpretieren prominente Mystik-Experten wie Pater Anselm Grün ausgewählte Originalzitate der jeweiligen Mystiker.

Paperback, 168 S.

19,90 €

14,90 €

12,– €

Meditationskarten-Set
Mehr denn je sehnt sich unsere Seele nach Hoffnung, Durchatmen und Ruhe. Das Kartenset, verpackt in einer schönen Faltschachtel, ist ein ideales Geschenk für alle, denen aufbauende Worte eine gute Unterstützung im Alltag oder in besonderen Situationen sein können. Oder schreiben Sie selbst: Gerade in Zeiten des Abstands kann ein liebevoller Kartengruß unseren Mitmenschen Nähe und Geborgenheit spenden.

6 Doppelkarten mit Umschlägen

**Bestellung: Evangelischer Presseverband für Bayern e.V. | Leserservice | Birkerstr. 22
80636 München | Fax: (0 89) 12172-338 | E-Mail: shop@epv.de | Telefon: (0 89) 12172-0**

Sonntagsblatt EDITION

Sonntagsblatt Edition erscheint im Evangelischen Presseverband für Bayern e.V.
shop.sonntagsblatt.de

Sonntagsblatt THEMA

Themen, die uns Christen beschäftigen

Rhythmus des christlichen Kirchenjahres

Entstehungsgeschichte und Bedeutung heute

Auf den Spuren von Jesus Christus.

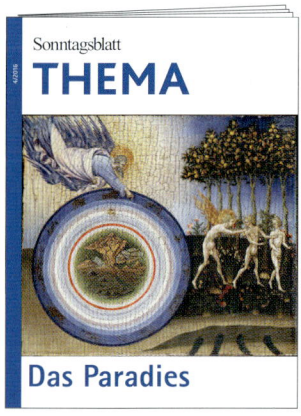

Der Mythos zieht seit jeher Menschen in seinen Bann

Leitlinien für Mensch, Kirche und Gesellschaft

So ist sie entstanden – So ist sie zu verstehen

Cranach-Werkstatt – Medienagentur der Reformation

7 Porträts wichtiger Frauen der Reformation

Spurensuche in den Passionserzählungen

Die 5 Weltreligionen – übersichtlich zusammengefass

Glücklich werden durch Verzicht

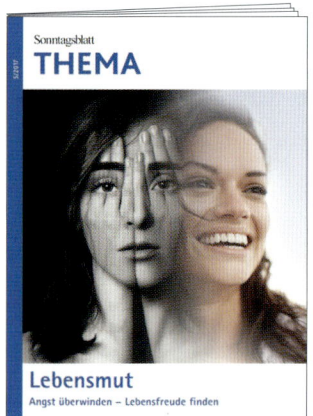

Lebensmut und Lebensfreude wiederentdecken

Bestellung: Evangelischer Presseverband für Bayern e.V. | Leserservice | Birkerstr. 22
80636 München | Fax: (0 89) 121 72-338 | E-Mail: shop@epv.de | Telefon: (0 89) 121 72-0

Unsere Produkte können Sie auch bequem online bestellen unter: shop.sonntagsblatt.de

Sonntagsblatt THEMA erscheint im Evangelischen Presseverband für Bayern e.V.

shop.sonntagsblatt.de